**STRATEGY
RULES**

빌 게이츠·앤디 그로브·스티브 잡스를 통해 본
불멸의 전략 원칙

전략의 원칙

초판 1쇄 발행 2016년 4월 15일
초판 3쇄 발행 2022년 3월 14일

지은이 데이비드 요피·마이클 쿠수마노
옮긴이 홍승현
펴낸이 유정연

이사 임충진 김귀분
기획편집 신성식 조현주 심설아 김경애 유리슬아 이가람 **디자인** 안수진 김소진
마케팅 이승헌 박중혁 김예은 **제작** 임정호 **경영지원** 박소영

펴낸곳 흐름출판(주) **출판등록** 제313-2003-199호(2003년 5월 28일)
주소 서울시 마포구 월드컵북로5길 48-9(서교동)
전화 (02)325-4944 **팩스** (02)325-4945 **이메일** book@hbooks.co.kr
홈페이지 http://www.hbooks.co.kr **블로그** blog.naver.com/nextwave7
출력·인쇄·제본 성광인쇄 **용지** 월드페이퍼(주) **후가공** (주)이지앤비(특허 제10-1081185호)

ISBN 978-89-6596-187-1 03320

- 이 책은 저작권법에 따라 보호를 받는 저작물이므로 무단 전재와 복제를 금지하며,
  이 책 내용의 전부 또는 일부를 사용하려면 반드시 저작권자와 흐름출판의 서면 동의를 받아야 합니다.
- 흐름출판은 독자 여러분의 투고를 기다리고 있습니다. 원고가 있으신 분은 book@hbooks.co.kr로
  간단한 개요와 취지, 연락처 등을 보내주세요. 머뭇거리지 말고 문을 두드리세요.
- 파손된 책은 구입하신 서점에서 교환해 드리며 책값은 뒤표지에 있습니다.

STRATEGY RULES

전략의 원칙

FIVE TIMELESS LESSONS FROM

BILL GATES

ANDY GROVE

and STEVE JOBS

빌 게이츠·앤디 그로브·스티브 잡스를 통해 본 불멸의 전략 원칙

데이비드 요피·마이클 쿠수마노 지음 | 홍승현 옮김

흐름출판

데이비드 요피는
앤디 그로브에게 이 책을 바칩니다.
그로브는 나의 멘토이자 비판자이며 친구입니다.
그리고 내게 절대 포기하지 말고 항상 더 열심히 노력하라고
격려해 준 리더입니다.

마이클 쿠수마노는
샤오화와 피코에게 이 책을 바칩니다.
이들은 내가 계속 미래를 바라볼 수 있도록 해 주는 원동력입니다.

우리는 30년 가까이 하버드대학교와 매사추세츠공과대학^{MIT}에서 전략을 가르쳐 왔다. 전략에 대한 연구는 지난 30년 동안 엄청난 발전을 거듭했고, 주로 미시경제학, 게임이론, 사회학 같은 학문에 기반을 두고 엄격하고 분석적인 프레임워크를 제공한다. 우리는 학생들이 다양한 방식으로 전략에 접근할 수 있도록 가르치지만 위대한 전략가들이 어떻게 생각하고, 학습하고, 아이디어를 행동으로 옮기는지에 대해서는 좀처럼 이야기하지 않는다. 진정으로 위대한 전략가를 만드는 것이 과연 무엇인지에 대한 우리의 이해에는 커다란 공백이 있는 셈이다. 학계에서는 흔히 기업과 그 기업을 이끄는 리더들을 연구한다. 그러나 그 리더 자체를 심층적으로 연구하는 일은 별로 없으며, 리더들이 내렸던 핵심적인 의사 결정과 그들이 만드는 조직 역시 연구된 바가 거의 없다.

이 책을 집필하면서 우리는 몇 가지 중요한 전제를 세웠다. 첫째, 빌 게이츠^{Bill Gates}와 앤디 그로브^{Andy Grove}, 스티브 잡스^{Steve Jobs}에게 각기 독특한 측면과 비범한 성격이 있지만, 관리자와 기업가들은 이들에게 많은 것을 배울 수 있다는 점이다. 이 세 리더가 개인적 능력과 업적이라는 차원에서 흔히 볼 수 있는 전형적인 CEO나 기업가가 아니라는 사실에는 의심의 여지가 없다. 하지만 그들은 분명 업계의 거인이었다. 우리는 많은 관리자와 기업가들이 이들의 접근 방식을 배워 전략과 실행에 대해 더욱 체계적으로 생각할 수 있다고 결론지었다. 세 사람 모두 유사한 방식으로 핵심 문제를 다뤘기 때문이다.

둘째, 비록 세 CEO가 모두 최첨단기술을 요하는 분야에서 활약하기는 했지만 다른 산업에 종사하는 사람들도 이들의 경험에서 전략과 실행의 역할과 중요성에 대해 뛰어난 통찰을 얻을 수 있다는 점이다. 우리가 오랫동안 첨단기술 기업들을 연구한 것은, 이 업계의 변화 속도가 빠르기 때문에 적절한 시기에 적절한 전략을 만들어 내고 꼼꼼하게 실행하는 일이 무엇보다 중요하기 때문이다. 그뿐 아니라 급속도로 진화하는 기술은 오늘날 모든 비즈니스의 일부가 되어 가고 있다. 소셜 미디어, 클라우드 컴퓨팅, 모바일 기기, 더 나아가 웨어러블 기술의 급격한 변화는 향후 수십 년간 대부분의 기업에 커다란 영향을 미칠 것이다. 첨단기술 업계에서 전략이 어떤 식으로 전개되는지를 파악하는 일은 이제 일상적인 비즈니스 업무가 되었다.

셋째, 전략과 실행이 서로 불가분의 관계에 있다는 점이다. 강의를 하다 보면 학생들은 이렇게 묻곤 한다. "전략과 실행 중에서 어느 쪽이 더 중요한가요?" 잠깐 침묵이 흐른 뒤 우리는 보통 다음과 같이 되묻는다. "형편없이 실행되는 위대한 전략과 완벽하게 실행되는 나쁜 전략 중에서 어느 쪽을 선택하겠습니까?" 물론 둘 다 아니라는 대답이 나온다. 실행할 수 없는 위대한 전략, 또는 잘못된 방향으로 이끄는 위대한 실행은 모두 무가치하다. 능숙한 CEO는 조직을 올바른 길 위에 올려놓은 뒤에 성과를 창출하도록 이끈다. 이와 관련해 빌 게이츠는 다음과 같이 말했다. "형편없는 전략으로는 아무리 좋은 정보를 가졌다고 해도 실패할 것이고, 아무리 좋은 전략이라도 대충대충 실행한다면 성공하지 못할 것이다. 이런 일들이 계속 반복된다면 당신의 사업은 망할 것이다."[1]

마지막으로, 우리는 위대한 전략가가 타고나는 것은 아니라고 본다. 성공한 임원들은 대부분 더 전략적으로 생각하는 법과 더 효율적으로 실행하는 법을 전술과 조직 차원에서 점진적으로 학습한다. 이 문제는 마지막 장에서 다시 다룰 것이다. 그전에 우리는 빌 게이츠, 앤디 그로브, 스티브 잡스가 처음부터 위대한 전략가로 타고나지는 않았음을 보여줄 것이다.

잡스는 애플에서 처음 CEO를 맡았을 때 회사를 거의 파산시킬 뻔했다. 그로브가 기업 경영 방법에 대해 쓴 첫 번째 책《탁월한 관리High Output Management》는 전형적으로 운영operations 중심의 중간관리자가 되는 법을 안내하는 책이었다. 게이츠가 하버드대학을 중퇴했을 때 경영과 비즈니스 전략에 대한 그의 지식은 별로 탁월하지 않았다. 이들이 오랜 기간 유능한 리더로 자리매김할 수 있었던 것은 (전략과 실행, 새로운 비즈니스에 대해) 학습하는 능력이 있었기 때문이다. 물론 다른 고위 관리자와 기업가들도 열심히 노력한다면 이런 능력을 배울 수 있을 것이다.

이 책의 바탕이 된 연구는 1980년대 중반에 시작되었다. 이 시기는 우리가 소프트웨어, 컴퓨터, 반도체 산업에 대해 연구하고 글을 쓰거나 그 업계에서 일을 시작한 때였다. 우리는 1987년 세 회사에서 실시한 인터뷰를 시작으로 다년간 100여 건의 인터뷰를 직접 수행했을 뿐 아니라 다양한 책과 기사, 사례도 참조했다. 그중에는 우리가 직접 쓴 것도 있고, 다른 사람들이 쓴 것도 있다. 그리고 원고를 쓰기 전에 이 세 CEO에 대한 서로의 생각을 비교하고 책의 틀을 잡기 위해 1년간 매달 수차례 모임을 가졌다. 세 CEO가 공유한다고 여겨지는 다섯 가지 주요 '원칙'과 역량의 프레임워크는 우리가 논의를 시작하고 채 며칠이 지나지도 않아 도출되었다. 이로써 게이츠, 그로브, 잡스가 전략적 도전에 접근하는 방식이 상당 부분 유사하다는 우리의 믿음은 더욱 공고해졌다.

지금까지 20년 넘게 우리 연구에 도움을 준 많은 분들에게 이미 감사의 마음을 전했다. 다만 우리가 최근 연구를 수행했던 2013년 가을에 시간을 내어 의견을 준 임원들에게 이 자리를 빌려 고마움을 전하고 싶다. 특히 앤디 그로브에게 감사의 인사를 전한다. 앤디는 2013년 9월부터 2014년 7월 사이에 우리와 여러 차례 만났다. 그는 원고의 일부를 읽고 논평을 해주었을 뿐 아니라 우리가 보냈던 수많은 이메일에도 일일이 답장을 주었다. 우리는 빌 게이츠에게도 만남을 요청했으나, 2013년 늦가을에 그는 시간을 내기 어렵다는 말과 함께 사과의 뜻을 전해 왔다.

우리의 인터뷰 전략은 게이츠, 그로브, 잡스와 가까이 일했으나 이제는 그 회사에서 근무하지 않는 임원들과 대화를 나누는 것이었다. 하지만 어느 누구도 곤란한 상황에 빠뜨리고 싶지는 않았다. 여기에는 두 가지 예외가 있었는데, 바로 르네 제임스와 조엘 포돌니였다. 르네 제임스는 그로브의 기술보좌역으로 5년간 일했고, 우리와 만났을 때는 인텔의 신임 사장이었다. 애플의 인사부 수장인 조엘 포돌니는 하버드 경영대학원에서 데이비드 요피와 함께 일한 적이 있고, 그 후 예일대학교와 애플로 옮겼다. 그로브, 제임스, 포돌니와 함께한 회의 외에도 우리는 2013년 가을에 열두 명과 추가로 인터뷰를 진행했다. 이 자리를 빌려 프레드 앤더슨, 데니스 카터, 톰 던랩, 칼 에버렛, 팻 겔싱어, 프랭크 길, 론 존슨, 폴 나리츠, 존 루빈스타인, 러스 지글먼, 에이비 테버니언, 레스 배다스에게도 감사를 표하고 싶다.

또 우리는 원고를 읽어 준 수많은 사람들에게서, 그리고 우리의 세미나에 대해 서면으로 피드백을 해준 사람들에게서 커다란 도움을 받았다. 여기에는 우리의 대리인 제임스 러빈과 출판 관계자인 홀리스 하임바우크를 비롯해 주앙 알카세르, 데버러 앤코나, 앤커 차브다, 스콧 쿡, 도나 두빈스키, 캐시 아이젠하트, 안드레아스 고엘디, 멜 호르위치, 리드 훈트, 르네 제임스, 캐럴 카우프만, 카림 라카니, 더그 멜라메드, 산지브 미르찬다니, 팀 오트, 조엘 포돌니, 알렉 램지, 스티븐 시놉스키, 브래드 스미스, 마이클 스콧모튼, 벤 슬리브카, 리처드 테들로, 에릭 반 덴 스타인 등이 있다. 또 우리는 스탠퍼드공대의 경영과학 및 엔지니어링 학과, 런던 경영대학원, 임페리얼 칼리지 경영대학원, 옥스퍼드 대학교 사이드 경영대학원, 하버드 경영대학원 전략 학술회의 및 HBS 전략 세미나, 기술 혁신·기업가정신·전략에 관한 MIT 슬론Sloan 세미나에서 열린 각종 연구토론회에 참석해 준 사람들에게 감사의 마음을 전한다.

또한 없어서는 안 될 귀중한 작업을 해준 사람들이 있다. 데이비드의 연구조교인 에릭 볼드윈은 새로운 사례, 통찰, 참고 사항, 관점들을 찾으면서 연구에 깊이 참여했다. 편집자인 메리 곽에게도 깊은 감사를 표한다. 그녀는 우리의 생각을 명확하게 밝힐 수 있도록 자극을 주었고, 이 책이 더욱 폭넓은 독자들에게 쉽게 읽힐 수 있도록 중요한 역할을 했다. 데이비드의 비서인 캐시진 구스타프손 역시 책을 만드는 매 단계마다 커다란 도움을 주었다.

데이비드의 아내인 테리 요피, 그리고 마이클의 아내인 샤오화 양에게도 감사를 빼놓을 수 없다. 그들은 원고의 초안을 여러 차례 검토해 주었고, 최고의 비판자이자, 안내자, 그리고 아낌없는 격려자의 역할을 기꺼이 맡아 주었다.

데이비드 요피, 마이클 쿠수마노

목차

| 서문 | 6

PROLOGUE

프롤로그 | **최고의 전략가들** | 16

경영의 대가들에게 배우는 전략의 원칙 | 22
다른 듯 같았던 게이츠, 그로브, 잡스 | 33
이 책에 대하여 | 47

STRATEGY RULES I

1장 | **앞을 내다보고
현재 무엇을 해야 하는지 되짚어 보라** | 52

게임이론과 체스의 경우 | 60
미래의 비전을 세워라 | 62
한계와 우선순위를 정하라 | 71
고객의 니즈를 예측하라 | 77
역량을 니즈에 맞춰라 | 84
경쟁자들의 움직임을 예측하라 | 89
진입 장벽을 만들고 고객들을 묶어 둬라 | 94
전략적 변곡점을 예측하라 | 102
변화에 대처하라 그리고 끝까지 버텨라 | 108
| 대가들에게 배우는 교훈 | 113

STRATEGY RULES 2

2장 | 크게 베팅하되
회사의 존립을 위협하지는 말라 | 116

게임의 판도를 바꾸기 위해 크게 베팅하라 | 122
회사의 존립을 위협할 정도의 베팅은 하지 말라 | 137
자사의 비즈니스를 잠식하라 | 147
추가 손실을 줄여라 | 157
| 대가들에게 배우는 교훈 | 166

STRATEGY RULES 3

3장 | 제품만 만들지 말고
플랫폼과 생태계를 구축하라 | 168

산업 플랫폼의 위력 | 176
제품만 생각하지 말고 플랫폼을 생각하라 | 180
플랫폼만 생각하지 말고 생태계를 생각하라 | 198
자사의 보완 제품을 직접 만들어라 | 209
보다 나은 새 플랫폼을 만들어라 | 217
| 대가들에게 배우는 교훈 | 229

STRATEGY RULES 4

4장 | 유도와 스모처럼
지렛대 원리와 힘을 활용하라 | 232

세상의 주목을 피하라 | 239
경쟁자를 가까이 두어라 | 249
경쟁자의 강점을 포용하고 확장하라 | 256
두려워하지 말고 권력을 휘둘러라 | 262
| 대가들에게 배우는 교훈 | 285

STRATEGY RULES 5

5장 | 개인적 닻을 바탕으로
조직을 형성하라 | 288

자기 자신을 있는 그대로 파악하라 | 296
디테일에 극도로, 단 선별적으로 주목하라 | 305
절대 큰 그림을 놓치지 말라 | 315
지식이 있는 사람들에게 권한을 부여하라 | 328
| 대가들에게 배우는 교훈 | 342

EPILOGUE

에필로그 | **다음 세대를 위하여** | 346

게이츠, 그로브, 잡스가 공유한 다섯 가지 원칙 | 351
새로운 세대의 경영자들 | 356
다섯 가지 원칙을 넘어서 | 365

| 주석 | 377

STRATEGY RULES

|프롤로그|

FIVE TIMELESS LESSONS FROM

BILL GATES

ANDY GROVE

and STEVE JOBS

최고의 전략가들

게이츠, 그로브, 잡스에 대해 오랜 기간 연구한 결과, 우리는 세 리더 모두에게 깊은 감탄과 존경을 느낀다. 하지만 이들을 긍정적으로만 보지는 않는다. 이들 가운데 오류가 없는 사람은 없었다. 그 럼에도 우리는 게이츠와 그로브, 잡스가 첨단기술 업계에서, 그리고 아마도 모든 시대에 걸쳐 가 장 성공적인 CEO이자 전략가라고 믿는다. 그들은 전략의 대가였을 뿐 아니라 엄청나게 유능한 조 직 리더였다.

STRATEGY
RULES

1998년 3월 초, 뉴욕에서 열린 〈타임Time〉의 75주년 축하 파티에서 마이크로소프트의 빌 게이츠, 인텔의 앤디 그로브, 애플의 스티브 잡스가 나란히 포즈를 취했다. 이런 일은 이전에도 없었고 이후에도 단 한 번도 없었다. 이때 찍은 사진은 세 사람이 모두 각자의 회사를 경영하던 시절 함께 찍은 유일한 사진이다. 무엇보다 놀라웠던 것은 이들이 입고 있는 턱시도였다! 이날 밤만큼은 잡스의 검정색 터틀넥과 청바지, 그로브의 가죽 재킷, 게이츠의 스웨터와 면바지를 볼 수 없었다.

사진 한가운데에서 그로브가 활짝 웃고 있다. 불과 몇 주 전에 〈타임〉은 그를 '올해(1997년)의 인물'로 선정했다. 그로브로서는 자신의 빛나는 경력을 인정받은 더할 나위 없는 성취였다. 인텔은 마이크로프로세서 업계를 지배하고, 반도체 분야에서 매출은 물론 수익 측면으로도 세계를 선도하며 회사 역사상 최고의 성과를 누리고 있었다. 최정상에 오른 그로브는 자신이 인텔의 CEO 자리에서 물러나 회장직을 맡을 거라고 막 발표한 참이었다. 그 후 그는 2005년까지 회장직을 수행했다.

오른편의 게이츠는 조금은 신중한 미소를 띠고 있다. 마이크로

프롤로그 | 최고의 전략가들   **19**

소프트의 수장으로서 그는 소프트웨어 산업에 진출하려는 인텔의 시도, 데스크톱 PC 시장에 내민 애플의 도전장, 그리고 가장 최근에는 인터넷을 활용해 마이크로소프트를 세계 최강의 소프트웨어 기업 자리에서 몰아내려는 넷스케이프Netscape의 활동 등 자신의 앞길을 가로막는 장애물을 모두 무너뜨렸다.

그러나 게이츠의 성공은 달갑지 않은 관심을 불러왔다. 불과 2개월 뒤 미국 법무부와 20개 주, 그리고 워싱턴 D.C.는 마이크로소프트가 업계의 정당한 경쟁을 방해하기 위해 시장 지배력을 불법으로 사용했다는 소송을 잇달아 제기했다. 2000년에 게이츠는 25년간 머물렀던 CEO 자리에서 물러났다. 그는 2014년까지 이사회 의장으로 활동했으며, 그 후에는 신임 CEO 사티아 나델라Satya Nadella의 고문을 맡았다.

사진 왼편의 잡스는 늘 그렇듯 혼자만 무슨 비밀을 간직하고 있는 것처럼 능청스럽게 웃고 있다. 8개월 전 임시 CEO로 복귀한 그는 애플이 살아남으리라는 확신이 들 때까지 정식 CEO 직함을 달지 않겠다고 선언했다. 실용적으로 변모한 잡스는 오랜 적수였던 게이츠, 그로브와도 화해했으나 그 어느 때보다도 광적으로 제품 디자인과 사용자 경험user experience에 집착했다. 파티가 끝나고 두 달 뒤 잡스는 젤리 모양의 캔디 색 아이맥을 세상에 내놓았는데, 이 제품에 힘입어 애플은 흑자로 돌아섰다. 그 후 아이팟과 아이튠즈를, 그리고 아이폰과 아이패드를 내놓으면서 애플은 세계에서 기업 가치가 가장 높은 회사가 되었다.

스티브 잡스, 앤디 그로브, 빌 게이츠

경영의 대가들에게
배우는 전략의 원칙

○

사진을 찍을 때 게이츠, 그로브, 잡스가 어떤 생각을 하고 있었는지는 오직 추측만 할 수 있을 뿐이다. 그러나 그들을 이 시점까지 오게 한 가장 중요한 아이디어와 행위들이 무엇인지는 추측할 필요가 없다. 이미 알고 있기 때문이다. 우리가 25년 넘게 이 세 리더와 그들의 회사를 연구하며 함께 일한 것은 참으로 행운이었다.

데이비드 요피David Yoffie는 1989년부터 인텔 이사로 재임했고, 그로브가 CEO를 맡았던 11년 동안, 그리고 회장직을 수행했던 7년 동안 그와 긴밀하게 일했다. 또 데이비드는 하버드 경영대학원에서 첨단기술 전략에 관한 연구의 일환으로 수차례 게이츠, 잡스를 포함한 업계 리더들을 만나 인터뷰를 했다.

같은 시기에 마이클 쿠수마노Michael Cusumano는 마이크로소프트의 전략과 운영에 관한 연구에 매진했다. MIT 슬론 경영대학원에서 소프트웨어 비즈니스 분야의 전문가로 활동한 그는 이 업계에 대해 광범위한 저술 활동을 펼쳤고, 게이츠와 그로브, 그리고 마이크로소프트, 인텔, 애플의 여러 임원 및 엔지니어들과 심층 인터뷰를 진행했다. 1998년에 우리는 마이크로소프트가 넷스케이프와 벌인 치열한 전투를 연구한 베스트셀러 《인터넷 시대의 경쟁Competing on Internet Time》을 공동 집필했다. 우리는 이 세 CEO가 마이크로소프트, 인텔, 애플을 그처럼 높은 위치까지(때로는 낮은 위치로) 이끌어 간 결정들을 내릴 때 어떤 생각을 하고 있었는지에 대해 누구보다 잘 알고 있다.

이에 못지않게 중요한 것은 우리가 게이츠, 그로브, 잡스를 서로 비교하며 관찰했다는 사실이다. 그 덕분에 우리는 그들이 전략, 실행, 기업가정신에 접근하는 방식에서 공통점을 찾아낼 수 있었다. 이런 공통점은 그들의 성격이나 스타일 차이 때문에 가려지는 경우가 많다. 이들의 회사를 분석하는 사례 연구, 기사, 서적들은 꽤 많이 나왔다. 세 CEO는 650쪽에 이르는 두꺼운 책에서부터 삽화를 곁들인 아동 서적에 이르기까지 각종 전기의 주제가 되어 왔다.

늘 그렇듯 이런 책에서는 각각의 이야기에서 특이한 부분들을 부각한다. 이를테면 그로브가 공산 치하 헝가리에서 탈출하고 미국에서 대학 교육을 받은 이야기, 게이츠가 유복한 집안에서 자라나 어린 시절 소프트웨어에 심취했던 이야기, 그리고 잡스가 평탄치 않은 어린 시절을 보내고 훗날 우아한 디자인에 집착했던 이야기 등을 부각한다. 그러나 이런 차이점 뒤에는 기업 리더십과 관련한 공통의 프레임워크가 숨어 있다.

전략과 실행의 핵심 사항에 대한 이런 공통의 접근 방식이 세 사람에게 갑자기 또는 동시에 나타난 것은 아니다. 그것은 수많은 시행착오를 거쳐 진화해 왔다. 이 프레임워크를 설명하기 위해 우리가 찾아낸 다음의 다섯 가지 원칙이 바로 이 책의 핵심이다.

1. 앞을 내다보고, 현재 무엇을 해야 하는지 되짚어 보라.
2. 크게 베팅하되 회사의 존립을 위협하지는 말라.
3. 제품만 만들지 말고 플랫폼과 생태계를 구축하라.
4. 유도와 스모처럼 지렛대 원리와 힘을 활용하라.
5. 개인적 닻을 바탕으로 조직을 만들어라.

게이츠, 그로브, 잡스는 이 원칙을 자신의 회사에 적용해 역대 최대의 성과를 거뒀다. 재무 성과는 여러 복잡한 이야기 가운데 일부일 뿐이지만, 어쨌든 그들의 성공을 분명하게 보여주는 지표라고 할 수 있다. 예컨대 영업이익을 살펴보자. 빌 게이츠는 1975년부터 2000년까지 마이크로소프트의 CEO를 지냈다. 그 기간에 회사의 연간 이익은 거의 제로에서 110억 달러로 증가했다. 앤디 그로브는 1987년에 인텔의 CEO로 부임했다. 그 전해에 인텔은 1억 3500만 달러의 손실을 보았다. 그로브가 CEO로서 마지막 해를 보낸 1997

이익 및 최고 시가총액

CEO 재임 기간	CEO 재임 초 영업이익	CEO 재임 말 영업이익	최고 시가총액	2014년 말 시가총액 추정치
마이크로소프트 빌 게이츠 (25년)		110억 달러	6120억 달러 (1999/12/27)	4100억 달러
인텔 앤디 그로브 (11년)	-1억 3500만 달러	100억 달러	5010억 달러 (2000/8/31)	1650억 달러
애플 스티브 잡스 (14년)	-4억 300만 달러	340억 달러	6680억 달러 (2014/11/14)	6880억 달러

년에 인텔은 대략 100억 달러를 벌어들였다. 스티브 잡스가 복귀한 1997년에 애플은 4억 달러 이상 손실을 보았으나, 그가 병환으로 사임한 2011년에는 대략 340억 달러를 벌어들였다.

시장점유율을 봐도 유사한 사실을 알 수 있다. 마이크로프로세서 분야에서 40퍼센트를 밑돌았던 인텔의 점유율은 그로브의 재임 기간에 80퍼센트 이상으로 증가했다.[1] 게이츠가 CEO였던 기간에 마이크로소프트는 개인용 컴퓨터 운영체제operating system, OS 시장의 95퍼센트를 장악했다. 잡스가 두 번째로 회사를 맡았던 기간이 끝날 무렵 애플은 스마트폰 시장의 20퍼센트를, MP3 플레이어(아이팟)와 디지털 미디어(아이튠즈) 시장의 60퍼센트를 차지했고, 태블릿(아이패드) 시장에서는 70퍼센트나 되는 시장점유율을 기록했다.[2]

그뿐 아니라 잡스는 애플이 1000달러 이상의 개인용 컴퓨터 가운데 90퍼센트를 판매했다는 사실을 자랑스러워했다.[3]

아마도 가장 눈에 띄는 점은, 잡스가 물러났을 때 애플이 세계에서 기업 가치가 가장 큰 회사였다는 사실일 것이다. 게이츠의 CEO 재임 기간이 끝나 갈 무렵 마이크로소프트도 이와 맞먹는 탁월한 실적을 보여주었다. 이보다 조금 늦은 인텔의 경우, 그로브가 CEO에서 회장직으로 옮겨간 27개월 사이에 세계 1위 자리를 차지했다(그러나 이때도 그는 여전히 다른 인텔 직원들처럼 현직에서 실무적인 일에 관여했다).

게이츠, 그로브, 잡스의 성공은 어느 정도는 개인용 컴퓨터의 발명, 인터넷의 출현, 디지털 모바일 기기의 광범위한 사용으로 시장이 폭발적으로 커진 데 따른 결과였다. 그들은 확실히 적절한 시기에 적절한 자리에 있었다. 그러나 유능하고 부지런한 사람들이 경영하던 수많은 우수 기업이 이 기간에 시장에서 실패하거나 이들보다 뒤처졌다. 게이츠, 그로브, 잡스가 돋보이는 것은, 심지어 엄청난 변화가 주위 환경을 바꿔 놓았을 때에도 자신의 업계에서 독보적 우위를 점하고 유지했기 때문이다. 이 과정에서 그들은 자신이 속한 기업과 업계, 그리고 당대에 지속적으로 영향력을 행사했다.

게이츠, 그로브, 잡스가 CEO 자리에서 물러난 뒤 마이크로소프트, 인텔, 애플은 모두 중대한 변화를 맞이했다. 그래도 이 세 기업의 재무 성과는 많은 사람들의 생각보다 탄탄했다. 그로브가 물러난 뒤 16년간 인텔의 매출은 250억 달러에서 530억 달러로 두 배 넘게 늘어났다. 게이츠가 사임한 뒤 13년 동안 마이크로소프트의 매출은 230억 달러에서 790억 달러로 세 배 이상 뛰었다. 심지어 애플의 연간 매출도 잡스가 떠난 뒤 2년 동안 1080억 달러에서 1710억 달러로 60퍼센트가량 성장했다. 게다가 세 회사 모두 부러움을 살 만한 수준의 영업이익을 지속적으로 창출했다. 2013년에 인텔은 123억 달러, 마이크로소프트는 276억 달러, 애플은 485억 달러의 영업이익을 기록했다.

이렇게 인상적인 수치를 보면, 뛰어난 전략적 위치가 혁신적 제품이나 독보적 산업 플랫폼과 결합되었을 때 상당 기간 어마어마한 경제적 이익을 창출할 수 있다는 것을 알 수 있다. 그러나 최근 몇 년 사이 마이크로소프트와 인텔, 심지어 애플의 재무 성과와 시장가치, 대중적 인식은 예전만큼 높은 수준에 이르지 못했다. 이제 더는 업계 평균의 두세 배에 달하는 성장률이나 엄청나게 획기적인 제품이 보이지 않는다.

이는 그다지 놀라운 일이 아니다. 게이츠, 그로브, 잡스의 뒤를 이은 CEO들은 어떤 의미에서 전임자가 누린 성공의 희생양이었다. 그들은 급성장하는 비즈니스에서 금방 벼락부자가 된 사람들이 아니었으며, 몹시 혼란스러운 시장과 사방의 굶주린 경쟁자들에 둘러싸인 크고 성숙한 '공룡'을 물려받은 사람들이었다. 세 기업 모두 서비스형 소프트웨어Software as a Service, SaaS와 클라우드 컴퓨팅에서부터 '무료' 광고 기반 소프트웨어와 서비스, 소셜 미디어, 그리고 비교적 저렴한 스마트폰과 태블릿의 폭발적인 성장에 이르기까지 새로운 기술과 비즈니스 모델의 출현이라는 도전에 직면해 있다.

게이츠, 그로브, 잡스는 그 후 오랜 기간 지속된 강력한 조직과 문화를 구축했지만, 이 세 CEO의 뒤를 이은 경영진은 성과에 대해 최종 책임을 져야 했다. 마이크로소프트와 인텔의 후임 CEO들, 즉 스티브 발머Steve Ballmer, 크레이그 배럿Craig Barrett, 폴 오텔리니Paul Otellini 는 기존의 조직을 관리하는 유능한 집사였다. 그러나 그들은 게이 츠와 그로브에게 제2의 천성이 된 전략적 명확성과 엄정한 실행에 부응하는 데는 실패했다.

애플의 경우, 잡스의 지도력 없이 회사가 잘해 나갈지는 미지 수다. 잡스만 한 위상을 지닌 리더를 대체하기란 불가능하다 해도, 2011년 그가 떠난 뒤 3년 동안 아이팟, 아이폰, 아이패드에 버금가 는 주요한 혁신 제품은 나오지 않았다. 아이워치가 예외일 수 있지 만 이 제품이 산업 전반에 걸친 플랫폼으로 장기간 영향을 줄 것인 지는 여전히 회의적이다(이에 대해서는 뒤에서 다시 논의하겠다).

대체로 애플, 인텔, 마이크로소프트는 여전히 중요하고도 강력한 기업이다. 세 기업 모두 비교적 새로운 CEO들이 경영을 맡고 있으 며, 우리는 이들이 미래에 자사를 새로운 단계로 끌어올리기를 바란 다. 그러나 이들은 모두 이제 첨단기술 업계를 선도하는 기업이 마 이크로소프트, 인텔, 애플만이 아니라는 전략적 문제를 안고 있다.

오늘날 스포트라이트는 새로운 세대의 회사와 CEO들, 예컨대 구글의 래리 페이지Larry Page(그로브처럼 과학과 공학을 깊이 있게 공 부했다), 페이스북의 마크 저커버그Mark Zuckerberg(게이츠와 같은 '해커'이며 마찬가지로 하버드대학을 중퇴했다), 아마존의 제프 베조스Jeff Bezos(잡스처럼 강박적으로 소비자를 지향하며 기존 관습을 거부한다), 그리고 텐센트Tencent의 마화텅馬化騰(중국 최대 인터넷 기업의 창립자) 같은 사람들에게 비춰지고 있다.

뒤에서 논의하겠지만, 이 CEO들은 게이츠, 그로브, 잡스의 발자취를 잇고 있다. 그들은 유사한 전략 원칙을 따르고 있다. 클라우드 서비스에 대한 페이지의 선견지명, 페이스북 플랫폼을 구축하려는 저커버그의 대담한 시도, 탁월한 소비자 경험을 제공할 뿐 아니라 플랫폼을 만들려는 베조스의 열정, 그리고 최고의 인터넷 메시징 및 네트워킹 기술을 '포용하고 확장하는' 마화텅의 추진력이 좋은 예다.

이 후대의 첨단기술 기업가들이 게이츠, 그로브, 잡스가 확립해 놓은 토대를 기반으로 활동한다는 사실은 놀랍지 않다. 이들도 유명한 선배들처럼 폭발적인 성장 잠재력과 예측 불가능한 변화가 특징인 급변하는 '플랫폼' 산업에서 사업을 전개한다. 그러나 우리는 기술 분야가 아닌 다른 여러 산업의 리더들도 이 세 CEO를 연구할 필요가 있다고 생각한다.

컴퓨터 소프트웨어, 반도체, 가전제품, 디지털 미디어 같은 역동적인 산업은 비즈니스 세계에서 마치 초파리(초파리가 번식이 빠르고 수명이 짧아 실험 재료로 널리 사용되는 데서 비롯한 비유—옮긴이)와 같다.[4] 이런 산업은 변화가 매우 빠르고 수명 주기도 아주 짧기 때문에 왜 어떤 기업들은 성공하고 어떤 기업들은 실패하거나 휘청거리는지 관찰할 기회가 많다. 다른 산업의 고위 임원과 기업가들도 마이크로소프트, 인텔, 애플을 포함해 여러 첨단기술 기업이 어떻게 성장해 왔는지를 이해하면 자기 분야의 시장에서 일어나는 변화를 더욱 효과적으로 관리하는 법을 학습할 수 있다.

여기서는 '학습'이라는 단어가 핵심이다. 우리는 20년 이상 게이츠, 그로브, 잡스를 관찰한 결과 전략 숙달 능력은 타고나는 것이 아니라는 점을 분명히 알게 되었다. 대부분의 위대한 CEO들은 더 전략적으로 사고하는 법과 조직의 더 나은 리더가 되는 법을 학습한다. 예를 들어 사업 초기에 그로브는 최전선에 있는 관리자들, 즉 고객과 가장 가까이 있는 사람들이 회사의 전략을 결정해야 한다고 생각했다. 시간이 지난 뒤 그는 전략에는 상향식 접근법뿐 아니라 하향식 접근법도 필요하다는 사실을 깨달았다.

게이츠는 인터넷의 부상에 무방비 상태로 놓여 있었고, 넷스케이프와의 브라우저 전쟁에서 거의 패배 직전까지 몰렸다. 그러나 젊고 비교적 경험이 적은 몇몇 직원들의 재촉 덕분에 재빠르게 대응했고, 그 결과 잠재적인 재앙으로부터 회사를 구할 수 있었다.

잡스는 처음 애플의 CEO가 되었을 때 회사를 거의 파산시킬 뻔한 뒤에야, 단지 위대한 제품을 만드는 것만으로는 부족하다는 사실을 배웠다. 결국 잡스는 애플이 살아남고 궁극적으로 번영하기 위해서는 더욱 광범위한 업계 파트너십을 구축하고 경쟁자들(대표적으로 빌 게이츠와 마이크로소프트)과 협력해야 한다는 사실을 깨달았다.

첨단기술 시장에는 분명 독특한 특성이 있다. 게이츠, 그로브, 잡스는 바로 이런 특성을 학습해야 했다. 기술이 주도하는 비즈니스는 대개 개별 제품보다는 산업 전반에 걸친 '플랫폼platform'을 중심으로 돌아간다. 플랫폼이란 윈도 PC 또는 아이폰처럼 기반이 되는 제품이나 기술을 말하며, 얼마나 많은 사용자들을 끌어들이는지, 얼마나 많은 제3자third-party(하드웨어나 소프트웨어 등의 제품을 제조하고 있는 메이커나 그 계열 회사 또는 기술 제휴를 하고 있는 기업 이외의 사업자를 총칭한다—옮긴이) 기업이 '보완' 제품과 서비스를 만들어내는지에 따라 성공과 실패가 갈린다. 사용자와 보완 기업의 수가 늘어나면 '네트워크 효과network effects' 또는 '네트워크 외부성network externalities'이라 불리는 강력한 피드백 고리가 생겨날 수 있다. 더 많은 소비자와 보완 기업이 플랫폼을 채택하면서 네트워크 효과는 기하급수적으로 가치를 증가시킬 수 있다.

더욱이 플랫폼 시장은 하나의 승자에게 급속히 기울 수 있기 때문에 가장 우세한 기업조차 현 상황을 역전당할 위험이 늘 존재한다. 이런 역동성 때문에 첨단기술 업계의 관리자들은 극도로 복잡한 결정을 재빨리, 그것도 미래에 대한 확신이 별로 없는 상태에서 내려야 한다. 만약 그들의 결정이 옳다면 커다란 보상이 있을 것이고, 틀렸다면 참담한 결과를 맞을 수도 있다.

아이폰이라는 새로운 휴대폰이 겨우 몇 년 사이에 업계의 거인들(노키아와 블랙베리)을 쓰러뜨릴 것이라고 상상한 사람은 (스티브 잡스 말고는) 거의 없었다. 시애틀에 있는 작은 신생 기업(마이크로소프트)이 당시 자사의 최대 고객이며 세계 최대 규모에 기업가치도 가장 높은 기업(IBM)을 이길 것이라고 생각한 사람도 별로 없었다. 거의 파산 직전에 이르러 IBM의 긴급 금융 지원이 절실했던 작은 반도체 메모리 기업(인텔)이 일본, 한국, 유럽 기업들을 물리치고 10년도 되지 않아 새로운 주요 기술(마이크로프로세서) 분야에서 세계 최대의 리더가 되리라고 예상한 사람도 드물었다.

게이츠, 그로브, 잡스는 플랫폼 시장에서 어떻게 경쟁해야 할지를 고민한 최초의 CEO이자 기업가였다. 그들은 역사는 물론 전략과 조직도 열심히 공부한 학생이었으며, 새로운 기술과 사업 모델, 산업을 배우는 데 전념했다. 그들은 모두 자신의 실수뿐 아니라 성공에 대해서도 깊이 성찰했다. 이처럼 학습에 전념하는 것은 그들이 그렇게 오랜 기간 유능한 리더가 될 수 있었던 가장 큰 요인 중 하나다.

다른 듯 같았던
게이츠, 그로브, 잡스

구상 단계에서 우리는 이 책이 일류 전략가가 되려면 무엇이 필요한지에 대해 게이츠, 그로브, 잡스와 대화하는 형식이 되리라고 생각했다. 우리는 이들이 공통적으로 따른다고 여겨지는 원칙들을 세밀히 조사하고 거듭 논의하는 과정에서 많은 것을 배웠다. 이런 과정을 통해 우리는 그들의 개인적 이력과 관심이 전략 및 조직 형성, 더 나아가 기업가정신에 관한 접근 방식을 만들어 가는 데 막대한 영향을 끼쳤다는 사실을 알게 되었다. 따라서 세 사람이 살아온 배경과 경영한 회사에 대해 간략히 요약하면서 이 책을 시작하는 편이 좋을 것 같다. 먼저 가장 연장자인 앤디 그로브를 살펴보자.

앤디 그로브와 인텔

앤디 그로브는 1936년 헝가리에서 태어났다. 어린 시절 홀로코스트(제2차 세계대전 중 나치 독일이 자행한 유대인 대학살—옮긴이)를 피해 살아남은 그로브는 공산주의의 철의 장막 속에서 성장했고, 실패로 끝난 1956년의 헝가리 혁명 기간에 소련의 압제에서 탈출했다. 그리고 마침내 미국으로 건너가게 된다. 그로브는 뉴욕시립대학교에 입학해 고학으로 화학공학 학위를 받았으며, 캘리포니아대학교 버클리 캠퍼스에서 같은 분야의 박사 학위를 받았다. 1963년에 페어차일드 반도체에 입사해 경력을 시작했고, 1968년에는 인텔의 창업을 돕기 위해 회사를 떠났다. 이 무렵 청소년기의 게이츠와 잡스는 막 컴퓨터를 만지기 시작했다.

창업 초기에 인텔은 메인프레임mainframe 컴퓨터용 메모리 칩을 설계하고 생산하는 데 중점을 두었다. 회사는 메모리 사업의 성공에 힘입어 1971년에 주식을 상장했다. 같은 해에는 마이크로프로세서microprocessor라는 신제품을 개발했는데, 이는 향후 인텔을 세계적인 기업으로 만들어 준 제품이다. 마이크로프로세서는 중앙처리장치central processing unit, CPU라고도 불린다. 이 제품은 컴퓨터 시스템, 또는 디지털 시계처럼 프로그램 가능한 전자 기기에서 전산 태스크를 수행한다. 1980년, 인텔은 IBM과 다음 해 출시될 최초의 개인용 컴퓨터에 마이크로프로세서를 공급하는 계약을 체결했다. 1980년대 초에 개인용 컴퓨터 시장이 급성장하자 인텔의 x86 계열 마이크로프로세서는 PC 산업의 표준이 되었다.

당시 인텔은 여전히 자사를 메모리 제품 회사로 간주했다. 그러나 1985년 무렵 일본 제조업체들의 무차별 공세와 시장 성장 둔화로 메모리는 적자를 내고 있는 상황이었다. 최고경영자CEO 고든 무어Gordon Moore와 최고운영책임자COO 앤디 그로브는 회사를 살리기 위해 IBM으로부터 자금을 지원받은 뒤, 마이크로프로세서에 집중한다는 힘겨운 결정을 내리고 디램DRAM으로 불리는 최대 메모리 사업 분야에서의 철수를 공식적으로 선언했다.

1987년 CEO 자리에 오른 그로브는 디램 사업 철수 작업을 끝내고 세계 굴지의 PC용 마이크로프로세서 공급업체로서 인텔의 새로운 위상을 공고히 했다. 1992년 무렵 인텔은 세계 최대 반도체 기업이 되었다. 6년 뒤 그로브가 CEO 자리에서 물러났을 때, 인텔 칩은 전 세계에서 판매된 PC의 약 80퍼센트에 장착되었다. 더 나아가 인텔은 마침내 전 세계 서버 중 약 90퍼센트에 CPU를 공급하면서 데이터 센터data center(각종 데이터를 모아 두는 시설로 적게는 수백 대, 많게는 수만 대의 서버를 동시에 운영한다—옮긴이)의 최강자가 되었다. 이 과정에서 '인텔 인사이드Intel Inside'는 누구나 다 아는 유명한 이름이 되었다. 처음에 인텔은 주로 업계 내부에서만 알려진 부품 제조업체였으나, 그 후 세계에서 가장 가치 있는 브랜드를 지닌 기술 선도 기업으로 탈바꿈했다.[5]

빌 게이츠와 마이크로소프트

———

그로브보다 거의 20년 늦은 1955년에 태어난 빌 게이츠는 전혀 다른 기반에서 삶을 시작했다. 게이츠는 시애틀에서 인맥 좋은 변호사 아버지와 저명한 자원봉사자 어머니 사이에서 태어나 유복한 아이로 자랐다. 1960년대 후반 중학교에 다니던 시절, 게이츠는 컴퓨터를 발견하고는 이내 프로그래밍에 푹 빠져들었다. 고등학교 시절 그는 학교 관리자들이 학생 일정 관리에 사용할 수 있는 소프트웨어 프로그램을 만들었고, 심지어 트래픽 데이터를 기록하기 위해 연상의 급우인 폴 앨런Paul Allen과 작은 회사를 차리기도 했다. 1973년 게이츠는 하버드대학교에 입학했지만 2년 뒤인 1975년 학교를 중퇴하고 앨런과 함께 마이크로소프트를 창업했다.

마이크로소프트는 작은 규모로 시작했다. 처음에 게이츠와 앨런은 알테어 8800Altair 8800을 위한 베이직BASIC 프로그래밍 언어를 만들었다. 알테어 8800은 초기 인텔 CPU로 구동되는 애호가용 저가 미니컴퓨터 키트였다. 그리고 결정적인 기회가 찾아왔다. 1980년, 자사 최초의 PC를 급히 시장에 출시하려던 IBM이 운영체제를 공급해 달라고 게이츠를 찾았던 것이다. 운영체제란 반복적인 컴퓨팅 기능을 처리하기 위해 마이크로프로세서와 함께 작동하는 필수 소프트웨어를 말한다.

적당한 운영체제가 없었던 마이크로소프트는 한 지역 회사로부터 운영체제를 구입해 도스DOS라고 이름을 바꾼 뒤 비독점non-exclusive

방식으로 IBM에 라이선스를 공급했다.[6] IBM PC가 널리 사용되자 마이크로소프트는 IBM의 경쟁사들에게도 도스를 판매해 업계에서 독보적인 위치를 차지했다. 도스는 마이크로소프트가 윈도를 출시할 때까지 개인용 컴퓨터 산업의 소프트웨어 플랫폼이 되었다. 윈도는 1990년에 대량으로 판매되기 시작했다.

그사이 마이크로소프트는 1982년 엑셀 초기 버전을 내놓고 곧 워드를 출시해 애플리케이션 업계를 주도하게 된다. 1990년에는 자사의 애플리케이션을 한데 모은 오피스 스위트Office Suite를 출시했다. 마이크로소프트는 1985년에 프로그래밍 언어, 운영체제, 애플리케이션 판매를 통틀어 연매출 1억 달러를 넘어섰고, 이에 힘입어 1986년에 주식을 상장했다.[7] 그리고 1987년에 경쟁사 로터스Lotus(널리 사용되던 스프레드시트 프로그램 로터스 1-2-3의 개발사)를 제치고 약 3억 5000만 달러의 매출을 올려 세계 최대 PC 소프트웨어 제품 기업이 되었다.[8] 3년 뒤에는 매출이 10억 달러를 넘어섰다.

1990년대에 출현한 인터넷은 마이크로소프트 비즈니스의 초석인 PC의 중요성을 약화하는 위협적인 요소였다. 이에 대응해 게이츠는 웹브라우저 개발에 회사 자원을 쏟아붓고 거의 모든 마이크로소프트 제품에 인터넷 기능을 추가했다. 이 전략은 제대로 들어맞았다. 마이크로소프트는 넷스케이프를 포함한 인터넷 기업들의 도전을 성공적으로 물리치고 소프트웨어 제품 산업의 최강자 자리를 지킬 수 있었다.

2000년에 게이츠는 오랜 친구이자 동료인 스티브 발머에게 경영권을 넘기고 CEO 자리에서 물러났다. 그는 2006년까지 마이크로소프트에서 최고 소프트웨어 아키텍트^{chief software architect}로 일했고, 2008년까지는 정직원 신분을 유지했다. 그 후에는 빌 & 멀린다 게이츠 재단에 대부분의 시간을 쏟고 있다.[9]

스티브 잡스와 애플

스티브 잡스는 빌 게이츠와 같은 1955년에 태어나 개인용 컴퓨터 혁명이 막 시작되던 시절에 성장했다. 그는 위스콘신대학교에서 만난 두 남녀 학생의 아들로 태어나 어느 노동자 가정에 입양되었다. 양부모는 그가 다섯 살이었을 때 샌프란시스코에서 실리콘밸리로 이주했다. 잡스가 어린 시절 디자인과 전자장치를 접하게 된 것은 목수이자 기계공이면서 자동차 재조립을 즐겼던 아버지 덕분이었다.

마침 휼렛패커드^{Hewlett-Packard, HP}에서 일하던 어느 이웃이 전기회로에 점점 매료되어 가던 잡스를 부채질했다. 그 이웃은 잡스가 DIY 전자장치 키트를 가지고 놀도록 격려하기도 했고, HP 엔지니어와 지역 학생들이 일주일에 한 번씩 모이는 회사 지원 프로그램에 데려가기도 했다.[10] 잡스가 향후 진학할 곳은 당연히 스탠퍼드나 버클리인 듯 보였다. 그러나 그는 리드대학^{Reed College}을 선택했다. 오리건 주에 있는 이 학교는 반체제 문화의 분위기로 유명한 학부 중심 대학이었다.

잡스는 1972년에 리드대학에 입학했지만 6개월 만에 중퇴했고, 그 후 수년간 수업을 청강하거나 친구들과 어울려 다니다가 마침내 인도로 여행을 떠났다. 실리콘밸리로 돌아온 뒤에는 고등학교 때 만난 엔지니어 스티브 워즈니악Steve Wozniak과 함께 여러 프로젝트를 진행했다. 이들은 1976년에 애플 컴퓨터Apple Computer를 창립했다.

이 회사의 첫 번째 제품인 애플 IApple I은 나무 상자 안의 전기회로판으로 구성된 것으로 잡스와 워즈니악, 그리고 또 다른 친구가 잡스의 집 차고에서 조립했다. 1년 뒤에는 완제품 컴퓨터, 그리고 매끈한 플라스틱 케이스로 덮은 키보드로 구성된 애플 IIApple II가 출시되었다. 애플 II는 가장 초기에 상업적 성공을 거둔 개인용 컴퓨터로, 새로운 산업을 일으키는 데 크게 기여했다. 애플 II의 성공으로 애플 컴퓨터는 1980년 말에 주식을 상장했다.

1981년 IBM이 개인용 컴퓨터를 출시하자 애플은 새로운 거대 경쟁자와 마주치게 되었다. 인텔 마이크로프로세서에서 구동되고 마이크로소프트 도스를 사용하는 IBM PC는 곧 독보적인 컴퓨팅 플랫폼이 되었고 시장점유율에서 애플 II를 뛰어넘었다. 1984년, 애플은 게임의 판도를 바꾸기 위해 매킨토시Macintosh를 내놓았다. '맥Mac'은 시장점유율에서 IBM PC 및 그 호환 컴퓨터들('호환 기종'이라 불렸다)에 결코 심각한 위협이 되지 못했지만, 업계에 결정적인 전환점이 되었다. 그래픽 사용자 인터페이스graphical user interface, GUI를 갖춘 맥은 IBM PC보다 사용하기가 훨씬 쉬웠다. 그 후 마이크로소프트가 윈도를 만들면서 채택한 이 GUI의 혁신으로, 개인용 컴퓨터 시장은 애호가와 '컴퓨터광'을 넘어 크게 확대되었다.

맥은 혁명적인 제품이었지만 산업 표준이 되기에는 너무 늦게 나왔다. 잡스는 애플리케이션 개발자들의 대규모 생태계를 구축하는 데 실패했고, 대중 시장에서 팔리기에는 맥의 가격을 너무 높게 책정했다. 게다가 펩시코에서 영입한 존 스컬리^{John Scully}와 맥의 판매 문제를 두고 권력 다툼이 벌어졌다. 1985년 5월, 잡스는 매킨토시 부문의 수장직에서 해고되었다. 몇 개월 뒤에는 이사회 의장 자리에서도 물러나 모든 애플 주식을 팔고 고성능 컴퓨터 워크스테이션 회사인 넥스트^{NeXT}를 설립했다. 또 1986년에는 애니메이션 제작사인 픽사^{Pixar}를 인수했다.

그 후 10년간 스티브 잡스 없는 애플은 충성스러운 추종자들을 거느리고 탁상출판이나 교육 같은 틈새시장에서 우위를 차지했다. 그러나 애플의 PC 시장 점유율은 심각하게 하락했고, 1990년대 중반에는 손실이 눈덩이처럼 불어났다. 다양한 제품을 출시하려는 노력은 실패로 돌아갔으며, 핵심적인 매킨토시 소프트웨어와 하드웨어 플랫폼은 노후화되고 있었다. 회사를 흑자로 돌리려는 전략의 일환으로, 애플은 넥스트를 인수하고 그 소프트웨어 기술을 차세대 매킨토시 운영체제의 기반으로 사용했다. 1997년, 넥스트와 함께 애플에 돌아온 잡스는 처음에 고문을 맡았고, 결국에는 CEO가 되었다.

잡스는 곧 애플이 생산하는 제품의 수를 줄이되 각각의 제품을 세계 최상급으로 만든다는 목표를 설정했다. 그리고 매킨토시를 재설계해 아이맥이라는 이름으로 출시하며 1998년부터 판매에 들어갔다. 3년 뒤 애플은 획기적인 디지털 뮤직 플레이어인 아이팟을 출시했다. 아이팟은 한 시대의 획을 긋는 제품이 되었다. 이 제품은 이내 애플 매출의 절반을 차지했다. 아이튠즈 온라인 뮤직 스토어로 뒷받침되는 이 신제품을 통해 애플은 컴퓨터 기업을 넘어 가전제품 기업으로 변신했다. 이런 변화를 인지한 잡스는 2007년에 '컴퓨터'라는 단어를 빼고 '애플Apple, Inc.'로 회사명을 바꿨다.

같은 해에 애플은 아이폰을 출시했다. 아이폰은 세계에서 가장 많이 팔린 스마트폰이 되었으며, 애플의 독점적인 앱스토어를 통해 판매되는 '앱' 제작을 위한 새로운 플랫폼이 되었다.[11] 2010년에는 아이폰의 뒤를 이어 아이패드를 내놓았다. 아이폰의 운영체제와 애플리케이션을 사용하는 아이패드는 사용자들이 비디오를 시청하고, 음악을 듣고, 이메일을 읽고 쓰며, 웹브라우징을 할 수 있는 휴대용 태블릿 컴퓨터다. 아이패드는 첫 달에만 100만 대, 처음 9개월 동안에는 1500만 대가 판매되면서 즉각 커다란 반향을 일으켰다.[12] 이 새로운 산업 플랫폼들에 힘입어, 애플의 시가총액은 2011년 가을 잡스가 병환으로 사임할 때까지 역사상 어떤 기업도 이루지 못한 수준으로 치솟았다.

다른 사람들, 비슷한 방식

게이츠와 그로브, 잡스는 성향이 무척이나 달랐다. 그로브는 박사학위를 갖춘 유능한 엔지니어이자 궁극적으로는 문제를 해결하는 사람이었다. 그는 경영 훈련을 받지는 못했지만 처음에 인텔의 운영 담당 이사를 맡았다. 초기 수년간 그는 엔지니어링 도면과 직원의 업무 수준을 검토하는 일에서부터 우체통을 설치하고 사무실 가구를 주문하는 일에 이르기까지 모든 업무를 수행했다.[13] 이런 경험을 통해 그로브는 경영을 열심히 공부하는 학생으로 변모했고, CEO로서 자신의 스타일에도 강한 영향을 받았다. 예컨대 그는 직원 평가와 퇴직자 면접에서부터 장기 전략 계획에 이르기까지 모든 일에 대해 공식적인 체계를 갖추라고 지시했다.

그로브보다 한 세대 젊었던 잡스는 1960년대 후반의 반체제 문화에 푹 빠져 현 상황에 도전하는 방향으로 기울었다. 종종 '약간 이상한' 사람으로 묘사되곤 했던 그는 마치 일반적인 규칙들이 자신에게는 적용되지 않는다는 듯이 행동하는 경우가 많았다. 면도도 하지 않은 채 맨발로 회의에 참석하는 경우도 많았고, 때로는 씻지도 않고 나타나서 동료와 친구들에게 원성을 사기도 했다. 그는 자신의 메르세데스 자동차 번호판을 떼어내고 애플 주차장의 장애인 공간에 주차시켰다(이에 반해 그로브는 다른 직원들과 마찬가지로 인텔 주차장에 빈 공간이 있으면 어디든 주차했다). 그러나 겉으로 보기에는 그저 되는대로 사는 듯해도 디자인에 관해서만큼은 우아함과 단순함에 집착하는 완벽주의자였다. 잡스는 다음과 같이 말했다. "만약 뭔가 문제가 있다면 이를 무시하고 나중에 고치겠다고 말해서는 안 됩니다. 그것은 다른 회사들이나 하는 짓이죠."[14]

이 말을 할 때 잡스는 아마도 마이크로소프트를 염두에 두었을 것이다.[15] 그러나 잡스와는 대조적으로 빌 게이츠는 기술적 역량이 대단히 뛰어났다. 대학 시절 게이츠는 응용수학의 난제로 꼽히던 순열 조합 문제를 해결했을 뿐 아니라, 그 후 30년간 그 문제에 대한 가장 효율적인 해결책으로 남은 알고리즘을 만들어 냈다. 그는 "그거, 나라면 일주일 안에 코드화할 수 있지"라고 말하면서, 기술적 문제와 씨름하는 사람들을 놀리는 것으로 유명했다.[16]

그러나 게이츠는 결코 완벽을 목표로 삼지는 않았다. 실용주의자였던 그는 대중 시장을 장악하기에 '충분히 괜찮은' 제품과 산업 플랫폼을 만들어 내는 데 중점을 두었다.[17] 잡스가 자신을 예술가이자 장인으로 보았다면, 게이츠는 제품을 재빨리 시장에 내놓고 점진적으로 개선해 나가는 소프트웨어 '해커'이자 프로그래머라는 사실을 자랑스럽게 여겼다.

이처럼 개인적 배경과 성격에 차이가 있었지만 게이츠와 그로브, 잡스는 몇 가지 핵심적인 특성을 공유했다. 그중 가장 중요한 점은 세 사람 모두 엄청나게 야심 차고 커다란 꿈을 꾸었다는 것이다. 그것도 자신을 위해서가 아니라 회사와 업계, 그리고 세계를 위해서 꿈을 꾸었다. 그들은 세상을 바꾸기로 굳게 마음을 먹었다. 예를 들어 게이츠는 1975년 폴 앨런과 함께 마이크로소프트를 창업했을 때를 회상하며 다음과 같이 말했다. "우리는 모든 책상과 모든 가정에 컴퓨터가 놓일 거라고 이야기했습니다."[18] 이때 그들은 단지 아무 컴퓨터나 말한 것이 아니라 마이크로소프트의 소프트웨어를 돌리는 기계를 염두에 두고 말한 것이었다. 반면 잡스는 애플이 만들어 내는 제품들이 그의 말마따나 "우주에 흔적을 남길 것"이라고 진정으로 믿었다.[19] 잡스의 목표는 단지 사람들이 구입하는 제품을 만드는 것이 아니라 수많은 사람들의 일상적 삶의 방식을 바꾸는 것이었다. 이런 혁신은 인텔이 발명한 마이크로프로세서 없이는 불가능했을 것이다. 그로브가 밝힌 야심은 인텔이 그 중심에 위치하는 방향으로 세계의 컴퓨터 산업을 재편하는 것이었다.

그뿐 아니라 게이츠, 그로브, 잡스는 모두 개인적으로 혹독한 노동관을 지니고 있었고, 이를 회사 문화에 불어넣었다. 1981년, 그로브는 칩 산업의 침체에 대응해 스스로 '125퍼센트 해결책'이라고 부른 정책을 실행했다. 즉 인텔의 정직원들이 하루에 2시간씩 무보수로 더 일할 것을 요구한 것이다.[20] 잡스는 제품 개발 팀에게 주당 90시간을 일하고 대부분의 팀원들이 절대 불가능하리라 여긴 높은 수준의 성과를 내라고 밀어붙였다. 게이츠는 밤낮을 가리지 않고 신랄한 이메일을 보내고, 주말에는 회사 복도를 돌아다니며 누가 사무실에 있는지 확인하는 것으로 악명 높았다. 게이츠 자신도 잡스와의 유사성을 인정하며 이렇게 회고했다. "(잡스와 나는) 둘 다 엄청난 에너지로 가득 찼으며 상상을 초월할 정도로 열심히 일했습니다."[21]

아울러 세 리더는 모두 그로브가 '혹독한 지적 논쟁'이라고 부른 것을 장려했는데, 이는 자주 격렬한 말다툼으로 확대되곤 했다.[22] 세 사람 모두 자신의 능력을 극도로 확신했기 때문에 다른 임원이나 직원들의 감정을 배려하는 법이 별로 없었다. 게이츠는 수시로 "내가 들어본 말 중에 제일 멍청하군"이라고 하면서 마음에 들지 않는 아이디어를 공격했다. 초기 매킨토시 팀에서 일했던 어느 직원은 다음과 같이 회상했다. 잡스는 "상대방의 약점이 무엇인지, 상대방을 초라하게 느끼게 하고 움츠리게 하는 것이 무엇인지 정확히 알아내는 섬뜩한 능력을 갖고 있었습니다."[23] 그로브는 좀 더 예의를 차렸지만 무자비하기는 매한가지였다.

우리는 다른 CEO와 리더들에게 이들의 공격적인 태도를 따를 것을 권하지는 않는다. 하지만 그런 언어적 공격을 이끌어 낸 열정을 본받는 것은 바람직하다고 본다. 인텔의 어느 동료가 앤디 그로브를 그렇게 지칭했듯이 게이츠와 그로브, 잡스는 모두 "진리를 추구하는 사람"이었다.[24] 그들은 자신이 틀렸다는 것을 증명할 수 있는 지성과 지식, 용기를 지닌 동료들을 존중했다. 예컨대 잡스는 1995년 어느 인터뷰에서 다음과 같이 말했다. "저는 무엇이 올바른지에 대해서는 상관하지 않습니다. 제 관심사는 오로지 성공입니다."[25] 잡스가 위협을 하기도 하지만 기꺼이 굽힐 때도 있다는 사실을 알았던 매킨토시 팀원들은 그에게 가장 훌륭하게 대든 사람을 선정해 일 년에 한 번씩 상을 주기도 했다.

마지막으로, 세 CEO는 적어도 자신의 회사에 관한 한 어느 정도는 편집증을 지니고 있었다. 그로브는 1996년에 출간한 전략에 관한 책 제목을 '편집광만이 살아남는다Only the Paranoid Survive'라고 붙였을 정도였다. 게이츠와 잡스도 이와 비슷한 제목의 책을 쉽게 쓸 수 있었을 것이다. 그들은 모두 급속도로 진화하는 산업에서 성공하려면 끊임없이 경계해야 한다는 사실을 잘 알고 있었다. 따라서 한때의 자신들처럼 경쟁자들의 입지가 강력해지거나 새로운 기업들이 시장에 진입하는 상황을 늘 예의 주시했다.

1997년, 넷스케이프와 치른 브라우저 전쟁에서 막 승리를 거둔 게이츠는 다음과 같이 적었다. "나는 현재 우리가 약자라고 생각한다. 내가 지난 20년간 매일같이 우리를 약자라고 생각한 것처럼 말이다. 만일 우리가 이런 관점을 유지하지 않는다면 경쟁자가 우리를 패배시킬 것이다. …… 언젠가는 누군가 우리의 허점을 공격할 것이다. 언젠가는 열정적인 신생 기업이 마이크로소프트를 업계에서 몰아낼 것이다. 나는 그때가 앞으로 2년에서 5년 사이가 아니라 50년쯤 뒤에 오기를 바랄 뿐이다."[26] '마이크로소프트'를 '인텔'이나 '애플'로 바꿔 보라. 그로브나 잡스라도 정확히 똑같은 말을 했을 것이다.

이 책에
대하여

게이츠, 그로브, 잡스에 대해 오랜 기간 연구한 결과, 우리는 세 리더 모두에게 깊은 감탄과 존경을 느낀다. 하지만 이들을 긍정적으로만 보지는 않는다. 이들 가운데 오류가 없는 사람은 없었다. 세 사람 모두 전략과 실행에서 실수를 저질렀다. 그들은 철저히 실패한 제품이나 시장에 늦게 출시되어 성과가 저조했던 제품을 옹호하기도 했다. 또 회사 자원을 이용해 충분히 따라잡을 역량이 있었는데도 종종 전략적 기회를 포착하는 데 둔감했다. 그리고 세 CEO 모두 회사를 불법적인 방향으로 이끌기도 했다. 마이크로소프트, 인텔, 애플은 미국 법무부나 연방거래위원회와 여러 차례의 충돌 끝에 동의판결(양자 간의 합의를 인정하는 판정—옮긴이)에 서명했고, 전 세계적으로 반독점 혐의에 대한 조사를 피할 수 없었다.

그럼에도 우리는 게이츠와 그로브, 잡스가 첨단기술 업계에서, 그리고 아마도 모든 시대에 걸쳐 가장 성공적인 CEO이자 전략가라고 믿는다. 그들은 전략의 대가였을 뿐 아니라 엄청나게 유능한 조직 리더였다. 그들은 회사의 장단기 목표를 세우고 조직이 성공하도록 이끌었으며, 또한 놀랍도록 효과적으로 전략을 실행함으로써 회사가 장기간 경쟁 우위를 점하도록 했다. 이들의 성공(그리고 실패)은 과거의 일이지만 이들이 남긴 교훈은 시간이 흘러도 변하지 않는다. 우리는 전략과 실행에 대한 이들의 접근 방식을 설명하기 위해 이 책에서 다섯 가지 원칙을 소개한다. 이 원칙들은 모든 조직의 리더들이 더욱 확신을 갖고 미래를 헤쳐 나가는 데 도움을 줄 수 있다.

첫 세 장에서는 게이츠, 그로브, 잡스가 최고의 성공을 이루는 데 기여한 기초적인 전략의 원칙들을 살펴본다. 1장의 내용은 먼저 미래를 내다보고 나서 현재 취해야 할 행동을 되짚어 보라는 것이다. CEO 자리에 앉은 첫 5년 동안 게이츠와 그로브는 세계에 대한 독특한 시각을 지니게 되었다. 스티브 잡스의 경우 애플에서 두 번째로 CEO가 되었을 때 이처럼 강력한 비전이 나타났다. 이에 못지않게 중요하지만 실제로는 잘 드러나지 않은 사실이 있다. 세 사람 모두 자신의 비전을 현실로 바꾸기 위해 당장 무엇을 해야 하는지 매우 상세히 알고 있었다는 점이다. 그들은 고객의 니즈를 예측하고, 경쟁자의 선택권을 제한하고, 업계의 역학을 자신의 입맛에 맞도록 바꾸면서 아이디어를 전략과 행동으로 변화시켰다.

2장은 무모하게 회사를 불필요한 위험에 빠뜨리지 않으면서도 대담한 행보를 취하라는 것이다. 네트워크 효과의 영향을 받는 첨단기술 시장은 기하급수적으로 성장할 수 있으며, 눈 깜짝할 사이에 승자와 패자의 격차를 엄청나게 벌려놓는다. 게이츠와 그로브, 잡스는 어마어마한 전략적 베팅을 했고 그 과정에서 실수도 저질렀다. 그러나 지나치게 위험하거나 돌이킬 수 없는 베팅을 하지는 않았다. 그들은 크게 베팅하더라도 그 시기를 잘 맞추고 분산·다양화함으로써 위험을 성공적으로 완화시켰다.

3장에서는 개별 제품과 회사를 만들기보다는 플랫폼과 생태계를 구축해야 한다는 비교적 새로운 전략적 접근 방식을 다뤘다. 기술 집중적 산업에서 관리자들은 자사의 테두리를 넘어서, 그리고 최고의 제품이라는 관점을 넘어서 생각해야 한다. 우리는 게이츠와 그로브, 잡스에게서 위대한 제품을 만들어 내는 일과 산업 플랫폼을 구축하는 일 사이에서 균형 잡는 법을 배웠다. 위대한 제품은 그 자체로도 성공을 거둘 수 있겠지만, 산업 플랫폼의 경우 시장에서 성공하려면 다른 기업들의 보완적 혁신이 필요하다.

그다음 두 장에서는 전술적·조직적 수준에서 게이츠, 그로브, 잡스가 따랐던 실행 지침을 분석하고 설명한다. 4장에서는 경쟁에서 이기기 위해 유도柔道와 같은 지렛대 원리, 스모相撲와 같은 힘의 전술을 사용하라고 조언한다. 게이츠와 그로브, 잡스는 전술의 대가였다. 그들은 경쟁자의 강점을 약점으로 바꾸기도 했고, 나중에는 경쟁자를 이기기 위해 자사의 압도적인 자원을 활용하기도 했다.

5장의 내용은 리더의 독특한 능력과 비즈니스 통찰, 또는 우리가 개인적 닻personal anchor이라고 부르는 것을 바탕으로 조직을 만들라는 것이다. 게이츠는 소프트웨어 기술에 대한 깊은 이해를 바탕으로 마이크로소프트를 키워 나갔다. 그로브는 복잡한 반도체 기기들을 대량 생산하기 위해 엄밀함을 갖춘 '공학기술적' 프로세스를 개발하도록 인텔을 이끌었다. 잡스는 제품 디자인과 사용자 경험에서 우아함과 단순함에 대한 자신의 집착을 바탕으로 애플을 만들었다. 더 나아가 세 리더 모두 자신이 고용한 사람들과 자신이 영감을 주거나 창조하도록 도움을 준 문화, 시스템, 가치를 통해 자신의 약점을 인식하고 보완했다.

이 다섯 장 전반에서 우리는 게이츠, 그로브, 잡스가 어떻게 다섯 가지 원칙을 실행했는지, 그리고 어디에서 잘못된 길로 빠졌으며 왜 그랬는지를 보여주기 위해 세 회사에서 일어난 주요 일화들을 고찰한다. 우리의 목표는 마이크로소프트, 인텔, 애플의 모든 이야기를 다시 전하는 것이 아니라(이 일은 이미 많은 사람들이 잘 해놓았다), 경영과 관련해 더욱 광범위한 교훈들에 초점을 맞추는 것이다. 이 때문에 우리의 논의는 시간을 거슬러 오갈 때도 있다. 아울러 우리는 여러 장에서 특히 중요한 몇몇 의사 결정에 대해 고찰한다. 이런 결정들을 다양한 관점에서 살펴보면 새로운 통찰을 얻을 수 있기 때문이다.

에필로그에서는 다섯 가지 전략의 원칙을 숙달하는 데 필요한 요소들을 요약·정리한다. 우리는 게이츠, 그로브, 잡스에게 배운 교훈을 정리하고 후대의 CEO들(마크 저커버그, 제프 베조스, 래리 페이지, 마화텅)이 똑같은 기법들을 어떤 식으로 사용하고 있는지 보여준다. 마지막으로 게이츠, 그로브, 잡스가 승계를 위해 조직을 어떻게 준비시켰는지, 또한 재임 기간 중 저질렀던 큰 실수들은 무엇이었는지 살펴본다. 그리고 자사를 미래로 이끄는 고위 관리자들과 기업가들이 어떻게 하면 유사한 실수를 피하거나 최소화할 수 있는지에 대해 몇 가지 방안을 제시한다.

STRATEGY RULES

| 1장 |

FIVE TIMELESS LESSONS FROM
BILL GATES
ANDY GROVE
and STEVE JOBS

앞을 내다보고 현재 무엇을
해야 하는지 되짚어 보라

꺼야 할 불은 매일같이 새롭게 타오른다. 현재의 고객과 직원들의 요구 사항만 해도 모든 시간을 쏟아부어야 할 만큼 많다. 그러나 위대한 전략가가 되려면 오늘의 부담감과 내일에 대한 압박감에서 한 걸음 물러나 회사, 고객, 경쟁자, 그리고 산업의 미래를 향해 앞을 내다볼 시간을 확보해야 한다. 그런 뒤에 지금 어떤 행동을 취해야 할지 되짚어 봐야 한다.

STRATEGY RULES

"역사에 무지한 자들은 역사를 되풀이하기 마련이다." 모두가 잘 알고 있는 에드먼드 버크^{Edmund Burke}의 격언이다. 많은 사람들이 그의 충고를 마음 깊이 새겨 왔다. 중대한 결정을 내려야 할 때, 우리는 본능적으로 먼저 과거의 일을 되돌아보고 그 교훈을 거울삼아 현재 직면한 어려움을 헤쳐 나갈 방법을 강구한다.

그러나 전략은 근본적으로 미래지향적이다. 다시 말해, 미래를 위한 계획을 세우는 일이다. 물론 과거의 교훈을 배우는 것도 중요하지만 미래가 과거와 유사하리라는 가정하에 계획을 수립하는 것은 위험하다. 앤디 그로브는 종종 아인슈타인의 말을 인용해 다음과 같이 언급했다. "미래를 내다보려면 과거에서 배우되 그 한계에서 벗어나야 한다."[1]

일류 전략가들은 접근하는 방식이 다르다. 그들은 뒤를 돌아보고 앞을 따져 보는 것이 아니라, 먼저 앞을 내다보고 현재를 되짚어 본다. 게임이론가나 체스 고수 같은 자질을 지니고 있는 위대한 전략가들은 미래의 특정 시점에 회사가 어떤 위치에 있어야 할지를 결정하기 위해 '앞을 내다본다.' 그런 뒤 이 방향으로 사업을 이끌어 가려면 어떤 조치들을 취해야 할지 파악하기 위해 '현재를 되짚어 본다.' 특히 변화의 속도가 빠른 산업에서는 이처럼 미래를 예측하고 만들어 나가는 데 중점을 두는 일이 중요하다. 이런 산업에서는 기업이 반걸음 앞서 있는지 아니면 제자리에 머물러 있는지가 성공과 실패를 가름하는 요소가 될 수도 있다. 빌 게이츠, 앤디 그로브, 스티브 잡스가 성공한 데는 이처럼 고객과 경쟁자보다 앞서 나가는 남다른 능력이 큰 역할을 했다.

이런 능력을 예지력과 혼동해서는 안 된다. 일류 전략가들이라고 해서 수정구슬로 미래를 들여다보는 것은 아니다. 게이츠, 그로브, 잡스가 미래를 잘못 판단했다고 밝혀진 경우도 있었다. 그러나 일류 전략가들은 끊임없이 미래에 초점을 맞춘다. 그들은 새로운 정보가 주어지고 경쟁자들이 움직이거나 의도를 드러내면 그에 따라 자신의 예측을 지속적으로 조정해 나간다.

이에 못지않게 중요한 것은 전략의 대가들도 새로운 기회가 나타나면 자신이나 회사가 이를 활용할 수 있도록 적절한 준비를 갖춰야 한다는 사실이다. 우리는 종종 성공한 CEO들을 과대평가하곤 한다. 지나고 돌이켜 보면 성공한 리더들은 모든 움직임을 미리 계획해 놓은 위대한 선지자로 비치는 경향이 있다. 그러나 사실 위대한 전략가들은 대부분 선지자일 뿐 아니라 기회주의자이기도 하다. 그들은 새롭게 떠오르는 시장을 초기에 감지하거나 경쟁자들이 채우지 못한 틈새를 찾아낸다. 그다음에는 불확실함이나 의심에 굴하지 않고 지식과 경험에서 나온 추측이나 직관적 모험에 따라 행동에 나선다.

예를 들어 IBM이 새로운 운영체제를 위해 빌 게이츠를 찾아왔을 때, 게이츠는 처음에 자신이 그 분야의 비즈니스를 하고 있지 않다고 말했다. 그러나 그는 곧 IBM의 제안이 마이크로소프트가 모든 PC 애플리케이션용 플랫폼을 장악할 절호의 기회라는 사실을 깨달았다. 그로브는 마이크로프로세서를 발명하지 않았지만, 이 제품이 컴퓨터 산업을 재편할 잠재력이 있다는 것을 거의 처음으로 파악한 인물이었다. 애플 역시 GUI라는 아이디어를 처음 창안한 기업은 아니었다. 그러나 잡스는 애플의 리더들 가운데 최초로 GUI의 혁명적 잠재성을 알아보았다.

그뿐 아니라 게이츠, 그로브, 잡스는 이런 비전을 현실로 탈바꿈시킬 전략을 개발하고 실행했다. 미래를 내다보는 능력이 있다고 해서 그 자체로 위대한 전략가라고 할 수는 없다. 위대한 전략가가 되려면 원하는 목표에 도달하는 방법을 찾아내야 한다. 이 과정에서 게이츠, 그로브, 잡스는 대단히 유능한 임원들과 직원들의 도움을 받았다. 대부분의 CEO가 그렇듯이, 그들은 경영진을 비롯한 여러 직원들과 함께 다양한 아이디어를 제안하고 조직을 창의력이 가득한 분위기로 이끌 수 있었다. 일단 선택의 대상이 제시되면 그들은 자사의 현재 위치를 평가하고 다른 기업들의 잠재적 움직임과 대응책을 조사한 뒤 전체를 아우르는 하나의 방향을 제시했다. 그들은 선지자였을 뿐 아니라 '큐레이터'이자 통합자였다. 또한 환경이 바뀌면 비전과 계획을 조정해 나갔다. 전략 수립에서는 이처럼 회사가 어디로 가야 하는지를 결정하는 일보다 그곳에 도달하는 방법을 찾아내는 일이 더 어렵다. 따라서 앞을 내다보아야 할 뿐 아니라 나아가면서 현재를 되짚어 보고 조정을 해나가는 과정에 많은 노력을 쏟아부어야 한다.

이 장에서 우리는 이 어려운 작업을 더욱 쉽게 할 수 있는 방법을 소개한다. 여기서 우리는 앞을 내다보고 현재를 되짚어 보는 과정을 네 가지 핵심 요소로 나눌 것이다. 이 네 원칙을 충분히 익히면, 어떤 관리자라도 더욱 효과적으로 미래를 위한 계획을 세울 수 있다.

앞을 내다보고
현재 무엇을 해야 하는지 되짚어 보라

1 미래의 비전을 세우기 위해 앞을 내다보고
한계와 우선순위를 정하기 위해 현재를 되짚어 보라.

2 고객의 니즈를 예측하기 위해 앞을 내다보고
자사의 역량에 맞추기 위해 현재를 되짚어 보라.

3 경쟁자들의 움직임을 예측하기 위해 앞을 내다보고
진입 장벽을 만들어 고객을 묶어 두기 위해 현재를 되짚어 보라.

4 산업의 변곡점을 예측하기 위해 앞을 내다보고
변화에 대처하며 끝까지 버티기 위해 현재를 되짚어 보라.

게임이론과
체스의 경우

위대한 전략가들 가운데 게임이론game theory을 학습한 사람은 거의 없을뿐더러 체스를 두지 않는 사람도 있다. 그러나 이들은 이 두 분야의 핵심 원리를 실천한다. 바로 '앞을 내다보고 현재를 되짚어 보라'는 원칙이다. 수학의 한 영역인 게임이론은 주로 경제학에서 사용된다. 이 이론에서는 참가자들이 게임의 끝을 전망하고 (그 끝이 어떤 식으로 마무리되든) 최선의 가능한 결과를 찾아낸 뒤, 그 결과를 만들어 내려면 어떤 결정들이 필요할지 파악하기 위해 역으로 되짚어 봐야 한다고 가르친다.

하나의 게임을 해결하기 위해서는 자신의 이익뿐 아니라 상대방의 이익도 이해해야 상대방이 어떤 행동을 할지 예측할 수 있다. 죄

수의 딜레마Prisoner's Dilemma처럼 정형화된 게임이라면 문제가 비교적 단순하다. 그러나 복잡한 게임이나 실제 상황에서는 모든 가능성이나 결과를 계산하기가 불가능할 수도 있다. 따라서 일류 전략가들이 그렇듯 위대한 게임이론가들은 게임에서 이기기 위해 어느 정도는 경험과 직관에 의존해야만 한다.

체스의 고수들 역시 체스판 위의 어느 지점에 말을 놓아야 할지 정하기 위해 앞을 내다보며, 그런 다음에 경기의 '수순手順, line'을 계산함으로써 현재를 되짚어 본다. 내가 이렇게 두면 아마도 상대는 저렇게 할 것이고, 그러면 나는 그에 따라 이렇게 할 것이라는 식으로 말이다. 체스의 고수들은 게임이 어떤 방향으로 흐를 것이라는 비전을 갖고 시작한다. 문제는 애당초 인간의 능력으로는 경기의 각 수순에서 가능한 순열의 수를 계산해 낼 수 없다는 데 있다. 그래서 세계 정상급 체스 선수들은 '가지를 쳐내는' 법, 즉 고려해야 할 수순의 숫자를 줄일 목적으로 불리한 수手를 신속하게 제거하는 법을 배운다.

1997년 체스 세계 챔피언 게리 카스파로프Garry Kasparov를 물리친 IBM 슈퍼컴퓨터 딥블루Deep Blue조차 한 게임에서 가능한 모든 위치를 계산하기에 충분한 연산 능력을 지니지는 못했다. 딥블루는 초당 2억 개의 움직임을 분석할 수 있었지만, 그 알고리즘에는 명백하게 불리한 수를 인식하고 이를 버리는 기능이 포함되어 있었다.

○

미래의 비전을
세워라

○

오늘날 새로운 것이나 기회가 보이면 우리는 이를 포착할 수 있다. ……
이와 같은 창조적 시기는 아마 겨우 10년 정도 지속될 것이다.
그러나 우리가 제대로 활용한다면 찬란하게 빛나는 10년이 될 수도 있다.[2]
스티브 잡스(2000)

게임이론이나 체스에서와 마찬가지로, 비즈니스에서도 위대한 전략가들은 모두 미래에 대한 비전을 세운다. 어떤 의미에서 비전을 세우는 방법은 단순하다. 미래의 비전에는 기업이 어디로 가야 하는지, 어떤 고객들이 돈을 지불할 가능성이 있는지, 어떻게 하면 고객들이 구입해 줄 뛰어난 제품이나 서비스를 내놓을 수 있는지에 대한 통찰이 포함되어야 한다. 물론 "악마는 디테일에 있다.The devil lies in the details."

성공한 CEO들은 그런 디테일을 제대로 파악하기 위해 추론과 해석에 의존한다. 추론은 비교적 쉽다. 기업의 리더들은 애널리스트, 리서치 회사, 학술 연구 결과의 도움을 받아 현재의 데이터를 기반으로 산업의 유형과 동향을 확인할 수 있다. 그러나 그다음에는 누군가 그 정보를 해석해야 한다. 다시 말해, 이런 동향에서 어떤 주요 기회와 위협이 생겨나는지 파악해야 한다. 추론만으로는 너무 광범위할뿐더러 다른 사람들도 쉽게 모방할 수 있다. 선견지명을 갖춘 CEO들이 두각을 나타내는 영역이 바로 해석이다.

인텔에 대한 앤디 그로브의 비전은 '무어의 법칙Moore's Law'으로 알려진 추론에 바탕을 두었다. 훗날 인텔 공동 창업자가 된 고든 무어는 1964년에 하나의 집적회로 속에 들어가는 트랜지스터의 수가 18~24개월마다 두 배로 늘어날 것이라고 예측했다. 1980년대 말 그로브가 미래에 대한 자신의 비전을 밝혔을 때 업계는 이미 20년 넘게 이 예측에 따라 움직여 왔다. 무어의 법칙을 단지 공학 기술의 발전을 보여주는 사례 정도로 여기는 사람들도 있었지만, 그로브는 이를 컴퓨터 산업의 구조를 바꿀 전략으로 해석했다.

그로브는 만약 인텔이 계속 무어의 법칙을 실현해 나갈 수 있다면 경쟁자들은 집적회로, 즉 칩을 생산하기 위해 엄청난 '규모의 경제'가 필요할 것이라고 주장했다. 이렇게 되면 결국 수십 년간 이 부문을 지배해 온 수직통합형vertically integrated 거대 기업들은 무너질 것이다. 당시 IBM과 DEC Digital Equipment Corporation로 대표되는 선도적 컴퓨터 기업들은 하나에서 열까지 모든 것을 생산했다. 그들은 자체적으로 반도체와 하드웨어를 제조하고, 운영체제를 만들고, 내부 영업 인력을 통해 제품을 유통했다. 그로브는 이런 시스템이 붕괴하고 소수의 강력한 기업이 각각 칩, 하드웨어, 운영체제, 애플리

이전의 수직적 컴퓨터 산업 – 1980년 무렵

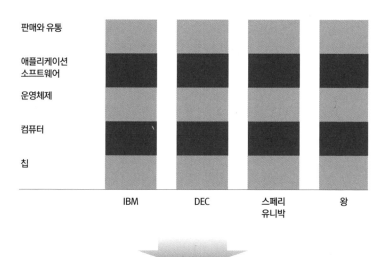

새로운 수평적 컴퓨터 산업 – 1995년 무렵

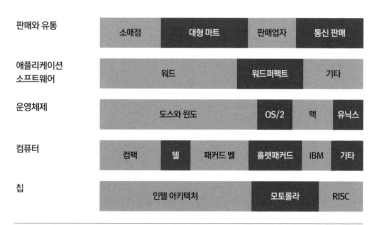

출처: 허가를 받아 앤디 그로브의 인텔 프레젠테이션 자료에서 재현.

케이션 등에서 독보적 위치를 차지하는 수평적 형태의 산업 구조가 이루어지리라고 예견했다. 그는 이와 같은 비전에 바탕을 두고 마이크로프로세서 부문에서 선도 기업이 되는 데 인텔의 전략과 조직을 모두 집중했다.

빌 게이츠 역시 무어의 법칙이 제시하는 기술 발전의 추세에 따라 미래의 비전을 설계했다. 그러나 그는 컴퓨팅 파워가 반복적으로 두 배씩 늘어나면 하드웨어는 범용품으로 변모하고 소프트웨어야말로 이 산업에서 진정한 가치의 원천이 되리라고 해석했다. 1994년의 인터뷰에서 그는 자신이 품었던 생각을 다음과 같이 표현했다.

마이크로프로세서의 성능이 2년마다 두 배가 된다면 어떤 의미에서는 컴퓨터 성능이 거의 공짜나 다름없다고 볼 수 있습니다. 따라서 이렇게 물을 수 있죠. 왜 거의 공짜나 다름없는 것을 만드는 사업을 하는가? 그렇다면 희귀한 자원은 무엇인가? 무한한 컴퓨팅 성능에서 가치를 끌어내는 것은 무엇인가? 바로 소프트웨어죠[3]

이는 미래를 예언하는 혁명적 통찰이었다. 그뿐 아니라 1975년에 게이츠가 일찌감치 가졌던 확신, 즉 언젠가는 모든 책상과 가정에 개인용 컴퓨터가 놓일 것이라는 생각 역시 마찬가지로 혁명적이었다. 1년쯤 지난 1976년, 이와 유사한 비전을 가졌던 스티브 잡스도 스티브 워즈니악과 함께 애플 컴퓨터를 설립했다. 업계 전문가들이 가정용 컴퓨터는 어리석은 아이디어라고 믿었던 시기에 마이크로소프트와 애플은 이런 비전을 통해 탄생했다. 1970년대의 언젠가 고든 무어는 주방에서 조리법을 저장하는 용도 이외에 컴퓨터를 쓸 일이 없었다고 말한 적이 있다. 세계 2위의 컴퓨터 기업이었던 DEC의 CEO 켄 올슨Ken Olsen은 공개적으로 다음과 같이 말했다. "개인이 집에 컴퓨터를 들여놓을 필요는 없다."[4]

빌 게이츠는 분명 이런 생각에 동의하지 않았다. 그리고 1975년 하버드대학을 중퇴한 뒤, 미래에 대한 자신의 비전을 실현하기 위해 폴 앨런과 함께 마이크로소프트를 설립했다. 1980년대 말부터 1990년대의 상당 기간에 걸쳐 마이크로소프트의 운영체제 사업을 맡았던 폴 마리츠Paul Maritz는 게이츠의 초기 비전이 회사 전체에 얼마나 강력한 영향을 미쳤는지 이야기했다.

이 새로운 플랫폼이 개인의 삶과 기업의 업무 환경에 엄청난 기능과 이득을 안겨 줄 것이라는 생각, 그리고 우리가 바로 이 플랫폼을 창조하는 일에 참여하고 있다는 생각이 모두의 마음속에 크게 자리하고 있었습니다. 우리는 나쁜 기업들을 끌어내릴 것이다, 우리는 낡고 독점적이며 비싼 메인프레임과 미니컴퓨터를 몰아내고 (새로운) 제품들을 내놓을 것이다, 이런 생각이었죠.[5]

훗날 게이츠는 현재로부터 미래를 추론하는 작업의 일부를 다른 사람에게 맡겼다. 1990년대 초에 게이츠와 함께 일했던 러스 지글먼Russ Siegelman은 다음과 같이 말했다. "(그는) '미래는 이런 방향으로 갈 것이다'라고 말하지 않았습니다. 그런 일을 위해 네이선 미어볼드Nathan Myhrvold 같은 사람들을 고용했죠."[6] 마이크로소프트의 최고 기술책임자chief technology officer, CTO이자 마이크로소프트 리서치Microsoft Research의 창업자인 미어볼드는 실제로 미래의 동향에 대해 수많은 글을 쓴 사람이었다. 그러나 게이츠는 여전히 마이크로소프트의 비전을 강력하게 주도하고 있었으며, 이런 동향이 회사의 제품과 경쟁 포지션에 미칠 영향을 해석하는 일에 앞장섰다.

모든 가정에 PC를 한 대씩 보급하는 것이 게이츠의 비전이기는 했지만, 일반 소비자보다는 프로그래머와 기업 고객을 위한 제품을 만드는 것이 그의 타고난 성향에 더 잘 들어맞았다. 이에 반해 스티브 잡스는 컴퓨팅 성능의 급속한 발전이 일반인의 삶을 바꿀 수 있다는 사실에 고무되었다. 잡스의 비전은 기술을 이용해 고객의 충족되지 않은 니즈, 더 나아가 파악되지 않은 니즈를 채우는 것이었다.

사업 초기부터 잡스는 평범한 컴퓨터를 '말도 안 되게 뛰어난insanely great' 제품으로 변형하는 데 전념했다. 그가 지닌 애플의 비전은 개별 제품을 창조하는 것을 뛰어넘어 고객이 디지털 세계 전체를 경험하게끔 하는 것으로 확대되었다. 업계의 많은 사람들이 그랬듯이, 잡스는 1990년대에 디지털 기기가 폭발적으로 증가하면서 사용성과 연결성이 떨어져 이른바 '디지털 바벨탑'이 형성되고 있다는 것을 깨달았다.

그러나 다른 이들과 달리 그에게는 해결책이 있었다. 2001년에 잡스는 맥월드Macworld(애플 제품의 발표 및 전시회가 열리는 이벤트—옮긴이) 참가자들에게 다음과 같이 말했다. "(맥은) 다른 디지털 기기들에 엄청난 가치를 부가하는 능력을 바탕으로 이른바 '디지털 허브digital hub' 역할을 할 수 있습니다."[7] 사용자 경험을 중시하는 애플은 이와 같은 비전을 실현하는 데 매우 적합한 회사였다.

디지털 허브에 대한 잡스의 비전은 애플에 새로운 방향을 제시했다. 애플의 하드웨어 부문을 이끌었던 존 루빈스타인Jon Rubinstein은 잡스가 2000년과 2001년에 각각 회사 내부와 외부에 디지털 허브 전략을 천명했다고 회고했다. 그 후 잡스와 경영진은 앞으로 어떤 기기를 만들어야 할지 의견을 모으는 데 많은 시간을 보냈다. 그들은 개인정보단말기PDA, 카메라, 전화 등을 검토한 끝에 단기적으로 아이팟이 가장 적합한 제품이라고 결론 내렸다.[8] 당시 애플의 소매 부문을 이끌었던 론 존슨Ron Johnson은 다음과 같이 좀 더 알기 쉽게 설명했다.

(디지털 허브에 대한 비전은) 애플이 여러 제품과 소프트웨어를 바탕으로 시장에서 승리를 거두는 데에서 로드맵 역할을 했습니다. 애플은 그동안 PC라는 모델의 틀 안에서 헤어 나오지 못했지만, 이 비전 덕분에 뮤직 플레이어, 카메라 등 모든 새로운 영역에서 두각을 나타내게 되었죠. 실제로 우리는 이 비전에 따라 회사 자원을 할당했습니다.[9]

이 각각의 비전에 주목해야 하는 것은, 그 안에 담겨 있는 대담한 포부 때문만이 아니라 게이츠, 그로브, 잡스가 자신의 목표를 전달한 명확성과 단순성 때문이기도 하다. 그들은 자신의 아이디어를 직원, 고객, 파트너에게 제시하기 위해 많은 단어를 쓰지 않았고, 이따금 그림을 사용하기도 했다. 이 CEO들이 미래에 대한 자신의 견해를 설명했을 때 회사 안팎의 사람들이 저마다 단어 하나하나에 의미를 두고 고민한 것은 아마 그 때문이었을 것이다.

그러나 명확성은 불변성과 다르다. 이 비전들은 아테나가 제우스의 머리에서 태어나듯 그렇게 창안자의 마음에서 완전히 성장한 채로 튀어나오지는 않았다. 새로운 사건과 정보가 나타나면서 지속적으로 재논의되고, 수정되고, 재정의되었다. 예를 들어, 그로브는 범용품을 생산하는 전통적 반도체 기업이었던 인텔이 새로운 컴퓨터 산업의 중심 기업으로 성장하는 5년 동안 자신의 비전을 계속 수정해 나갔다. 처음 CEO 자리에 올랐을 때 그가 마음속에 그린 인텔은 세계 굴지의 다품종 반도체 제조업체였다.[10] 그러나 1990년에 그는 경영진 앞에서 다음과 같이 밝혔다. "나는 우리가 다양한 반도체를 제조하는 기업에서 데스크톱에 집중하는 기업으로 회사의 위치를 재정립해야 한다고 점진적으로 결론을 내렸습니다."[11]

이와 대조적으로, 빌 게이츠가 이끄는 마이크로소프트는 소프트웨어에 우선적으로 집중하면서 점차 그 범위를 넓혀 나갔다. 마이크로소프트의 초창기 제품은 프로그래밍 언어였고, 운영체제와 애플리케이션이 그 뒤를 이었다. 그다음에 게이츠는 통신네트워크용

소프트웨어, 데이터 서버, 멀티미디어 애플리케이션, 그리고 인터넷 서버 및 애플리케이션 같은 광범위한 제품으로 비전을 확대해 나갔다. 애플에 대한 잡스의 비전도 이와 유사하게 처음에는 컴퓨터에, 그다음에는 디지털 허브 역할을 하는 맥에, 그리고 2000년대 말에는 '클라우드'에 초점을 맞추면서 지속적으로 진화해 나갔다. 이처럼 전략의 핵심은 명확히 하면서도 환경의 변화에 따라 융통성 있게 전략의 내용을 수정하는 능력은 세 CEO가 공유하는 중요한 장점이었다.

한계와 우선순위를
정하라

○

IBM의 전 CEO 루이스 거스트너Louis Gerstner는 언젠가 다음과 같이
말했다. "비전은 쉽다. 외야석을 가리키면서 그쪽으로 공을 치겠다
고 말하기는 아주 쉽다. 그러나 문제는 …… 어떻게 하면 그쪽으로
공을 보낼 수 있는지를 말하는 것이다."12 이 말은 비전이 결코 그
자체로 목적이 아니라는 뜻이다. 리더들은 비전을 기업의 활동 범
위, 즉 무엇을 할 것인지, 그리고 훨씬 중요하게는 무엇을 하지 않
을 것인지를 정의하는 전략으로 받아들여야 한다. 이처럼 활동의
범위를 줄여 나가는 과정은 자원을 지혜롭게 할당하기 위한 토대를
제공할뿐더러 현재를 되짚어 보는 데 필수적인 요소다.

그로브의 경우로 돌아가 보자. 간단히 말해 인텔에 대한 그의 비

전은 무어의 법칙이 지닌 잠재력을 활용해 컴퓨터 분야에서 가장 강력한 기업으로 발돋움하는 것이었다. 이 때문에 인텔은 집적회로 안에 들어가는 트랜지스터의 수를 18~24개월마다 두 배로 늘리는 데 필요한 공학 기술을 확보하고 제조 혁신을 달성하는 일을 최우선 과제로 삼았다. 그로브가 CEO로 재임할 당시 인텔에서는 무어의 법칙에 따라 공정 기술process technology에 어떻게 투자해야 할지에 대한 논의가 다른 어떤 주제보다 자주 다루어졌다. 시간이 흘러도 인텔에서 가장 중요한 일은 무어의 법칙이 제시한 추세를 확실히 따라 갈 수 있도록 전략과 기회를 다듬고 자원을 할당하는 작업이었다.

그러나 무어의 법칙을 입증하는 것이 궁극적인 목표는 아니었다. 목표는 수평적인 층으로 이루어진 업계에서 성공할 수 있도록 인텔을 자리매김하는 것이었다. 그로브는 막강한 '규모의 경제'를 이룰 수 있는 기업은 각각의 수평 층을 장악할 것이고, 그렇지 못한 기업은 휘청거리거나 파산할 것이라고 보았다. 모든 분야에 손을 대려는 기업은 이 비전에 적합하지 않았다. 인텔 역시 자사에 성공을 가져다줄 수 없거나, 무엇보다 마이크로프로세서 기업이 되는 데 기여하지 못하는 사업은 포기하거나 애초에 시작하지 않아야 했다.

그로브가 지녔던 생각의 진화, 그리고 인텔의 변화는 단번에 완성되지 않았다. 그로브는 CEO로 취임한 1987년에 인텔 매출의 50퍼센트가 '시스템', 즉 완제품 컴퓨터에서 나와야 한다고 선언했다. 2년 뒤 그는 인텔을 '시스템 분야 5위권 기업'으로 만든다는 목표를

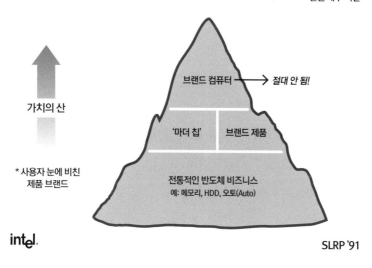

세웠다.[13] 그러나 1990년 무렵에는 회사가 핵심 강점 분야에 집중하려면 시스템 사업에서 철수해야 한다는 사실을 깨달았다. 그 후 인텔은 마이크로프로세서 판매에 도움이 되는 마더보드(CPU, 메모리, 기타 부품을 담은 인쇄회로기판) 같은 제품들을 생산했다. 그리고 고정비용이 비교적 낮은 연관 제품(예컨대 모뎀) 시장에도 뛰어들었다. 그러나 다른 대형 업체들이 규모의 경제로 지배하는 컴퓨터 산업 분야에는 얼씬도 하지 않았다. 특히 1991년 그로브가 경영진에게도 말했듯이, 브랜드 PC 하드웨어 사업 진출은 인텔 고객들과의 직접적인 경쟁을 의미했으며, 절대로 해서는 안 되는 일이었다.[14]

빌 게이츠도 마이크로소프트의 전략을 짜면서 동일한 원칙을 따랐다. 공동 설립자 폴 앨런은 원래 하드웨어와 소프트웨어를 만들고 싶어 했고, 이에 따라 마이크로소프트도 마우스나 키보드 제품을 내놓기는 했다. 그러나 회사의 에너지와 자원은 소프트웨어에 압도적으로 집중되었다. 무엇보다 집중의 중요성을 강조했던 게이츠는 훗날 다음과 같이 설명했다. "기업은 되도록 단일한 전략을 가져야 한다. 여러 종류의 사업이나 경쟁 상황이 존재할 수 있지만 이것들은 모두 하나의 성전聖戰 안에서 이루어져야 한다."[15] 마이크로소프트가 뛰어든 성전의 핵심 목표는 도스와 윈도로 운영체제 시장을 장악하는 것이었다. 그리고 2차 전선에서는 데스크톱 생산성 애플리케이션(워드, 엑셀, 파워포인트), 웹브라우저(인터넷 익스플로러), 기타 보완 소프트웨어 제품에 집중했다. 마이크로소프트는 하드웨어 분야에는 대체로 관심이 없었고, 회사 창립 후 25년 이상 지난 2001년에야 엑스박스Xbox를 출시했다.

스티브 잡스도 사업 분야를 줄여 집중하는 것이 애플의 최고 전략가로서 해야 할 핵심 업무라고 보았다. 재임기가 끝나 갈 무렵 그는 다음과 같이 말했다. "우리는 타야 할 말馬을 아주 주의 깊게 골랐습니다. 그래서 성공할 수 있었죠."[16] 안타깝게도 애플이 항상 이 원칙을 따르지는 않았다. 12년간 애플을 떠나 있다가 1997년에 돌아왔을 때, 잡스는 회사의 제품 포트폴리오가 엉망이라는 사실을 알게 되었다. 결코 에둘러 말하는 일이 없는 잡스는 이렇게 불평을 털어놓았다. "제품들이 형편없군! 더 이상 짜릿함이 없잖아!"[17] 어째서일까? 대체로 제품이 너무 많았기 때문이다. 애플 경영진은 잡스가 CEO로 재임용되기 전부터 이미 대규모 구조조정과 감원을 시작했다.[18] 프린터 사업부, 저가 맥, 그리고 고급 기술 그룹advanced technology group이 모두 문을 닫았다. 그러나 잡스는 여전히 복잡하게 뒤얽힌 제품들 속에서 길을 잃은 듯한 느낌이었다.

짜증이 난 잡스는 간단한 격자 그래프를 그렸다. 그리고 가로선의 양 끝에는 '소비자'와 '전문가'라고 이름 붙이고, 세로선의 양 끝에는 '데스크톱'과 '휴대용'이라고 이름 붙였다. 그는 애플이 4개의 제품에만, 즉 격자 모양 안의 각 사분면마다 하나의 컴퓨터에만 집중해야 한다고 강조했다. 애플의 전 CFO 프레드 앤더슨Fred Anderson에 따르면, 잡스는 전문가 영역 내에서도 기업 시장을 포기하고 대신 디자이너 및 출판 전문가 시장과 교육 시장에 집중하라고 임원들에게 지시했다.[19]

잡스는 다음과 같이 말했다고 한다. "나는 우리가 하고 있는 일이 자랑스럽지만, 우리가 하지 않는 일에도 그 못지않게 자부심을 느낀다."[20] 잡스의 애플이 절대 하지 않았던 일이 하나 있다. 바로 델, 컴팩 등과 경쟁하기 위해 저렴한 컴퓨터를 만들고 저가 컴퓨터 시장에 뛰어드는 것이었다.[21] 잡스는 1986년에 인수한 애니메이션 제작사 픽사에서도 이처럼 소수의 뛰어난 제품에 집중하는 전략을 썼다. 픽사는 여러 편의 영화를 만들기보다는 적은 편수의 영화라도 출시 일정을 넉넉히 잡아 내놓았다. 이렇게 일정이 느슨하다는 것은 곧 이 회사에 'B급 작품을 만드는 팀'이 없다는 사실을 의미했다. 모든 영화는 픽사의 애니메이션 제작자, 작가, 엔지니어의 역량을 최대한 활용해 만들어졌다. 잡스는 이렇게 말했다. "품질은 수량보다 중요하다. …… 홈런 한 방이 2루타 두 개보다 훨씬 낫다."[22] 완벽한 비유는 아니지만(홈런 한 방이나 연속 2루타나 결과는 같다), 잡스는 분명 펜스를 향한 스윙의 가치를 믿었다.

○

고객의 니즈를
예측하라

○

고객들에게 무엇을 원하느냐고 물은 뒤에 그것을 제공하려고 해서는 안 된다.
고객들이 원하는 것을 완성할 때쯤이면 고객은 새로운 것을 원할 것이다.[23]
스티브 잡스(1989)

사업을 시작해 성공하려면 고객의 니즈를 이해하고 고객에게 제공하는 가치를 향상시키려 날마다 노력해야 한다. 이를 위해 기업은 기존 제품과 서비스에 대한 피드백을 받으며 고객들의 말을 경청한다. 또 고객의 고민점을 찾아내고, 이를 해소하기 위해 애쓴다.

그러나 미래에 대한 전략을 수립하는 데는 더 많은 작업이 필요하다. 다시 말해 고객이 현재 무엇을 원하는지를 넘어 미래에 그들이 무엇을 원하게 될지를 예상해야 한다. 그러나 많은 경우 고객은 실제로 보기 전까지는 자신이 무엇을 원하는지 모르기 때문에 미래 전략을 수립하기란 결코 쉬운 일이 아니다. 첨단기술 산업에서는 훨씬 더 어렵다. 새롭게 떠오르는 기술의 잠재성을 비전문가들이 거의 이해하지 못하기 때문이다. 이런 상황에서는 설문조사와 포커스 그룹focus group(시장조사나 여론조사를 위해 각 계층을 대표해 뽑은 소수의 사람들로 이루어진 그룹—옮긴이)이 별로 도움이 되지 않는다. 그래서 위대한 전략가들은 기술 동향에 대한 탁월한 지식을 이용해 고객들 자신도 몰랐던 니즈와 욕구를 충족하는 제품과 서비스를 만들어 낸다. 그리고 이 과정에서 고객의 선호를 예측하고 형성한다.

1975년, 빌 게이츠와 폴 앨런은 새로운 PC 애호가용 키트(알테어 8800)가 판매되는 상황을 보고 프로그래밍 언어 제품 및 소프트웨어 개발 도구에 대한 니즈가 생겨나리라고 예측했다. 그러나 게이츠는 운영체제, 애플리케이션, 서버, 인터넷 브라우저, 그리고 기타 제품과 서비스에서 대체로 빠른(때로는 그렇게 빠르지도 않은) '추격자'에 불과했다. 마이크로소프트의 전략은 주로 대중 시장이 막 생겨날 때까지 기다렸다가 업계 선도 기업의 기본적인 특징을 모방하고, 그런 다음 '그런대로 괜찮은' 제품으로 시장에 진입한 뒤 점차적으로 개선시켜 나가는 것이었다.[24]

이에 반해 스티브 잡스는 고객의 니즈를 예측하고 형성하는 기술에 정통했다. 그는 전기작가에게 다음과 같이 말했다. "어떤 사람들은 '고객들에게 그들이 원하는 것을 주어라'라고 말합니다. 그러나 그건 제 방식이 아니에요. 우리의 일은 고객들이 스스로 무엇을 원하는지 알아내기 전에 그들이 무엇을 원하게 될지 예측하는 것입니다. 헨리 포드Henry Ford는 언젠가 이렇게 말했다고 합니다. '만일 내가 고객들에게 무엇을 원하느냐고 물었다면, '더 빠른 말!'이라는 대답이 나왔을 것이다.'"25 잡스는 고객들에게 무엇을 원하느냐고 묻는 데 시간을 낭비하지 않았다. 그는 자신을 스스로 전형적인 고객으로 보았고, 자신의 까다로운 기준을 맞추는 제품이라면 시장에서도 대체로 통할 것이라고 생각했다. 프레드 앤더슨은 다음과 같이 회상했다. "(잡스는) 시장조사를 믿지 않았어요. 앞으로 어떤 위대한 제품이 탄생할지 고객은 실제로 모른다고 생각했죠. …… 스티브는 다음 세대의 위대한 제품을 예견하고 열정적으로 이를 추구하는 자신의 능력과 비전을 자랑스러워했습니다."26

매킨토시 컴퓨터를 처음 개발한 과정을 보면 잡스의 방식이 어땠는지 알 수 있다. 애플이 맥을 만들기 전에는 모든 컴퓨터에 명령어 인터페이스command-line interface가 들어 있었다. 즉, 텍스트로 된 명령어를 입력해 컴퓨터를 제어했다. 1970년대 초에 제록스의 펠로 앨토 리서치센터PARC는 난해한 텍스트 명령어를 좀 더 직관적인 아이콘과, 메뉴, 창으로 대체하는 최초의 GUI를 만들어 냈다. 그러나 제록스는 자사의 혁신을 상업화하는 데는 실패했다. 이를 실현한 기업이 애플이었다. 잡스는 1979년 말 제록스 PARC를 방문한 뒤 컴퓨터의 미래를 보았다고 결론 내렸고, 이를 위해 어떤 시장조사도 할 필요가 없었다.

잡스는 곧 GUI 기반의 대중 시장용 컴퓨터를 설계하는 데 애플의 역량을 집중했다. 이 열정적인 개발 과정에서, 그는 마우스 디자인에서부터 텍스트가 화면 위에 스크롤되는 방식에 이르기까지 매킨토시의 세세한 부분을 직접 결정했다.27 그는 디자인에 관한 결정을 내릴 때 고객의 피드백에 의지하지 않았고, 훌륭한 디자인의 본질에 대한 자신의 강한 믿음에 바탕을 두었다. 잡스는 그 무엇도 이런 방식을 대체할 수 없다고 보았다. 훗날 그는 애플의 CEO 존 스컬리에게 다음과 같이 말했다. "그래픽 기반의 컴퓨터를 전혀 모르는 사람에게 그래픽 기반의 컴퓨터가 어떤 식이어야 하는지 어떻게 물을 수 있을까요? 누구도 그런 것을 본 적이 없는데 말이죠."[28]

잡스가 내린 결정들은 개인용 컴퓨터가 어떻게 보여야 하고 어떻게 작동해야 하는지에 대한 사람들의 기본적인 사고방식을 만드는 역할을 했다. 이와 마찬가지로, 비록 애플이 MP3 플레이어, 스마트폰, 태블릿을 발명하지는 않았지만 잡스는 고객들이 이 제품들을 사용하는 방법을 정의하는 데 중요한 역할을 했다. 이 과정에서 그는 기본적으로 '1인 포커스 그룹'으로 활동했다.[29]

애플의 많은 성공 사례에서도 알 수 있듯이, 잡스는 고객의 욕구와 니즈를 예측하는 데 남다른 재능이 있었다. 그러나 거의 전적으로 한 사람의 취향에만 의존하는 데는 부정적인 측면도 있었다. 앤더슨은 "대부분의 경우 (잡스가) 옳았지만, 그가 실패한 적도 있었다"고 말했다.[30] 비싼 가격으로 출시된 애플 최초의 GUI 기반 컴퓨터 리사Lisa, 기묘한 모양의 매킨토시 큐브Macintosh Cube, 애플이 최초로 출시했으나 크게 실패한 클라우드 서비스 모바일미MobileMe 등이 그렇다.

스티브 잡스도 전지전능한 사람은 아니었으니 다른 CEO들이 꼭 잡스의 방식을 따라 할 필요는 없다. 마이크로소프트와 인텔뿐 아니라 애플에서도 최고의 제품 아이디어는 마케팅 조사나 한 사람의 통찰이 아닌 내부 토론과 경쟁에서 나오는 경우가 많았다. 광범위한 제품 아이디어들을 검토하고 개선하기 위해 격렬한 논쟁을 거친 뒤 확실한 결정이 뒤따르면, 회사는 고객보다 먼저 고객이 미래에 무엇을 원하게 될지 파악하게 될 가능성이 높아진다.

앤디 그로브는 잡스만큼 유별나지 않았지만 역시 고객의 선호를 예측하고 그것을 실현하는 데 몰두했다. 그 과정에서 그 역시 애플과 유사한 어려움에 직면했다. 즉, 고객이 필요하다고 인지하는 것보다 기술이 더 빠르게 발전하고 있었던 것이다. 무어의 법칙은 인텔이 고객에게 제공하는 처리 능력processing capacity을 2년마다 두 배로 늘릴 수 있다는 것을 의미했다. 이는 명백한 문제를 야기했다. 그 추가된 처리 능력으로 무엇을 할 것인가? 개인용 컴퓨터 사용자들은 어떻게 해야 할지 전혀 몰랐다. 예를 들어 1980년대에 1985년 출시된 인텔 80386보다 더 강력한 칩이 필요할 거라고 보는 사람은 많지 않았다. 훨씬 더 나쁜 상황은, 인텔의 많은 직접 고객들(개인용 컴퓨터를 만드는 기업들)이 각 세대의 칩에 새로운 성능을 추가하려는 인텔의 노력에 적극 반대했다는 것이다. 소비자들이 PC를 구입할 때 지불할 수 있는 금액의 한계를 고려하면, CPU 가격이 높아질수록 델이나 컴팩 같은 PC 제조사들의 수익은 줄어들었기 때문이다.

개인용 컴퓨터 제조사들이 18~24개월마다 인텔의 더 비싼 신형 칩을 구입하게 하려면, 인텔은 이 칩이 내장된 더 비싼 신형 PC

를 사도록 소비자들을 설득해야 했다. 그리고 소비자들이 PC를 업그레이드하도록 설득하려면 더 비싼 신형 컴퓨터의 역량과 기능이 직장과 가정에서 그들의 삶을 향상할 수 있다는 사실을 확신시켜야 했다. 그로브는 이 문제를 해결하기 위해 직원들이 기억하기 쉬운 주문呪文을 하나 만들어 냈다. 그는 칩의 파워를 계속 향상하는 전략을 밀어붙이는 한편 새로운 칩의 확장된 성능을 필요로 하는 '밉스를 잡아먹는 애플리케이션MIPS-sucking application(고도의 연산 성능을 필요로 하는 프로그램을 의미한다—옮긴이)'들을 찾으라고 지시했다(밉스MIPS란 1초당 100만 단위의 명령어를 처리할 수 있는 연산 속도millions of instructions per second를 말한다).

3장에서 논의하겠지만, 인텔은 소비자용 소프트웨어를 개발하는 회사가 아니었기 때문에 이 접근 방식은 단순한 제품 전략을 넘어 플랫폼 전략으로 확대되었다. 인텔은 밉스를 잡아먹는 애플리케이션을 만들기 위해 다른 여러 기업들과 적극 협력해야 했다. 게다가 회사 엔지니어들은 칩 속에 새로운 기능들, 예컨대 멀티미디어의 속도를 높이는 명령어 같은 기능들을 설계하기 시작했다. 덕분에 새롭고 신나는 PC 애플리케이션들이 탄생했다. 고객들은 애초에 자신이 원하는지조차 몰랐던 이 기능들(음악을 듣고, 비디오를 보거나 편집하고, 게임을 하고, 음성통화나 화상통화를 하는 등)이 없으면 이제 살 수 없다는 사실을 깨닫게 되었다. 이런 애플리케이션의 판매는 다른 회사들이 맡았지만, 판매를 촉진하는 데는 인텔이 적극적인 역할을 했다. 예를 들어 1994년에 인텔은 최첨단 소비자 및 기업용 소프트웨어 프로그램 8개를 홍보하는 대규모 광고 캠페인에 자금을 댔다. 이 캠페인은 인텔의 가장 강력한 최신 칩인 펜티엄Pentium의 수요를 이끌어 낸 중요한 원동력이었다.[31]

역량을 니즈에
맞춰라

앞을 내다보는 데는 위험이 내포되어 있다. 미래는 매혹적인 곳이므로 우리는 미래의 가능성이라는 꿈속에서 쉽게 길을 잃기 때문이다. 이는 미래학자에게는 문제가 되지 않을지 모르지만 전략가에게는 재앙을 불러올 수도 있다. 회사를 현재에서 미래로 안전하게 이끌고 비즈니스를 성장시키기 위해서는 오늘의 비전을 내일의 현실로 바꿀 방법을 찾아야 한다.

그것은 곧 우선 회사가 고객의 향후 니즈를 충족하는 데 필요한 역량을 이미 지니고 있거나 구축할 수 있어야 한다는 것을 의미한다. 그 역량에는 계획된 제품과 서비스를 경쟁사보다 먼저 시장에 내놓기 위해 필요한 모든 것, 예컨대 인재, 기술, 시설, 협력사 등이 포함될 수 있다. 때때로 회사는 수년 전에 미리 이에 대한 투자를 해야 한다.

예컨대 1980년대 말, 빌 게이츠는 당시 출시한 지 몇 년밖에 되지 않은 윈도를 대체하기 위해 새로운 운영체제에 투자하기 시작했다. 초창기 윈도는 기본적으로 도스 위에 구축된 GUI였다. 게이츠는 새로운 버전(최종적으로 윈도 NT라고 불렸다)이 미래 소비자들뿐 아니라 기업 사용자들의 까다로운 니즈에 부합할 만큼 아주 강력한 운영체제가 되기를 바랐다. 그는 처음부터 완전히 새로운 운영체제를 만들기 위해 DEC나 AT&T 같은 회사에서 폭넓은 경험을 한 엔지니어들을 고용했다. 1993년, 마이크로소프트는 기업을 겨냥한 윈도 NT의 첫 버전을 출시했다. 그러나 기존의 코드 기반을 대체해 윈도 NT 코드 기반에 바탕을 둔 가정용 운영체제(윈도 XP)를 출시하는 데는 8년이 더 걸렸다.[32]

또한 기업의 역량을 시장의 니즈에 맞추려면 새로운 전략에 부합하도록 회사 조직을 개편해야 한다. 론 존슨의 회고에 따르면, 애플이 태블릿 개발을 시작했을 때와 대략 동일한 시기에 고위 임원들은 잡스가 2000년부터 밝힌 '디지털 허브' 비전을 뒷받침하기 위해 회사의 재편 방안을 강구하고 있었다. 존슨은 "우리에게는 소프트웨어 사업부, 앱 사업부, 기기 사업부가 필요하다"라고 이 논의의 주요 맥락을 요약했다.[33] 이런 대화 끝에 결국 아이팟에 초점을 맞춘 기기 그룹과 소프트웨어 애플리케이션 사업부가 만들어졌다.[34]

그러나 현재를 되짚어 보는 과정이 회사의 테두리 내에서 멈추면 안 된다. 고객의 니즈를 충족한다는 자사의 계획을 다른 기업들이 뒷받침하도록 만들어야 성공할 수 있다. 이는 특히 플랫폼 산업, 또는 복잡한 공급 사슬을 가진 비즈니스에 해당되는 사항이다. 선견지명이 뛰어난 CEO라도 자사의 한계, 공급업체와 생태계 파트너들의 한계를 인식하지 못하면 곤경에 처하기 마련이다.

예를 들어 스카이프Skype가 나오기 오래전인 1990년대 초에 앤디 그로브는 PC 화상회의 시스템이 차세대 대박 제품이 될 것이라고 확신했다. 그러나 수억 달러를 쏟아부은 인텔의 화상회의 시스템인 프로셰어ProShare는 결국 실패로 끝나고 말았다. 왜 그랬을까? 1990년대에 화상회의를 하려면 값비싼 하드웨어와 복잡하고 느리고 불안정한 ISDN(종합정보통신망) 전화선이 필요했기 때문이다.[35] 프로셰어의 프로젝트 관리자였던 팻 겔싱어Pat Gelsinger는 "ISDN에 대한 베팅은 근본적으로 잘못된 결정이었다"고 말했다. 설상가상으로, 프로셰어가 성공하지 못하리라는 사실이 분명해졌을 때에도 그로브는 "새로운 유형의 애플리케이션을 만들겠다는 열정"으로 가득했고, 이 때문에 겔싱어는 그에게 '앤디, 이건 안 될 거예요'라는 말은 꺼내지도 못했다.[36]

2000년대에 애플도 이와 유사한 어려움에 직면했다. 에이비 테버니언Avie Tevanian에 따르면, 회사 엔지니어들은 2002년과 2003년에 일찌감치 아이패드처럼 생긴 태블릿을 만들었다.[37] 그는 이때 만든 태블릿들이 꽤 쓸 만했다고 말했다. 프로세서, 사용자 인터페이스, 터치 성능 등 모든 것이 제대로 작동했다. 그러나 회사 임원들은 여전히 이 태블릿들이 고객의 니즈를 충족하지 못하리라는 사실을 깨달았다. 테버니언은 네트워크가 문제였다고 지적했다. "와이파이WiFi는 이제 막 나오기 시작했습니다. 그러니 어디에도 연결할 데가 없었죠. 연결할 곳이 없다면 이 기기를 갖고 뭘 하겠어요?"[38] 애플은 자사의 비전을 완벽히 구현하기 위한 인프라 역량이 갖춰질 때까지 아이패드 출시를 연기했다.

여기에 언급된 사례들을 보면, CEO와 기업가들은 '난해한 기술'에 지나치게 현혹되는 것을 피해야 한다는 사실을 알 수 있다. 그렇지 않으면 현재의 고객과 업계보다 너무 멀리 앞서갈 위험이 있다. 이를 피하기 위해 일류 전략가들은 끊임없이 가까운 미래에 중점을 두면서 장기 비전과 연결해야 한다. 존 루빈스타인은 잡스에게 애플에 대한 명확한 비전이 있었다고 말했지만 또한 다음과 같이 덧붙였다. "(대부분의 시간에) 그는 바로 다음에 나올 제품에만 집중했습니다. 3년 뒤보다는 1년 뒤의 세상이 더 분명히 보인다는 점을 고려하면 이런 태도는 스티브에게 현실적인 이득을 가져다주었죠."[39]

이와 마찬가지로, 인텔의 고위 임원이자 앤디 그로브의 가장 가까운 친구 중 하나였던 레스 배다스Les Vadasz는 그로브가 미래를 다시 현재와 연결하는 능력을 지녔다고 강조했다(비록 프로세어는 실패했지만). 배다스는 다음과 같이 말했다. "5개년 계획을 만들고는 3년쯤 되어서 다음 5개년 계획을 생각하는 관리자들이 많습니다. 앤디는 그런 사람이 아니었죠." 그는 그로브가 기본적인 진실을 알고 있었다고 말했다.

당신이 앞을 내다볼 수 있는 범위에는 한계가 있습니다. 따라서 자주 앞을 바라보는 편이 좋지요. 그것이 전략에서 가장 중요한 요소입니다. 당신은 자신이 어느 방향으로 가고 있는지 아는 동시에, 6개월 정도 후의 미래에 무엇을 할지도 알고 있습니다. 대부분의 기업은 능숙하게 방향 설정을 합니다. 그러나 그러고 나서 이를 더 짧은 측정 단위로 나누지는 않습니다. 인텔은 이 일을 정말 잘했죠. (우리가) 왜 성공했는지 묻는다면, 바로 이것이 한 가지 이유일 겁니다.[40]

잡스와 마찬가지로, 그로브 역시 마음속에 두 가지 핵심 아이디어를 동시에 담아 두는 것이 중요하다는 사실을 알았다. 바로 미래와 현재다. 기업의 리더들이 성공하려면 이 둘을 동시에 추적해야 한다. 그것은 저 멀리 지평선을 바라보느냐, 아니면 그날 그날에 집중하느냐 하는 선택의 문제가 아니다. 당신은 이 둘을 모두 해야 한다. 만약 6개월 뒤에 닥칠 문제에만 집중한다면 어디로 가야 할지 방향을 잡지 못할 것이다. 반면 먼 미래에만 집중한다면 절대 그곳에 도달하지 못할 것이다. 계획이나 아이디어를 융통성 있게 바꿔나가면서 이 두 가지 상황에 모두 대비한다면, 현재를 헤쳐 나와 미래를 향해 성공적으로 항해해 나아갈 가능성이 높아질 것이다.

○

경쟁자들의 움직임을
예측하라

○

마이크로소프트에게는 확실한 경쟁자들이 있었다.
이제 이들에 대한 기록을 박물관에서나 찾을 수 있다는 사실은 기쁜 일이다.[41]
빌 게이츠(2004)

고객의 니즈를 예측하는 일은 앞을 내다보는 과정에서 매우 흥미로운 부분이다. 특히 새로운 기술이 출현해 세상을 계속 새롭게 바꿔나가는 산업에서는 더욱 그렇다. 제품은 날개 돋친 듯 팔리고, 고객들은 모퉁이를 돌아 길게 줄을 서 있고, 평론가들은 극찬을 해대고, 경쟁자들은 술잔을 들고 숨죽여 흐느끼는 장밋빛 미래를 꿈꾸기는 쉽다. 그러나 경쟁자들의 움직임을 예측하지 못하면 그 꿈은 곧 악몽으로 변할 것이다. 게이츠, 그로브, 잡스는 일찌감치 이 교훈을 배웠고, 절대 잊지 않았다.

아마 앤디 그로브의 말 중에서도 가장 유명한 것은 1996년 출간된 베스트셀러 경영서의 제목, '편집광만이 살아남는다'일 것이다.

그로브는 다음과 같은 설명으로 이 책을 시작한다.

> 나는 '편집광만이 살아남는다'라는 격언을 만든 것으로 유명하
> 다. 내가 언제 처음 이 말을 했는지는 모르겠지만 비즈니스에
> 관한 한 나는 여전히 편집증의 가치를 믿는다. 비즈니스의 성
> 공은 그 자체로 파괴의 씨앗을 품고 있다. 당신이 성공하면 할
> 수록 더 많은 사람들이 당신의 비즈니스를 조금씩 빼앗아 가고
> 싶을 것이고, 결국 아무것도 남지 않을 때까지 끝도 없이 더 많
> 이 원하고 또 원할 것이다. …… 나는 경쟁자들이 두렵다. 다른
> 사람들이 우리가 하고 있는 일을 더 효과적으로 또는 더 저렴
> 한 비용으로 하는 방법을 찾아내 우리의 고객들을 빼앗아 갈까
> 봐 두렵다.[42]

그로브는 매년 SLRP(전략적 장기 기획Strategic Long-Range Planning, '슬러
프'라고 발음한다)라는 2~3일짜리 경영진 회의를 개최했는데, 여기
서 특유의 편집증을 마음껏 발산했다. 그는 근본적인 질문에 대답
하기 위해 이 회의를 열었다. 바로 "'내일'의 문제를 해결하려면(또
는 피하려면) '오늘' 나는 무엇을 해야 하는가?"라는 질문이었다.[43]

SLRP가 열릴 때마다 그로브는 경쟁사와 비교해 인텔이 어떤 위
치에 있는지에 대해 두 시간이 넘도록 이야기했다. 예컨대 1991년
에 그는 인텔을 사방으로 경쟁자들에 포위된 성城으로 묘사했다.[44]
더 나아가 잠재적인 경쟁자들이 어디로 침입해 오는지, 새로 진출

인텔 '성'을 공격하는 경쟁자들

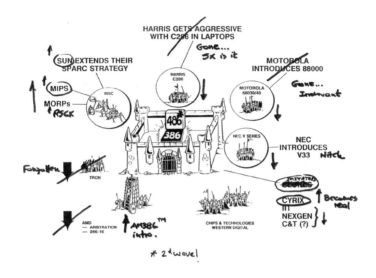

출처: 허가를 받아 앤디 그로브의 1991년 인텔 SLRP 프레젠테이션 자료에서 재현.

하는 기업들이 어디에서 새로운 접근 방식을 선보이는지, 그리고 그것이 인텔에 의미하는 바가 무엇인지를 설명했다. 인텔은 이런 식의 경쟁자 분석과 병행하여 미래 제품을 위한 로드맵을 만들었다. 이를테면 자사의 제품 라인에서 AMD 같은 경쟁사들이 치고 들어올 수 있는 잠재적 허점을 발견했을 때, 그로브는 경쟁사보다 먼저 그런 공백을 메울 로드맵이나 신제품을 서둘러 개발하라고 지시했다.

그로브만큼 편집증적인 CEO가 바로 스티브 잡스였다. 제품 계획에 관한 한 잡스는 지구상에서 가장 비밀스러운 사람이었을지 모른다. 그의 논리는 단순했다. 경쟁자들은 모방꾼이라는 것이다. 경쟁자들에게 당신의 제품 비전을 잠깐 보여주면 그들은 단지 베끼기만 하는 게 아니라 그 비전까지 훔칠 것이다(1979년에 제록스 PARC에서 개발한 GUI를 처음 본 뒤 잡스가 똑같은 행동을 했다는 것이 바로 그 증거다). 이를테면 잡스의 전기작가가 OS X에 대해 썼듯이, 애플 제품들은 경쟁사들(대표적으로 마이크로소프트)이 훔치지 못하도록 '삼엄한 보안'하에 설계되었다.[45]

빌 게이츠는 잡스에 비하면 모방에 대한 걱정이 적었지만 그 역시 항상 경쟁에 대해, 그리고 미래에 무슨 일이 일어날지에 대해 걱정했다. 1990년대 중반에 그는 자신이 무엇을 두려워하는지 우리에게 털어놓았다. "우리는 미래의 비즈니스 모델이 어떤 식일지 모릅니다. 콘텐츠 제공자들이 계속 우리 편이 되어 줄까요? 정보고속도로에서는 모든 것이 범용품으로 변모하기 때문에 누구도 쉽게 돈을 벌지 못할 겁니다. 또 우리가 새로운 분야로 진출하면 우리의 능력 범위를 넘어서게 될지도 모른다는 사실이 걱정스럽습니다."[46] 그는 새로운 경쟁자들이 마이크로소프트의 패권에 도전하고 있음을 경고하는 이메일을 세간의 눈을 피해 정기적으로 직속 부하 직원들에게 보냈다. 예를 들어 1996년에 게이츠는 경영진에게 넷스케이프를 더욱 체계적으로 분석해야 한다고 말했다. 그가 보낸 이메일에는 다음과 같이 적혀 있었다.

우리의 계획들을 꺼내 넷스케이프의 현재 제품들과 미래 계획에 대해 우리가 아는 모든 정보 옆에 펼쳐 놓는 것은 내게 분명 도움이 될 겁니다. 그러나 우리는 수많은 정보를 갖고 있지만 이 정보들이 더욱 고차원적인 전략으로 한데 통합·정리되어 있지는 않습니다. …… 우리가 창조적으로 일하고 있는지 면밀히 살펴봐야 한다고 생각합니다.[47]

1년 뒤 게이츠는 장래의 새로운 적에게 주의를 돌렸다. "우리에게 가장 위협이 되는 것은 분명 자바[JAVA]가 확대되는 현상과 그 주위에서 성장한 독립 소프트웨어 개발사[Independent Software Vendor, ISV]들의 열풍입니다. 우리는 이 문제를 해결하지 못했고, 여러 면에서 날마다 더 취약해지고 있다는 사실을 머릿속에 새기고 업무에 임해야 합니다."[48]

당시 마이크로소프트는 세계에서 가장 성공한 회사로 꼽혔고, 게이츠는 세계 최고 수준의 부자였다. 그러나 그로브와 잡스가 그러했듯이 게이츠도 현실을 안전하다고 여기거나 현재에 안주하지 않았다. 전성기에 있을 때조차 세 CEO는 아주 열심히 일하지 않으면 경쟁자들이 하룻밤 사이에 자신을 파멸시킬 수 있다고 두려워했다. 그래서 온 세상이 자신들을 업계의 거인으로 떠받들 때도 스스로를 약자라고 보는 사고방식을 놓지 않았다. 그들은 경영진뿐 아니라 낮은 직급의 직원들에게도 끊임없이 경쟁자들의 향후 움직임을 예측하라고 강조했다.

○

진입 장벽을 만들고
고객들을 묶어 둬라

○

미래 경쟁자의 움직임을 체계적으로 생각해 보라는 것은 당신의 회사가 오늘 무엇을 해야 할지 짚어 보자는 것이다. 좋은 전략가들은 경쟁사들이 취할 가능성이 가장 높은 행동을 계산하고 그 움직임에 대응하는 방법을 찾아낸다. 일류 전략가들은 이보다 한 걸음 더 나아가 다른 기업들이 선택할 수 있는 범위와 얻을 수 있는 이익에 변화를 줌으로써 게임의 본질을 바꾸는 방법을 강구한다. 이처럼 게임의 판도를 바꾸는 조치에는 이를테면 경쟁자들이 행동할 기회를 얻기 전에 진입 장벽을 만들거나 자사의 고객들을 묶어 두는 일 등이 포함된다. 보스턴 컨설팅 그룹Boston Consulting Group의 창업자이자 현대 전략 분야의 초기 권위자인 브루스 헨더슨Bruce Henderson은 이를 다음과 같이 설명했다. "목표는 당신이 가장 많은 투자를 하리라고 예상되는 제품, 시장, 서비스에 경쟁사들이 투자하지 않도록 유도하는 것이다. 이것이 전략의 근본 원칙이다."[49]

인텔은 진입 장벽을 만들 때 전형적인 딥포켓deep pockets(풍부한 자금이나 자원을 의미한다—옮긴이) 접근 방식을 취했다. 앤디 그로브의 지휘 아래 회사는 실리콘 기술에서 강력한 주도권을 잡았고, 설계상의 발전을 이루었으며, 특허 포트폴리오를 늘렸다. 1990년대 초에 인텔은 이미 고객이 선호하는 브랜드가 되기 시작했지만, AMD 같은 모방 기업들이 생겨나고 IBM의 파워PCPowerPC 칩 같은 대체 아키텍처가 개발되는 등 경쟁은 점점 치열해졌다.

1993년, 그로브는 예상되는 수요를 훨씬 초과하는 대규모 투자를 함으로써 경쟁자들을 앞질러 가기로 결정했다. 그는 486 칩을 만드는 데 10억 달러의 자본이 들었지만 후속 제품인 펜티엄을 제조하는 공장에 50억 달러를 투자할 계획이라고 고위 경영진에게 밝혔다. 이 결정은 경쟁 구도에 막대한 영향을 끼쳤다. 고든 무어의 말을 빌리면, 1990년대 초에 "전 세계 반도체 시장의 주요 기업이 되기 위한 진입 비용"은 이미 "선불로 10억 달러"였다.[50] 인텔이 대량 생산 역량에 투자하기로 한 까닭에 이런 진입 비용이 점차 큰 규모로 증가했고, 그에 따라 잠재적 경쟁사의 수는 줄어들었다. 자본 확대(수요보다 2~3년 앞서)에 베팅하기로 한 그로브의 결정으로 진입 장벽이 높아졌고, 다른 기업들은 점점 이를 뛰어넘기 어렵다는 사실을 알게 되었다.

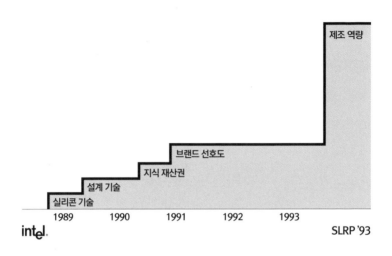

출처: 허가를 받아 앤디 그로브의 1993년 인텔 SLRP 프레젠테이션 자료에서 재현.

빌 게이츠도 이와 비슷하게 처음부터 진입 장벽을 만드는 데 중점을 두었다. 그는 IBM에 도스를 공급하는 마이크로소프트의 원原 계약을 협상하면서, 다른 기업들에 OS 라이선스를 줄 수 있는 권리를 독점하기 위해 치열하게 싸웠다. 그는 이 권리를 얻는 대가로, 판매 대수에 따라 로열티를 받는 대신 저렴한 고정 비용에 도스를 제공하는 방식으로 IBM에 유리한 거래 조건을 제안했다. 그 후 1994년에 게이츠는 도스 사용을 통제하고 수량을 늘리는 한편 가격을 낮춤으로써 잠재적 경쟁자들이 비즈니스에 뛰어들기 어렵게 만드는 것이 자신의 목표였다고 설명했다.

IBM이 다른 컴퓨터 제조사들에게 MS-DOS의 라이선스를 주지 못하도록 권한을 제한하는 것이 협상의 요점이었습니다. 우리는 오직 마이크로소프트만 도스의 라이선스를 줄 수 있도록 하고 싶었죠. …… 뛰어난 IBM 제품이 출시되면 대부분 호환 기종이 뒤따라 나옵니다. 따라서 우리도 다른 기업들에게 도스의 라이선스를 주게 되리라고 쉽게 예상할 수 있었죠. …… 나중에는 …… 완전히 새로운 운영체제를 내놓는 사람들도 있었지만, 우리는 이미 대규모 시장 수요를 확보했으므로 가격을 낮게 매기면서 계속 판매할 수 있었죠.[51]

가격을 효과적으로 책정하는 방법은 게이츠가 고객들을 묶어 두기 위해 지속적으로 활용한 전술이다. 그는 컴퓨터 제조사들에 도스와 윈도의 라이선스를 주는 과정에서 가격 선택권을 함께 주었다. 그들은 설치되는 운영체제마다 별도로 높은 가격을 지불할지, 아니면 출하되는 컴퓨터의 수를 따져서(소프트웨어 설치를 추적하기 어렵다는 표면상의 이유를 들어) 그보다 훨씬 낮은 로열티를 한 번에 마이크로소프트에 지불할지 선택할 수 있었다. 거의 모든 제조사들이 출하되는 하드웨어의 수량을 기초로 한 가격을 선택했다. 그래서 컴퓨터 제조사들은 마이크로소프트의 경쟁사가 만든 운영체제를 설치하려면 (한번은 도스/윈도에 대해, 또 한 번은 IBM의 OS/2, 노벨Novell의 DR DOS, 또는 UNIX의 변종처럼 실제로 설치된 OS에 대해) 비용을 두 차례 지불해야 했다. 바로 이런 관행 덕분에 마이크로소

프트의 지배적 위치가 공고해졌기 때문에 미국 법무부는 1994년에 이를 금지했다.[52]

전략적으로 가격을 책정하는 방법은 또한 마이크로소프트가 뒤늦게 진입한 데스크톱 생산성 제품 시장에서 고객을 확보하고 유지하는 데 도움을 주었다. 1980년대에 마이크로소프트 워드와 엑셀은 로터스 1-2-3과 워드퍼펙트WordPerfect처럼 시장을 주도하는 제품보다 훨씬 뒤처졌다. 마이크로소프트는 이런 구도를 역전하기 위해 1990년대에 워드, 엑셀, 파워포인트를 오피스 스위트 안에 번들로 묶고 대폭 할인된 가격으로 제공했다(나중에는 아웃룩과 액세스 같은 제품도 스위트에 추가되었다). 그 결과 1990년에 5억 6700만 달러였던 마이크로소프트의 애플리케이션 매출은 1995년에 40억 달러로 크게 증가했다.

이처럼 한 꾸러미로 묶는 번들링bundling의 위력을 보여주는 간단한 예를 살펴보자. 기자와 재무분석가라는 두 사용자가 존재하는 세계를 상상해 보라. 기자는 우수한 워드프로세싱 프로그램에 기꺼이 높은 가격(예컨대 100달러)을 지불하겠지만, 사용 빈도가 높지 않은 스프레드시트에 대해서는 20달러만 지불할 의향이 있다. 한편 재무분석가는 100달러를 지불하고 스프레드시트를 구입할 용의가 있지만 워드프로세서에 대해서는 30달러만 지불하고자 한다. 만약 당신이 스프레드시트 비즈니스를 장악하고 있는 로터스라면, 최상의 가격 전략은 재무분석가에게 100달러에 스프레드시트를 파는 것이다. 그리고 만약 당신이 워드프로세서 분야를 장악한 워드퍼펙트라면, 이때도 최상의 가격은 역시 100달러다. 이런 전략은 대단한 효력을 발휘한다. 그러나 마이크로소프트가 유사한 워드프로세서와 스프레드시트를 단일 제품으로 묶어 120달러에 판매하기 시작하면 상황은 달라진다. 두 잠재 고객들로서는 마이크로소프트의 경쟁사로부터 별도의 두 제품을 구입하는 것보다 훨씬 유리한 거래이기 때문이다.[53] 소프트웨어의 한계비용은 0에 가깝기 때문에 이는 또한 이윤을 극대화하는 전략이기도 하다. 마이크로소프트는 이 방식을 수년 동안 사용했고, (윈도에 들어 있는 인터넷 익스플로러 같은) 핵심 애플리케이션들을 추가 비용 없이 하나로 묶는 경우도 많았다.

마이크로소프트와 달리 애플은 가격 책정으로 게임의 판도를 바꾸려 하지는 않았다. 애플 제품은 대개 높은 가격에 팔렸고, 할인을 하는 경우는 드물었다. 그러나 게이츠 못지않게 잡스도 경쟁자들의 진입과 모방을 막는 장벽을 구축하는 데 중점을 두었다. 애플을 경영하는 동안 잡스는 자신의 이름을 넣어 다양한 특허를 신청했고, (마이크로소프트 같은) 파트너, (삼성 같은) 공급업체, 심지어 고객들까지 회사의 제품 디자인을 모방했다고 의심되면 누구에게라도 소송을 걸기로 유명했다.

더욱 중요한 점은 잡스가 긴밀하게 통합되고 사용자 친화적인 경험을 고객에게 제공하는 데 집중했으며, 이를 통해 고객들을 묶어둘 수 있었다는 사실이다. 음악에 대한 그의 전략이 여기에 딱 들어맞는 사례다. 잡스 본인도 시인했지만, 그는 디지털 음악의 중요성을 뒤늦게 깨달았다. 그러나 일단 그 분야에 진출하기로 결정한 뒤에는 그동안의 더딘 행보를 만회하는 데 머무르지 않고 보다 적극적으로 나아갔다. 2001년 1월, 애플은 아이튠즈를 출시했다. 맥 사용자들은 아이튠즈를 이용해 CD에서 음악을 복사하고, 이를 재생 목록에 배열하고, 다시 CD로 구울 수 있었다. 9개월이 지난 뒤 애플은 아이팟을 출시했다. 아이팟은 10년간 휴대용 뮤직 플레이어 시장을 지배했다.[54] 애플의 성공에는 우수한 제품 디자인도 한몫했다. 대부분의 사람들이 평가하는 대로 아이튠즈는 탁월한 음악 관리 소프트웨어 플랫폼이었고, 아이팟은 시장에 나온 어떤 제품보다 뛰어난 디지털 뮤직 플레이어였다. 그러나 아이팟이 지속적으로 시장을 점유할 수 있었던 것은 무엇보다 애플 제품들 사이의 긴밀한 통합 덕분이었다.

애플은 2003년 출시한 아이튠즈 뮤직 스토어에 음악 다운로드를 위한 독점 기술을 적용했다. 잡스는 음반사들이나 기기 제조사들에게 애플의 인코딩 및 복제 방지 기술의 라이선스를 주지 않았다. 아이튠즈를 통해 다운로드된 음악은 오직 아이팟에서만 재생되었으며, 아이팟은 일반적인 MP3 파일이나 아이튠즈 음악만을 재생할 수 있었다. 아이팟에서 다른 기기로 옮겨간 애플 사용자들은 기존에 사용하던 음악 라이브러리에 접근할 수 없었다. 따라서 사용자들이 아이튠즈에서 더 많은 음악을 다운로드할수록 애플을 떠나 다른 플랫폼으로 옮겨 갈 가능성은 줄어든다. 3장에서 논의하겠지만, 이것이 바로 간단한 '네트워크 효과'를 분명히 보여주는 사례다.

애플이 2009년에 이 시스템을 포기할 때까지 고객들은 애플에 묶여 있었고, 이 때문에 잠재적 경쟁자들에게는 거대한 진입 장벽이 형성되었다.

○

전략적 변곡점을
예측하라

○

새롭게 바뀐 비즈니스의 요소가 예전에 그 비즈니스에서 익숙했던 관행보다
더 중요한 질서로 자리 잡으면 모든 것이 무효로 돌아간다.
바람이 일고, 그다음에는 태풍이 온다. 파도가 일고, 그다음에는 해일이 몰아친다.
바로 10배의 변화다.[55]
앤디 그로브(1996)

전략가라면 누구나 부딪히는 문제 가운데 가장 어려운 것은 산업
의 구조를 근본적으로 바꿀 수 있는 변화(그로브는 이를 '10배'의 변
화'10X' change라 불렀다)를 발견하고 대비하는 일이다. 이 10배의 변화
는 어떤 기업이라도 맞닥뜨릴 수 있는 최대의 기회이자 최대의 위
협이기도 하다. 어떤 산업에서는 이런 변화가 20년, 30년, 심지어
100년마다 찾아오며, 또 어떤 산업에서는 5년이나 10년마다 발생
한다. 예를 들어, 2007년 이후로 스마트폰과 태블릿은 통신과 컴퓨
터 산업 전반에 태풍급 바람을 일으켰다. 더 거슬러 올라가면 애플
II와 그 뒤에 나온 매킨토시는 개인용 컴퓨터 산업에 유사한 충격을
불러왔고, 그 후 개인용 컴퓨터 산업은 마이크로소프트와 인텔 같

은 수평집중형 경쟁사들이 수직통합형 거대 기업들을 대체하면서 또 한 번 근본적인 변화를 겪었다. 이런 10배의 변화를 재빨리 예측하고 대응하지 못한 DEC와 모든 미니컴퓨터 기업들은 결국 몰락했고, IBM과 애플 역시 PC 산업에서 존재감이 크게 줄어들었다. 애플의 경우, 소비재 전자제품 회사로 대성공하기 전까지는 PC 시장에서 보잘것없는 점유율을 유지하며 부진을 면치 못했다. 이와 대조적으로, 마이크로소프트와 인텔은 이 엄청난 변화를 기회로 바꿔 비즈니스 역사상 가장 위대한 기업이 되었다.

이 10배의 변화를 클레이 크리스텐슨Clay Christensen의 용어를 빌려 '파괴적 혁신disruptive innovation'이라 부르든, 앤디 그로브의 말을 빌려 '전략적 변곡점strategic inflection point'이라 부르든, 이런 변화의 기간에 대처할 전략을 파악하고 수립하는 것이 일류 전략가들이 해야 할 역할이다. 지나고 난 뒤에야 10배의 변화를 알아차리는 것은 파멸을 불러오는 길일 수 있다. 이를 제때 알아차리려면 늘 시장을 주시하면서 적절한 시기를 노리고 준비를 갖춰야 한다. 그로브가 《편집광만이 살아남는다》에서 언급했듯이, 당신은 "모든 것이 알려지지는 않았을 때, 데이터가 아직 들어오지 않았을 때" 행동해야 한다. "심지어 경영에 대한 과학적 접근 방식을 믿는 사람들조차 직감과 개인적 판단에 의존해야 할 것이다."[56] 이와 같은 판단은 극히 어려운 일이다. 이런 순간에는 유용한 정보에 비해 무익한 정보의 비율이 매우 높다. 결국 일류 전략가들은 경험을 근거로 한 판단과 직관에 의존해야 한다.

앞에서도 언급했듯이, 잡스는 재임 기간에 네 차례 10배의 변화를 이끌었다. PC에서 GUI, 디지털 음악에서 아이팟과 아이튠즈 혁명, 스마트폰에서 아이폰과 앱스토어 혁명, 그리고 태블릿 컴퓨터에서 아이패드 혁명이다. 그로브와 게이츠는 재임 중에 적어도 두 차례 10배의 변화를 공유했다. 첫 번째는 수평적인 PC 산업의 출현이었고, 두 번째는 소비자 현상으로서 인터넷의 부상이었다. 그로브의 기술보좌역이었던 숀 말로니Sean Maloney는 1994년에 그로브를 컴퓨터 모니터 앞에 앉히고 인터넷을 소개했다. 나중에 이사회에서 그로브는 자신이 인터넷을 완벽하게 이해하지는 못했지만 어쨌든 그것이 중요하다는 사실은 알았다고 말했다. 그는 인텔을 PC 중심의 세계가 아닌 인터넷 중심의 세계로 옮기는 준비의 일환으로 인텔 이사회를 위한 2시간짜리 개별 교육 시간을 마련했다. 이에 따라 모든 이사들은 최신 기술에 정통한 인텔 관리자들을 옆에 두고 컴퓨터 앞에 앉아 교육을 받았다. 그로브는 이것이 전략의 변화를 요구하는 변곡점이라는 사실을 이사회가 이해하기를 바랐다.

인터넷에 대해 심사숙고한 결과, 그로브는 통신과 컴퓨팅의 융합이 인텔에는 기회이면서 동시에 위협이라는 사실을 깨닫게 되었다. 1990년대 중반에 그는 몇 차례의 강연에서 인텔이 '무료' 밉스(그는 극도로 낮은 컴퓨팅 비용이라는 의미로 이 말을 썼다)를 제공하고 있으며, 매우 가까운 미래에 통신 산업은 '무료' 보드baud(극도로 낮은 데이터 전송 비용이라는 의미로 썼다)를 제공할 것이라고 선언했다. 새롭고 신나는 애플리케이션들이 생겨나면서 이 두 가지 발전은 컴퓨팅 파워에 대한 폭발적인 수요를 이끌어 낼 수 있었다.

그러나 인터넷은 또한 PC를 범용품으로 전락시키고, 이와 연계해 인텔의 주 소득원인 x86 계열 마이크로프로세서를 범용품으로 전락시키는 위협 요소였다. 1990년대 중반에는 PC가 웹에 연결되는 '신 클라이언트thin client'나 '인터넷 어플라이언스internet appliance', 즉 꼭 필요한 부분만 남긴 컴퓨터로 대체될 것이라는 이야기가 많았다. 오라클Oracle CEO 래리 엘리슨Larry Ellison 같은 업계 리더들이 '네트워크 컴퓨터'라는 복음을 전파하기 시작하고 인텔의 경쟁사 AMD가 공격적으로 가격을 내리기 시작했을 때, 인텔의 고위 임원들은 PC와 CPU 가격이 떨어지지 않을까 두려워했다. 1997년 봄, 그로브는 자신이 '중력gravity'이라고 부른 이 가격 하락 현상이 인텔이 직면한 최대 위협이라고 경영진에게 말했다. 그는 경영진이 "이를 진지하게 여기지 않는다"고 꾸짖었다.[57] 4장에서 다시 이야기하겠지만, 다행히도 그로브에게는 위기에 대처할 계획이 있었다.

그로브와 마찬가지로, 게이츠는 인터넷을 강력한 위협인 동시에 엄청난 기회의 원천으로 보았다. 1995년 초에 그는 인터넷을 그의 연간 '생각 주간Think Week'의 중심 주제로 삼았다. 생각 주간은 그가 책과 연구 논문을 읽고 최신 기술 동향을 파악하기 위해 회사를 떠나서 보내는 며칠간의 시간이다. 이 생각 주간에 나온 결과가 바로 그가 경영진과 직속 직원들에게 보낸 '인터넷 해일The Internet Tidal Wave'이라는 제목의 1995년 5월 메모였다. 이 문서에서 게이츠는 인터넷의 성장이 전략적 변곡점으로 향하고 있으며, 마이크로소프트는 이 새로운 행진의 앞쪽에 설 수 있도록 사력을 다해야 한다는 점을 분명히 밝혔다.

> 향후 몇 년간 일어날 인터넷의 발전은 앞으로 오랜 기간 우리 업계의 행로를 결정할 것입니다. …… 나는 우리가 비즈니스의 모든 측면에서 사활을 걸고 인터넷에 집중해야 한다는 점을 분명히 하고 싶습니다. 인터넷은 1981년 IBM PC가 도입된 뒤로 가장 중요한 발전입니다. 그것은 GUI의 출현보다 훨씬 더 중요합니다. …… 제품만 바뀌지는 않을 것입니다. 우리가 정보와 소프트웨어를 유통하는 방식, 그리고 고객과 소통하고 고객을 지원하는 방식도 바뀔 것입니다.[58]

게이츠는 소비자들이 PC에 애플리케이션을 저장하고 구동하는 대신 웹브라우저를 통해 애플리케이션을 사용할 수 있다면, 컴퓨터에 더 이상 마이크로소프트 윈도처럼 비싸고 복잡한 프로그램이 필요하지 않을 수도 있다는 사실을 깨달았다. 그러나 만약 마이크로소프트가 브라우저를 장악하고 인터넷을 윈도와 오피스에 통합할 수 있다면, 이 위협을 무력화하고 마이크로소프트가 데스크톱에서 인터넷으로 그 우위를 확대할 수도 있을 것이다.

게이츠와 그로브는 특히 전략적 변곡점을 알아보는 데 능숙했다. 이는 한편으로는 자신의 비즈니스가 항상 위기에 처해 있다고 생각하는 뿌리 깊은 편집증 때문이었다. 그들은 미래에 대한 끈질긴 집중을 역사에 대한 안목과 결합했다. 그들은 이전 30년 동안 대부분의 기술 기업들이 갑작스럽게 무너졌다는 사실을 명확히 인식하고 있었다. DEC나 왕^{Wang} 등의 기업은 개인용 컴퓨터의 출현과 같은 10배의 변화에 적응하지 못했기 때문에 역사의 뒤안길로 사라졌다. 그래서 게이츠와 그로브는 업계의 도전을 무시하는 경우가 좀처럼 없었고, 빡빡한 일정 속에서도 항상 시간을 할애해 새로운 위협에 어떻게 대응할지 연구하고 분석하는 작업을 했다.

○

변화에 대처하라
그리고 끝까지 버텨라

○

어떤 제품의 최초 버전이 지닌 특성만으로 그 제품이 전략적 변곡점에 미치는 영향력을 판단해서는 안 된다. 과거의 경험을 떠올려 보라. …… 당신은 매우 면밀하게 생각함으로써 초기 버전의 특성을 새로운 제품이나 기술의 장기적 잠재성 및 중요성과 분리해서 볼 수 있도록 스스로를 훈련해야 한다.[59]

앤디 그로브(1996)

전략적 변곡점을 인식하는 일은 장기적인 성공에 필수적이지만 단지 첫 번째 단계일 뿐이다. 이를 인식한 뒤에는 대응책을 만들어 내고 신속하게 실행에 옮겨야 한다. 변곡점이 멀지 않은 곳에 있다고 믿는다면 당신은 오늘 변화에 뛰어들어야 한다. '늘 똑같은' 전략은 더 이상 통하지 않는다. 변곡점은 본질적으로 상당한 불확실성을 내포하기 때문에 이 일은 특히 어려울 수 있다. 당신은 미래의 위협을 막고 남들이 보지 못하는 미래의 기회를 포착하기 위해 반드시 지금 행동해야만 한다.

닥쳐올 변화의 규모를 생각하면 당신의 회사가 새로운 길을 향해 내딛는 최초의 걸음은 불안하거나 불확실할지도 모른다. 새로운 제품과 서비스의 초기 버전은 기준 미달일 수도 있다. 비평가들은 혹평을 하고 지지자들조차 당신이 하는 일에 대해 제대로 알고 있는지 의심할 수도 있다. 그러나 자신의 비전에 대한 신념이 있다면, 끈질기게 버텨 내야 하고 도중에 장애물에 걸려 진로에서 벗어나지 않도록 주의해야 한다.

이와 관련해 마이크로소프트를 이끈 빌 게이츠의 리더십이 전형적인 사례를 보여주었다. 마이크로소프트 제품의 최초 버전들은 인기가 별로 없었지만, 게이츠는 일단 무엇이 전략적 우선순위인지 결정하면 혹평이 들려오고 판매가 부진하다고 해서 마음을 바꾸지 않았다. 예컨대 1985년에 윈도 1.0이 출시되었을 때 이 제품을 구입한 사람은 거의 없었다. 1987년에 나온 윈도 2.0은 실적이 그보다 아주 조금 나았다. 그러나 게이츠는 뛰어난 GUI를 가진 운영체제를 만들지 못하면 마이크로소프트가 곧 역사의 뒤안길로 사라지게 되리라는 사실을 잘 알고 있었다. 그는 윈도를 개선하는 데 막대한 투자를 계속했고, 1990년 마침내 제대로 된 제품인 버전 3.0을 내놓게 되었다.

1980년대 말에 마이크로소프트가 서버 소프트웨어 시장에 뛰어들기로 결정했을 때에도 게이츠는 이와 똑같은 집요함을 보여주었다. 사람들이 자신의 컴퓨터를 통해 원격 서버에 저장된 데이터와 애플리케이션을 이용하는 횟수가 점점 증가하자, 그는 컴퓨팅 환경에서 서버가 차지하는 비중이 더욱 커지리라는 사실을 깨달았다. 만약 궁극적으로 서버가 PC보다 더 중요해진다면 마이크로소프트가 선점한 소프트웨어 플랫폼 리더의 위치를 다른 기업들이 잠식할 수도 있었다. 윈도 NT의 서버 판版은 이런 위협에 대한 게이츠의 대답이었다.

게이츠와 함께 일했던 러스 지글먼은 다음과 같이 회상했다. "제가 처음 입사했을 때 마이크로소프트는 서버 비즈니스를 하고 있지 않았습니다. …… (그러나 빌은) '이봐, 우리는 애플리케이션 서버 기업이 되어 네트워킹 비즈니스에서 승리를 거둘 거야'라는 생각이 있었죠."[60] 그리고 게이츠는 이 전략으로 성과를 내기 위해 막대한 투자를 시행할 의향이 있었다. "빌은 윈도 NT 개발 같은 프로젝트에 기꺼이 대규모 투자를 할 생각이 있었어요. 시간이 얼마나 걸리든, 얼마나 많은 돈이 들어가든, 사람이 얼마나 필요하든, 우리는 NT를 성공시키려 했습니다." 그리고 마침내 성공했다. 2014년에는 전 세계 기업 서버의 65퍼센트가 윈도 NT를 탑재했다.

이와 마찬가지로 회사를 향해 밀려오고 있는 인터넷 해일을 보았을 때, 그리고 웹브라우저로 구동되는 애플리케이션을 만드는 기술이 윈도를 거의 무용지물로 만들 수 있다는 위협에 직면했을 때, 게이츠는 웹브라우저 제작에 막대한 자원을 쏟아부었다. 1995년에 출시된 인터넷 익스플로러Internet Explorer, IE 1.0과 2.0은 대체로 넷스케이프의 내비게이터Navigator보다 못하다는 평가를 받았다. 그러나 1996년에 IE 3.0이 나오자 마이크로소프트는 마침내 우수한 브라우저를 갖게 되었고, 1997년에 개선되어 나온 IE 4.0은 넷스케이프의 운명을 결정지었다.[61] 마이크로소프트 초대 사장 겸 최고운영책임자였던 존 셜리Jon Shirley는 이를 회고하면서, 게이츠의 장기 비전이 마이크로소프트에 진정한 이득을 가져왔다고 말했다. "성공의 원인은 돈이 아닙니다. 다른 기업들도 돈은 있으니까요." 마이크로소프트를 다른 기업들과 차별화한 것은 "단기 수익이야 어떻든 간에 오랜 기간 기술에 매달리는 빌의 집념"이었다.62

스티브 잡스도 제대로 된 제품과 서비스를 만드는 데 전념했다. 예를 들어, 2008년에 애플은 자사 최초의 클라우드 컴퓨팅 서비스인 모바일미를 출시했다. 당시 디지털 허브 PC에 대한 잡스의 초기 비전은 '클라우드'가 허브가 되고 PC는 단지 또 하나의 기기가 되는 방식으로 발전했다. 모바일미는 사용자들이 회사 서버에 콘텐츠(사진, 동영상, 주소록, 캘린더 등)를 저장하고 어떤 기기를 통해서든 접근할 수 있게 함으로써 이런 비전을 실현하려는 것이었다. 그러나 모바일미는 가격이 비쌌고, 제대로 작동하지도 않았다.

기술 전문 칼럼니스트 월터 모스버그Walter Mossberg는 다음과 같이 평가했다. "만약 애플이 모바일미를 제대로 돌아가게 만든다면 그것은 멋진 서비스가 될 수 있을 것이다. 그러나 지금은 너무 조잡하다."63 잡스는 모바일미의 실패에 분개했고, 프로젝트 리더를 포함해 이 서비스를 작업했던 팀의 상당수를 교체했다. 그러나 그는 디지털 허브 역할을 하는 클라우드에 여전히 비전이 있다고 믿었으며, 그 후 3년을 더 작업한 결과 2011년에 아이클라우드iCloud라는, 제대로 된 제품을 내놓을 수 있었다.

전략적 변곡점이 눈앞에 다가와 새로운 길을 선택했을 때는 끝까지 버티는 일이 어려울 수도 있다. 회사의 역사에서 이런 순간에는 커다란 모험을 걸어야 하며, 위험 또한 모든 곳에 도사리고 있다. 그러나 바로 그렇기 때문에 당신은 불확실성이 해결되거나 기술팀이 '완벽한' 제품을 만들 때까지 기다려서는 안 된다. 일단 안개가 걷히고 모두가 볼 수 있을 만큼 미래가 분명해지면 이미 행동하기에는 너무 늦다. 변화를 이끌고 싶고 당신의 방향이 옳다고 확신한다면 지금 행동해야 한다. 다시 말해 오직 한곳만 바라보고 비전을 향해 가야 하며, 그 비전을 실현하기 위해 새로운 제품의 개발이나 서비스 개선에 전념해야 한다.

대가들에게 배우는 교훈

꺼야 할 불은 매일같이 새롭게 타오른다. 현재의 고객과 직원들의 요구 사항만 해도 모든 시간을 쏟아부어야 할 만큼 많다. 그러나 위대한 전략가가 되려면 오늘의 부담감과 내일에 대한 압박감에서 한 걸음 물러나 회사, 고객, 경쟁자, 그리고 산업의 미래를 향해 앞을 내다볼 시간을 확보해야 한다. 그런 뒤에 지금 어떤 행동을 취해야 할지 되짚어 봐야 한다. CEO들과 고위 임원들은 주기적으로(급변하는 기술 업계에서는 최소 6개월마다) 이런 활동을 반복해야 한다. 이 과정에서 당신은 너무 멀리 앞을 내다보지도, 너무 뒤처지지도 않도록 절묘하게 줄타기를 해야 한다. 이렇게 균형을 잡기는 매우 어렵지만 게이츠, 그로브, 잡스는 (항상은 아니라도) 대부분 이를 달성했다.

우리의 세 CEO는 독특한 비전을 갖고 자기 회사의 한계와 우선순위를 설정했다. 그들은 모두 고객의 니즈를 예측하는 상상력, 더 나아가 새롭고 더 훌륭한 정보가 있다면 자신의 아이디어를 수정하는 결단력과 융통성을 지녔다. 또한 때로는 아주 어려운 과제이기도 했지만, 자사의 역량을 고객의 니즈를 만족시킬 수 있는 방향으로 맞추려 했다.

게이츠, 그로브, 잡스는 특히 경쟁사의 움직임을 예측하고 차단하는 데 빈틈이 없었다. 그들 모두의 전력을 살펴보면 편집증이 결국 성공에 기여한다는 사실이 분명해진다. 만약 당신이 주의를 기울이지 않는다면 경쟁자들이 당신의 아이디어를 모방하거나 훔칠 것이다. 만약 진입 장벽을 만들지 않고 고객 및 파트너와의 관계를 묶어 두지 않는다면, 눈 깜짝할 사이에 경쟁자들이 당신 회사의 초기 이점을 앗아갈 수 있다. 따라서 일류 전략가들은 한때 거인으로 군림했다가 추락한 IBM, DEC, 넷스케이프 같은 회사의 전철을 밟지 않기 위해 한순간도 경계를 게을리하지 않았다.

마지막으로 게이츠, 그로브, 잡스는 자신이 몸담은 산업에서 주요한 변곡점을 찾아낸 뒤 대응책을 만들어 잠재적 위협을 기회로 바꾸는 데 탁월했다. 그들이 모든 변화를 항상 제일 먼저 포착한 것은 아니지만 효과적으로 대응하기에 충분할 만큼 이른 시기에 알아차렸다. 이와 마찬가지로 중요한 점은, 비록 초기에 열악한 제품을 만들기도 하고 도중에 실망스러운 상황도 많았으나 이들은 끝까지 버텨 나가는 불굴의 정신을 잃지 않았다는 사실이다. 주위 상황이 '10배의 변화'를 거치고 있으면 당신의 전략과 역량에도 역시 커다란 변화가 필요할 수 있다. 이 정도 규모의 변화를 맞을 때마다 처음부터 제대로 된 전략과 제품을 내놓기는 어려울 것이다. 대단치 않은 제품이 실패한다면 일찌감치 포기해 버리는 편이 옳을지도 모른다. 그러나 미래를 바꿀 제품을 내놓는 과정에서 최초의 시도가 기대에 미치지 못한다면 추가적인 투자를 단행해야 할 수도 있다. 문제는 타당한 전략이나 방향을 놓고 투자를 하는 일과 회사의 미래를 걸고 모험을 하는 일 사이의 차이점을 이해하는 것이다. 다음 장에서는 이와 관련한 전략의 원칙을 살펴볼 것이다.

STRATEGY RULES

| 2장 |

FIVE TIMELESS LESSONS FROM

BILL GATES

ANDY GROVE

and STEVE JOBS

크게 베팅하되 회사의 존립을 위협하지는 말라

크고 대담한 베팅은 이론상으로는 논의하기 쉽고, 되짚어 보면서 정당화하기는 더욱더 쉽지만, 현실에서 실행하기는 극도로 어렵다. 게임의 판도를 바꾸는 결정을 하려면 자신이 틀렸을지도 모른다는 사실을 알 때에도 과감하게 행동하는 능력이 필요하며, 더 나아가 위험과 불확실함을 견뎌 내는 강인한 인내심이 필요하다.

전략은 소심한 이들에게는 어울리지 않는다. 위대한 전략가들은 경쟁 구도를 자신에게 유리한 방향으로 바꾸기 위해 불확실하고 어렵고 직관에 반하는 일들을 한다. 때로는 엄청난 재정적 투자를 결정하거나 업계의 선도 기업들에 대한 전면 공격과 같은 경쟁적 행동에 나서는 등 크게 베팅해야 할 경우가 있다. 이 정도 규모의 도박이라면 경쟁자뿐 아니라 회사 직원들과 협력사들까지 위협을 느낄지 모른다. 그러나 제대로만 실행한다면 놀랍도록 커다란 보상을 가져올 수 있다.

1980년대 초에 빌 게이츠가 윈도를 개발해 IBM과 정면 승부를 하기로 결정했을 때, 당시 아직 젊은 기업이었던 마이크로소프트는 사실상 전 세계 컴퓨터 산업을 만들어 낸 최강 기업과 맞서야 했다. 게이츠는 이 베팅에서 승리를 거뒀고, 마이크로소프트는 세계 최강의 소프트웨어 기업이 되었다. 1985년 인텔이 새로운 라이선스 정책을 바탕으로 차세대 마이크로프로세서의 '단독 공급자'가 되기로 결정했을 때, 앤디 그로브는 수십억 달러 규모의 설비투자를 단행하며 업계의 규칙을 바꿔 썼다. 이 도박은 성공을 거뒀고, 그 결과 작은 벤처기업이었던 인텔은 거대 기업으로 탈바꿈했다. 2005년 스티브 잡스가 맥의 파워PC 칩을 인텔의 기술로 대체하겠다고 결정한 것은 매킨토시의 미래를 건 모험이었다. 그러나 이 조치가 성공해 맥은 회생했고, 더 나아가 애플도 오랜 기간 번영을 누렸다.

위의 사례들을 보면, 위대한 전략가들은 과감하게 베팅을 하지만 그렇다고 회사를 파멸의 위기에 빠뜨리지는 않는다는 사실을 알 수 있다. 게이츠는 마이크로소프트의 다른 사업 부문들이 충분히 탄탄해져 회사가 도산하지 않겠다는 확신이 들 때까지 IBM과의 결별을 미뤘다. 그로브는 설비투자를 서서히 단계적으로 시행함으로써 그의 가장 큰 베팅이 가져올 위험성을 줄였다. 그리고 잡스는 회사가 맞을 잠재적 위험을 최소화하기 위해 베팅 시기를 조정했다.

여기서 공통된 핵심은 대담하되 무모하지는 말라는 것이다. 메리엄–웹스터Merriam-Webster 사전에서는 '대담한bold'이라는 단어를 "위험 앞에서 두려워하지 않는, 겁 없는, 두려움 없는 용감한 태도를 보여주거나 요구하는"[1] 이라고 정의했다. 너무나 많은 기업이 잘못된 길로 빠지는 것은 어려운 선택을 하지도 못하고 할 의지도 없는 온순한 전략가들 때문이다. 그에 반해 위대한 리더들은 자신의 사업을 일으키고 활기를 불어넣으며 혁신하기 위해 대담한 결정을 내릴 자세가 되어 있다. 게이츠, 그로브, 잡스가 내린 결정에는 그들을 성공으로 이끄는 데 도움을 준 네 가지 원칙이 반영되었다.

제 2 원칙

크게 베팅하되
회사의 존립을 위협하지는 말라

1 게임의 판도를 바꾸기 위해 크게 베팅하라.

2 회사의 존립을 위협할 정도의 베팅은 하지 말라.

3 자사의 비즈니스를 잠식하라.

4 추가 손실을 줄여라.

○

게임의 판도를 바꾸기 위해
크게 베팅하라

○

우리는 높은 시장점유율이 성공에 필수적이며, 시장점유율을 늘리려면
제조 역량에 투자해야 한다는 사실을 알게 되었다. 이를 위해서는 실제 수요보다
앞서서 투자를 해야 하기 때문에 크게 베팅하지 않으면 안 된다.[2]

앤디 그로브(1990년대 초)

크게 베팅하는 것은 가장 어려운 전략 중 하나다. 많은 관리자들과
기업가들은 계획하고, 분석하고, 조금 더 계획하고, 그런 뒤에 선택
한 길을 따라 점차적으로 나아가는 자연스러운 성향을 보인다. 일
부 전략가들은 주저하고 미루면서 결단을 내리지 않는 경우도 많
다. 또 어떤 전략가들은 성공하면 커다란 보상이 기다리지만 자칫
하면 회사를 파산의 위험에 빠뜨릴 수도 있는 무모한 길을 택하기
도 한다. 그러나 위대한 전략가들은 양쪽 함정을 모두 피한다. 이들
은 기꺼이 '대박'을 추구하면서 자신의 계획을 완수할 용기와 확신
을 지니고 있다.

새로운 기술에 크게 베팅하라

세 CEO 중에서 기질적으로 큰 베팅에 가장 열려 있는 사람은 스티브 잡스였다. 그의 어떤 행동은 처음에 터무니없어 보이기도 했다. 그러나 한때 잡스와 함께 일했던 누군가가 말했듯이, 그는 "엄청난 지구력, 끈기, 무언가에 대한 지속적 믿음, 일을 해내는 끈질긴 고집, 그리고 부단한 낙관주의"를 통해 결국에는 성공을 거뒀다.[3] 이를 보여주는 초기 사례로는, 1979년 12월에 GUI를 처음 보고 나서 자신의 가장 성공적인 제품인 애플 II를 포기하기로 한 결정을 들 수 있다. 잡스는 GUI를 보자마자 그것이 컴퓨터를 손쉽게 사용할 수 있게 만들어 대중들이 부담 없이 접근할 수 있게 하는 데 핵심적인 요소라는 사실을 알았다고 한다. 제록스 PARC의 엔지니어들이 이 기술을 시연했을 때, 잡스는 이렇게 고함을 쳤다. "왜 이걸로 아무것도 하지 않는 거죠? 이건 엄청난 거예요! 혁명적이란 말입니다!"[4] 훗날 그는 다음과 같이 말했다. "눈앞에서 장막이 걷히는 것 같았습니다. 컴퓨터의 미래가 어떻게 다가올지 분명하게 볼 수 있었어요."[5]

애플로 돌아온 잡스는 회사가 개인용 컴퓨터의 미래인 GUI에 베팅하도록 밀어붙였다. 처음에 그는 세상에 GUI 혁명을 가져올 컴퓨터로 당시 개발 초기 단계에 있던 리사Lisa를 선택했다. 애플은 원래 리사를 설계하면서 전통적인 텍스트 기반 명령어 인터페이스를 적용했지만, 잡스는 곧 리사에 GUI와 마우스가 들어가야 한다는 결정을 내렸다. 그는 이렇게 말했다고 한다. "(리사는) 아주 중요한 제품이 될 것이고 우주에 그 흔적을 남길 것입니다."[6] 그러나 개발에 5000만 달러가 들어간 리사는 오히려 애플의 재정에 흔적을 남겼다. 1983년에 9995달러의 가격으로 출시된 리사는 시장 개척에 실패했고, 2년 뒤 단종되었다. 그러나 이때쯤 잡스는 더 이상 리사와 관련이 없었다. 잡스는 리사 프로젝트에서 방출된 뒤 매킨토시 팀에 합류했다. 매킨토시는 1984년 세상에 모습을 드러냈다. 비록 출발은 험난했지만 결국 매킨토시는 컴퓨터에 혁명을 가져오겠다는 잡스의 꿈을 현실로 바꿔 주었다. 이번이 처음도 아니고 마지막도 아니었지만, 잡스는 크게 베팅을 하고 승리를 거뒀다.

1985년에 애플을 떠난 뒤, 잡스는 넥스트와 픽사에 자신의 운을 걸면서 다음 10년을 보냈다. 컴퓨터 워크스테이션 회사인 넥스트는 매출이 부진했던 반면, 픽사는 엄청난 성공을 거뒀다. 위기를 감수하는 잡스의 성향은 이러한 경험을 하면서도 약해지지 않았다. 1997년에 애플로 복귀한 잡스는 인텔 칩으로 전환하는 데 동의하면서 또 한 번 매킨토시에 크게 베팅했다.

1990년대 후반, 애플은 고전을 거듭했다. 제품 출시 실패, 일관성 없는 가격 전략, 내부적 혼란 등이 모두 회사에 큰 타격을 주었다. 1990년대 초반부터 중반까지 4년 동안 CEO가 세 번이나 교체되었으며, 같은 기간 9퍼센트의 직원을 내보냈다. 1992년부터 1996년까지 회사의 시장가치는 50퍼센트 가까이 급락했고, 1996년의 영업 손실은 거의 14억 달러에 이르렀다. 무엇보다 충격적인 것은,

1993년 약 14퍼센트였던 미국 PC 시장의 애플 점유율이 1996년에는 6퍼센트를 겨우 넘는 수준으로 떨어졌다는 사실이다.[7]

애플의 고가 정책과 재고 유지 노력이 점유율 하락의 원인이기는 했지만, 더욱 중요한 사실은 매킨토시가 성장 동력을 상실하고 있었다는 점이다. 애플 컴퓨터는 '윈텔Wintel' 컴퓨터(마이크로소프트 윈도를 돌리고 인텔 마이크로프로세서를 사용하는 PC)에 맞선 경쟁력을 점차 잃어 가고 있었다.[8] 맥의 운영체제는 노후화되어 갔다. 또한 그 안의 마이크로프로세서(IBM의 파워PC)는 칩 자체의 성능이, 노트북의 경우에는 배터리 수명이 인텔 칩의 상대가 되지 못했다.

인텔 마이크로프로세서를 기반으로 차세대 매킨토시를 만들고, 이를 통해 맥을 되살리겠다는 잡스의 전략은 어마어마한 모험이었다. 파워PC의 약점은 이미 명백한 상황이었다. 인텔 칩을 사용하면 매킨토시의 성능이 향상될 수 있고, 애플 컴퓨터에서 윈도와 맥 소프트웨어를 동시에 돌릴 수 있게 된다(아마도 일부 사용자들에게는 후자 역시 중요한 문제일 것이다). 그러나 새로운 마이크로프로세서를 채택하는 것은 단순히 하나의 칩을 다른 칩으로 바꿔치기하는 문제가 아니었다. 애플은 인텔 칩에서 돌아가는 운영체제를 다시 개발해야 했고(잡스는 애플에 복귀한 직후 OS X의 최초 버전을 만드는 동시에 은밀하게 이 과정에 착수했다), 애플에서 일하는 개발자들을 비롯한 매킨토시 개발자들은 새로운 프로세서가 제공하는 성능을 활용하기 위해 기존 애플리케이션 소프트웨어를 다시 만들어야 했다. 하드웨어와 소프트웨어의 재설계 비용은 모두 합쳐 10억 달러가량으로 예상되었다. 이때는 회사의 총 연구개발비가 5억 달러 미만이었고, 회사의 수익은 겨우 2억 7600만 달러에 불과하던 시기였다.[9]

애플은 1994~1995년에 모토롤라 68000 계열 마이크로프로세서를 파워PC 칩으로 바꾸며 이와 같은 전환에 성공한 적이 있었다. 그러나 아키텍처의 전환은 위험 부담이 막대한 일이었다. 비록 기술적인 전환은 순조롭게 진행되었지만, 한물간 맥을 사기 싫었던 잠재 구매자들이 인텔 칩을 장착한 새 컴퓨터가 나올 때까지 구입을 미뤘기 때문에 애플은 단기적인 판매 손실을 입을 수밖에 없었다(잡스는 2005년 6월에 이 전환을 발표했는데, 〈맥월드〉의 설문조사에 따르면 이 발표 때문에 잠재 구매자 가운데 3분의 1의 향후 12개월 내에 맥을 살 가능성이 낮아졌다).[10] 좀 더 장기적인 관점에서 볼 때, 자신의 구형 소프트웨어가 새로운 소프트웨어로 대체될 거라는 사실을 알게 되면 애플 고객들은 완전히 새로운 플랫폼으로 이탈할 위험성이 있었다.[11] 어느 애널리스트는 이를 다음과 같이 경고했다. "또 한 차례 아키텍처를 전환할 때에도 애플의 시장점유율이 버틸 수 있을지는 잘 모르겠다. 이런 일을 할 때마다 애플은 더 많은 고객을 (그리고 개발자를) 잃을 것이다."[12]

잡스도 그 위험성을 인지하고 있었다. 그러나 애플이 기술과 시장점유율에서 윈텔 진영 경쟁사들보다 한참 뒤떨어져 있다는 사실도 잘 알고 있었다. 애플이 성공할 기회를 노리려면 자사의 기존 플랫폼과 결별하고 미래로 도약해야 했다. 당시 상황으로 보면 CFO 프레드 앤더슨이 '배수진burn the boats'이라고 부른 전략을 실행할 수

밖에 없었다. 일단 애플이 인텔 칩으로 전환하기로 결정하자 "과거로 되돌아가는 길은 없었다"고 프레드는 회고했다.[13] 아마도 잡스의 방식은 애플 임원들을 적잖이 애태웠겠지만, 크게 베팅하는 그의 결단은 다시 한 번 성공을 거뒀다. 2006년 출시된 인텔 기반의 맥북MacBook 노트북은 애플 역사상 가장 많이 팔린 매킨토시가 되었다.[14] 매킨토시의 시장점유율은 그 후 5년간 두 배로 뛰었다.[15]

때때로 잡스는 위험성에 거의 무신경했다. 소매 유통에 진출하겠다는 그의 결정이 여기에 딱 들어맞는 사례다. 애플 스토어Apple Store 출범 준비를 맡았던 론 존슨은 소매 분야가 "잡스가 지닌 기술 기반을 넘어서 있었다"고 말했다. 그러나 소매 분야에 대한 지식이 없다는 사실은 애플의 독립 매장에 베팅하겠다는 그의 결심에 아무런 영향도 주지 못했다. 존슨에 따르면 잡스는 다음과 같이 역설했다고 한다. "만약 무언가가 올바른 일이라고 믿는다면 그것을 실현해 내야 한다. 테스트를 해볼 필요도 없다. 테스트란 확신이 없는 사람들이나 하는 짓이다."[16] 물론 잡스에게 확신이 없을 리는 없었다. 넥스트와 애플에서 하드웨어 엔지니어링 부문을 맡았던 존 루빈스타인은 다음과 같이 말했다. "스티브는 나였다면 피했을 위험을 감수했습니다. …… 그 사람은 배짱이 있었죠. 스티브가 항상 올바른 결정을 내린 건 아니었지만, 어쨌든 결정을 했으니까요."[17]

만일 애플의 첫 독립 매장이 실패했다면 재정적인 충격은 크지 않았겠지만, 홍보 차원에서는 악영향이 상당했을 것이다. 좋지 않은 전례도 있었다. 당시 게이트웨이Gateway 컴퓨터(미국의 컴퓨터 제조 회사—옮긴이)의 소매 매장이 처참하게 실패하고 있었던 것이다. 그러나 잡스는 소매 분야에 진출하겠다는 계획을 밀고 나갔다. 2001년, 애플의 첫 매장이 버지니아 주 타이슨스 코너Tysons Corner에서 문을 열었다. 당시 많은 애널리스트들은 애플 스토어가 실패할 것으로 예상했다. 그러나 10년이 지난 뒤 애플 스토어는 미국의 어느 소매업체보다 높은 단위 면적당 매출을 달성했다. 다시 한 번 잡스의 베팅이 성공을 거둔 것이다.

시장 리더십에 크게 베팅하라

잡스와 마찬가지로 빌 게이츠도 마이크로소프트에 CEO로 있으면서 일련의 큰 베팅을 했다. 예를 들어 이전에는 프로그래밍 언어에 집중했지만 IBM PC용 운영체제를 제공하기로 한 초기의 결정, 업계 대다수가 매킨토시는 장난감이라고 여겼을 때 매킨토시용 애플리케이션을 만들기로 한 결정, IBM의 반대에도 불구하고 윈도를 만들겠다는 결심을 10년에 걸쳐 밀어붙이기로 한 결정, 윈도가 성공하리라고는 아무도 생각지 못했던 시기에 애플리케이션 그룹에 "그들이 원하지 않았는데도" 윈도용 애플리케이션을 만들라고 지시한 결정, 그리고 1995년 이후 마이크로소프트 비즈니스의 모든 측면에 인터넷을 포함한 결정이 여기에 해당한다.[18]

그러나 게이츠의 최대 베팅은, 마이크로소프트에 커다란 행운을 안겨 주었던 IBM과의 제휴를 끝내기로 한 1990년의 결정이었다. 1981년 IBM이 PC를 출시한 이래로 마이크로소프트와 IBM은 개인용 컴퓨터 시장을 확대하고 PC 기술을 발전시키기 위해 긴밀한 협력 관계를 유지해 왔다. 1985년, 두 회사는 차세대 운영체제(2년 뒤 OS/2라는 이름으로 출시되었다)를 공동으로 개발한다는 협약에 서명했다. 게이츠는 IBM에 마이크로소프트 주식의 30퍼센트를 사라고 제안할 정도로 이 거대 컴퓨터 기업에 강한 유대감을 느끼고 있었다.[19] 게이츠는 훗날 다음과 같이 말했다. "IBM이 이 제안을 거절했을 때가 정말 대단한 전환점이었습니다. 우리는 '음, 왜 사지 않겠다는 거지?' 하고 의아해했죠."[20] 이 사건에도 불구하고 두 회사는 제휴 관계를 유지했으며, 1988년에는 OS/2용 GUI를 내놓고 이를 PC 소프트웨어를 위한 '미래의 플랫폼'이라고 홍보했다.

이 기간을 통틀어 게이츠가 가장 두려워했던 것은 IBM과의 관계가 와해되는 것이었다. 당시 운영체제 그룹의 수장이었던 폴 마리츠는 다음과 같이 말했다. "우리는 임원 수련회에 가서 최악의 시나리오들을 열거하곤 했습니다. 언제나 1위는 IBM과의 결별이었죠."[21] 훗날 마이크로소프트 네트워크Microsoft Network, MSN를 이끌었던 러스 지글먼은 다음과 같이 설명했다. "마이크로소프트가 거둔 초기의 성공은 IBM에 지나치게 종속된 상태에서 이루어졌고, IBM과의 의존적인 관계는 너무나 깊었습니다. 그래서 만일 결별한다면 IBM이 마이크로소프트를 죽이려 할지도 모른다는 두려움이 있었죠."[22] 그는 또 다음과 같이 덧붙였다. "IBM은 모든 대기업과 밀접한 관계를 맺고 있었으니 원한다면 전력을 다해 전쟁을 벌일 수 있었을 겁니다."[23] 마이크로소프트에게 이것은 끔찍한 전망이었다. IBM은 30년이 넘도록 컴퓨터 업계에서 막강한 힘을 지닌 거대 기업이었다. 이 회사는 메인프레임에서부터 미니컴퓨터와 개인용 컴퓨터에 이르기까지 모든 세대 컴퓨팅의 표준을 세웠다. 1990년에 IBM은 690억 달러의 매출과 60억 달러의 수익을 기록했다. 이에 비해 마이크로소프트는 매출 10억 달러에, 수익은 3억 달러에도 미치지 못하는 피라미에 불과했다.

그러나 마이크로소프트는 IBM과 결별한다 해도 살아남을 수 있도록 필요한 자산들을 서서히 개발하고 있었다. 1985년에 마이크로소프트는 IBM의 도움 없이 도스 위에 GUI를 얹은 윈도의 첫 버전을 출시했다. 또한 매킨토시용 애플리케이션 소프트웨어의 선도적인 개발사가 되었다. 처음에 게이츠는 IBM의 반발을 살까 두려워 이 모험적인 사업을 조심스럽게 추진했다. 그러나 마이크로소프트가 처음으로 널리 찬사를 받은 제품인 윈도 3.0을 1990년 봄에 출시하자 상황은 바뀌었다. 그해 말에 마이크로소프트는 200만 본의 윈도 3.0을 판매했고, 제3자 개발자들은 이 새로운 운영체제용 애플리케이션을 수백 개나 만들었다. 이 성공에 힘입은 게이츠와 경영진은 더 이상 양다리를 걸치지 않고 윈도에 집중하면서 OS/2는 버리기로 결정했다. 게이츠와 스티브 발머는 공식적으로는 1991년 1월까지 OS/2를 지원했다.[24] 그리고 게이츠는 제휴 관계를 연장하기 위해 IBM과 물밑 협상을 진행했다. 그러나 IBM은 도스에 대해 얻었던 조건(영구적으로 낮은 비용, 로열티 없는 라이선스)과 동일한 조건을 윈도에 대해서도 요구했다. 마리츠는 다음과 같이 회고했다. "(이 요구를 접한 뒤) 게이츠는 '불가하다'고 말했습니다. 그는 회사 최악의 시나리오 1순위를 기꺼이 감수하고 윈도에 총력을 기울일 생각이 있었던 겁니다."[25]

결코 순탄하지 않았던 두 회사 간의 협력은 그 후 2년에 걸쳐 산산조각이 났고, IBM이 OS/2에 대한 모든 책임을 가져가기로 하면서 1992년 6월에 공식적으로 막을 내렸다. 마이크로소프트가 오랫동안 두려워했던 결별이 마침내 찾아왔지만 끔찍한 결과는 일어나지 않았다. 윈도 3.0과 더불어 마이크로소프트는 데스크톱 시장에서 우위를 점했고, 이는 1992년에 윈도 3.1, 1995년에 윈도 95가 출시되면서 더욱 확고해졌다. 윈도는 거의 20년 동안 PC 운영체제 시장의 90퍼센트 이상을 장악했고, 마이크로소프트의 수익 가운데 약 절반을 차지했다. 1990년대 초에 IBM은 OS/2를 공격적으로 밀어붙였지만, 신임 CEO 루이스 거스트너는 마침내 PC 사업에서 손을 떼기로 결정했다. OS/2는 틈새 고객들만 사용하는 제품으로 전락했으며, IBM은 2005년에 OS/2의 판매를 중단했다.

산업 구조를 바꾸는 데 크게 베팅하라

업계의 선도 기업과 싸우는 것은 결코 작은 문제가 아니었지만, 앤디 그로브의 베팅은 IBM에 대한 게이츠의 도전보다 훨씬 대담했다. 1980년대 중반에 그로브는 인텔이 반도체 산업의 구조를 바꾸고 PC 부문에서도 변화를 이끌어 갈 수 있다고 장담했다. 그때까지는 모든 컴퓨터 및 전자제품 회사가 가격 경쟁력과 안정적인 공급처를 확보하기 위해 핵심 부품에 대해 복수의 공급업체를 확보하려 했다. 이는 반도체 회사들이 경쟁 업체들에게 자사의 설계에 대한 라이선스를 주어야 한다는 뜻이었다. 인텔의 전 CEO 고든 무어는 다음과 같이 설명했다. "우리가 시장 수요를 따라잡으려면 CPU를 함께 생산하는 복수의 공급자들이 있어야 했습니다. 그래서 AMD, 후지츠Fujitsu, 지멘스Siemens 같은 회사들과 (협력했죠.)"26 인텔은 오리지널 IBM PC에 들어가는 8088 마이크로프로세서를 생산하도록 12개 기업에 라이선스를 주었다. 그 결과 자사의 설계를 기초로 한 마이크로프로세서에서 창출되는 매출 가운데 인텔이 차지하는 부분은 30퍼센트로 떨어졌다. 1982년에 출시된 차세대 마이크로프로세서 80286에 대해서는 라이선스 보유 기업을 넷으로 줄였다. 라이선스 보유 기업 중 대량 생산하는 기업은 AMD가 유일했지만, 인텔은 여전히 매출과 이익의 상당 부분을 경쟁사들과 나눠 가져야 했다. 무어는 다음과 같이 불평했다. "우리는 아무런 대가도 얻지 못하면서 이익의 상당 부분을 잃고 있었습니다."27

이에 반해 인텔의 라이선스 보유 기업들은 유리한 거래 조건을 확보했다. 당시 법률고문이었던 톰 던랩Tom Dunlap에 따르면, 인텔은 특정 기업에 라이선스를 주는 대가로 "2차 공급자가 되는 데 따른 유형의 가치(예컨대 돈 그리고/또는 제품)와 무형의 가치"를 함께 지불할 것을 요구했다.[28] 인텔이 IBM PC용 1세대 마이크로프로세서를 생산하던 시기에 경영진은 2차 공급자가 지닌 무형의 가치가 훨씬 중요하다고 생각했다. 모든 고객이 2차 공급자를 두기를 원했고, 자연히 2차 공급자들의 시장이 크게 확대되고 있었기 때문이다. 따라서 라이선스 보유 기업들은 유형의 가치라는 방식으로 인텔에 많은 것을 제공할 필요가 없었다. 그러나 플랫폼 아키텍처가 수립되자, 80186과 80286에 대한 2차 공급자의 가치는 급격히 하락했다.

인텔은 4년이라는 시간과 2억 달러의 비용을 들여 80386을 개발했다. 그리고 이 제품을 생산할 시기가 다가오자 경영진은 2차 공급자가 필요한지를 두고 뜨거운 논쟁을 벌였다. 던랩에 따르면, 그로브는 결국 "인텔은 386 라이선스를 제공하는 대가로 2차 공급자에게 무형의 가치에 대한 조건을 최소화하는 대신 제대로 된 유형의 가치를 요구할 것"이라고 결정했다.[29] 다시 말해, 라이선스 보유 기업들은 과거보다 훨씬 높은 로열티를 지불해야 한다는 뜻이었다. 당연한 일이겠지만 잠재적 라이선스 보유 기업들은 이 새로운 조건을 거부했다. 그로브는 훗날 다음과 같이 밝혔다. "경쟁사들은 우리가 사실상 무료로 제공한 기술에 비용을 지불하려 하지 않았다."[30]

이에 그로브와 경영진은 인텔이 이제 홀로 서야 할 때라고 결정했다. 무어는 다음과 같이 설명했다. "우리는 AMD와 2차 공급자 계약을 맺지 않을 거라고 IBM에 통보했습니다. 그 대신 뉴멕시코에 공장을 하나 더 세울 계획이었습니다. 우리는 설령 시장 수요를 맞추지 못한다고 해도 그렇게 밀고 나가기로 했죠. 우리가 CPU의 단독 생산자가 된 것은 그때가 처음이었습니다."[31]

그러나 IBM은 386에 별로 관심이 없었고, 이 제품의 전반적인 수요에 대해 심각한 우려를 제기했다. 그로브는 다음과 같이 말했다. "(1985년에) 386은 대량 생산까지 1년이 남아 있었는데, IBM은 이미 386을 틈새시장 제품으로 판단하고 다음 해에 겨우 7000개만 구입하겠다고 결정했습니다."[32] 더욱이 IBM은 자체적으로 마이크로프로세서를 개발하겠다는 내부 계획이 있었다. IBM의 고위 임원이 몇 년 뒤 인터뷰에서 밝힌 바에 따르면, IBM은 인텔 칩을 자사 제품에서 빼고 자사의 CPU(훗날 파워PC라고 불렸다)를 사용하기를 원했다고 한다.[33]

그러나 인텔은 그대로 밀고 나갔다. IBM이 새로운 칩을 구입하려 하지 않자 인텔은 IBM 호환 기종의 선도적 제조업체인 컴팩 컴퓨터와 손을 잡고 이 회사의 새로운 PC 제품을 통해 80386을 시장에 선보였다. 당시로서는 IBM을 빼고 일을 진행한다는 것은 매우 대담한(무모하다고 할 사람도 있겠지만) 결정이었다. 시장 선도 업체인 IBM의 지원 없이는 새로운 칩 수요를 예측하기가 어려웠다. 따라서 인텔은 수요를 파악하기에 앞서 일단 생산에 투자해야 하는 상황이었다. 훗날 이때를 되돌아보던 그로브는 만약 386이 실패했다면 "인텔이 업계를 바꿔 놓기는 어려웠을 것"이라고 말했다.[34] 그 랬다면 수평적 산업 구조를 만들겠다는 그로브의 꿈은 결코 실현되지 않았을지 모른다. 어쨌든 최소한 인텔이 선도적인 역할을 하는 구조를 만들지는 못했을 것이다. 그뿐 아니라 유휴遊休 생산력은 이익에 막대한 타격을 입혔을 것이다. 많은 임원들은 과거의 안전한 전략을 고수하는 편이 위험을 줄이는 길이라고 생각했지만, 당시 인텔의 영업을 총괄했던 프랭크 길Frank Gill이 말했듯이 "앤디(그로브)는 사자와 같은 용기를 지니고 있었다."[35]

그 용기는 성공을 거뒀다. 1986년 출시되면서 새로운 386 칩을 소개한 컴팩의 데스크프로DeskPro 386은 PC라는 플랫폼을 기술적으로 발전시켰던 IBM 이외의 기업이 설계한 최초의 PC였다. 7개월 뒤 IBM은 결국 시장에 굴복하고 386을 기반으로 한 자체 PC를 내놓았지만, 이미 컴팩이 시장을 장악한 뒤였다. AMD는 장기간에 걸친 법적 다툼 끝에 1991년 마침내 386 칩의 복제품을 출시했다. 인텔이 시장을 선도하는 마이크로프로세서 제품의 단독 공급자로 5년 이상 경제적 이익을 거둬들인 후였다.

인텔의 80386이 초기에 빠른 성공을 거두지는 못했지만, 단독 공급자가 되기로 한 전략적 베팅은 그로브와 인텔에게 획을 긋는 결정이었다. 여러 해가 지나 이 조치를 되돌아본 그로브는 그것이 인텔의 역사에서 중요한 변곡점이었다는 사실을 깨달았다. 그로브는 불리한 산업 구조에서 벗어날 방법을 찾기 위해 수년간 애를 쓰고 있었다. "우리는 열둘(8086의 2차 공급자)은 너무 많고, 넷(286의 2차 공급자)은 효과가 없다는 결론을 내렸습니다. 우리는 높은 로열티를 받으려고 했으나, 다른 기업들은 우리가 무너질 거라고 생각하면서 비웃었습니다." 결국 단독 공급자가 되기로 한 인텔의 전략적 결정은 차원 높은 계획에 따른 결과라기보다는 여러 기회나 전술적 교류에 대한 대응의 산물이었다. 그런데도 그로브는 나중에 이 결정이 '기념비적'이었다고 평가했다.[36]

훗날 그로브는 다음과 같이 말했다. "모든 회사의 역사에는 다음 단계로 발전하기 위해 큰 폭으로 변화해야 할 시점이 적어도 한 번은 있다. 그 순간을 놓치면 회사는 쇠퇴하기 시작한다."[37] 그로브와 인텔에게 그 순간은 386을 단독으로 공급하기로 베팅했던 때다. 게이츠와 마이크로소프트에게는 윈도 개발을 밀어붙이고 OS/2와 관련해 IBM과 결별하기로 결정한 순간이었다. 그리고 잡스와 애플에게는 매킨토시의 개발 및 잇따른 아키텍처의 진화(모토롤라 68000에서 파워PC로, 그다음에는 인텔 마이크로프로세서로)를 통해 회사를 살리고, 그 후 개인용 컴퓨터 산업에서 벗어나 가전제품에 집중할 수 있도록 일련의 조치를 취한 순간이었다.

○

회사의 존립을 위협할 정도의
베팅은 하지 말라

○

밥 딜런과 피카소는 언제나 실패 위험을 감수했다.
나는 애플과 관련한 일들을 그런 방식으로 한다.
물론 나는 실패하고 싶지 않다. ……
만약 내가 최선을 다하고 실패한다면, 어쨌든 나는 최선을 다한 것이다.[38]
스티브 잡스(1998)

크게 베팅하는 일은 아마도 CEO나 기업가가 할 수 있는 가장 중요한 전략적 조치일 것이다. 그러나 크게 베팅을 한다고 해도 늘 이길 수는 없다. 심지어 최고의 전략가들조차 실수를 한다. 미래가 늘 기대한 대로 다가오는 것은 아니기 때문에 크게 베팅을 할 때는 받아들일 수 있는 범위 내에서 최악의 국면을 가정해야 한다. 게이츠, 그로브, (애플에서 두 번째로 재직한 기간에) 잡스는 다른 CEO였다면 견디기 힘들었을 규모의 위험을 감수했지만, 단 한 번에 회사 전체를 베팅하지는 않았다. 그들은 가장 큰 베팅을 해야 하는 상황이 닥치면 위험을 줄이기 위해 베팅의 시기와 대상을 분산하는 방법을 썼다.

때로는 무모함을 예술로 승화시키는 듯한 스티브 잡스조차 결국에는 회사를 베팅한다는 생각이 나쁘다는 사실을 알게 되었다. 잡스는 베팅을 분산하는 데 대체로 부정적이었다. 존 루빈스타인은 우리에게 다음과 같이 말했다. "결코 플랜 B(제2안)는 없었습니다. 스티브에게는 오직 하나의 계획만 있었고, 우리는 그 계획을 실행해야 했습니다. 다시 말해 언제나 플랜 A를 이행해야 했던 것이죠."[39] 잡스는 매킨토시에 크게 베팅했던 일로 1985년 해고될 때까지 위험을 완전히 무시하는 듯했다. 예를 들어 맥을 만들던 시기에는 애플 II와 리사 팀에 무례하게 쳐들어가 자원과 인력을 빼오는 등 애플의 다른 비즈니스를 철저히 무시했다.

애플 초기의 엔지니어였던 앤디 허츠펠드Andy Hertzfeld는 1981년 자신이 맥 팀에 합류하기를 희망한다는 이야기를 잡스에게 했던 때를 떠올렸다. 허츠펠드가 현재 작업 중인 프로젝트(애플 II 운영체제의 새로운 버전)에서 손을 떼려면 며칠이 더 필요하다고 요청하자 잡스는 이렇게 대답했다. "그걸 붙잡고 있는 건 시간 낭비야! 누가 애플 II 따위에 신경을 쓰겠어? 몇 년 지나면 애플 II도 끝장이야. 애플 II가 끝장나기도 전에 네가 만든 OS는 더 이상 쓸모가 없어지겠지. 매킨토시는 애플의 미래이고 넌 이제 그 일원이 될 거야!" 잡스는 손을 뻗어 허츠펠드의 책상에 놓인 애플 II의 플러그를 뽑아 버렸다. 작성하던 코드가 다 날아가 버렸다. 잡스는 허츠펠드에게 따라오라고 말하고는 그의 컴퓨터를 자신의 차 트렁크에 실었다. 그리고 그를 맥 팀이 있는 새 사무실로 데려갔다.[40]

그러나 역설적이게도, 잡스가 회사를 걸지 않고도 매킨토시에 베팅할 수 있었던 것은 애플 II의 성공 덕분이었다. 1982년 말까지 애플은 애플 II 60만 대를 판매해 PC 업계 최대의 설치 대수를 기록했다.[41] 그리고 엔지니어링 자원이 갈수록 맥으로 전환되고 있었지만(애플의 공동 설립자인 스티브 워즈니악은 이를 원통해했다), 애플은 1982년 1월의 IIe를 포함해 애플 II의 새 버전을 계속 내놓았다. 1984년에 맥이 출시되기 바로 전 애플 IIe는 매달 약 7만 5000대가 팔렸고, 이에 따라 애플 PC의 총 설치 대수는 200만 대에 달했다.[42]

애플 II와 맥의 관계 때문에 회사 내부는 바람 잘 날이 없었다. 어느 날 저녁 애플 캠퍼스 주변의 한 술집에서 격렬한 말다툼이 일어났다. 이를 목격한 사람이 다음과 같이 증언했다. "맥 쪽 직원들이 '우리가 미래다!'라며 소리를 질렀습니다. 그러자 애플 II 쪽 직원들은 '우리가 돈이다!'라고 고함을 쳤죠."[43]

양쪽 다 옳았다. 애플이 초기의 부진한 판매에도 불구하고 매킨토시에 대규모 투자를 지속할 수 있었던 것은 바로 애플 II의 꾸준한 매출이 있었기 때문이다. 맥은 PC 산업 역사에서 가장 화려하게 등장했지만, 속도가 느린 데다 호환 소프트웨어도 부족해 초기에는 구매자가 별로 없었다. 애플 II의 지속적인 성공이 아니었다면 애플은 아마도 살아남지 못했을 것이다. 맥의 누적 판매는 1985년 9월에 들어서야 겨우 50만 대 수준에 이르렀고, 1987년 3월까지도 100만 대 수준을 넘지 못했다.[44] 1985년 말까지도 애플 II 라인은 계속해서 회사 매출의 70퍼센트를 차지했으며, 1987년에도 맥보다 더 많이 팔렸다. 그 덕분에 애플은 매킨토시를 개선하고 개발자들이 애플리케이션을 만들도록 유인하는 데 필요한 돈과 시간을 벌 수 있었다.[45]

베팅 시기를 조정하라

잡스는 매킨토시를 내놓는 과정에서 다행히도 회사를 베팅하는 것만은 피할 수 있었다. 그러나 그는 이 사건을 겪으며 중대한 교훈을 얻었고, 이는 15년 뒤 파워PC를 포기하고 인텔 칩으로 전환하는 결정을 내리는 데 영향을 미쳤다. 잡스가 무대에 재등장한 뒤 인텔은 자사의 기술을 채택하라고 애플을 설득하려 했으나, 잡스는 처음에 머뭇거렸다. 1990년대 말에 애플은 매킨토시에 대한 매출 의존도가 매우 높았기 때문에 맥의 판매가 심각한 부진에 빠지면 파산할 수밖에 없었다. 매킨토시 컴퓨터와 소프트웨어 판매는 회사 매출의 80퍼센트 이상을 차지했다. 게다가 인텔은 애플을 무척이나 자기편으로 끌어들이고 싶어 했지만 특별히 매력적인 조건을 제시하지는 못했다. 당시 루빈스타인은 인텔과 거래를 할 때 얻는 경제적 효과에 대해 "끔찍하다"고 묘사했다.[46]

2005년 6월, 잡스가 어느 개발자 회의에서 애플이 인텔 프로세서로 전환할 거라고 발표하자 상황은 극적으로 바뀌었다. 2001년에 출시된 아이팟은 2004년에 판매가 급증하기 시작했고, 애플의 미래는 더 이상 매킨토시 판매에만 달려 있지 않게 되었다. 인텔로 옮기겠다는 결정을 최종 승인하기 전 두 분기 동안, 애플은 약 1000만 대의 아이팟을 판매했다.[47] 그 덕분에 애플은 재정적으로 안정을 찾을 수 있었고, 잡스는 좀 더 우월한 위치에서 인텔과 협상을 진행할 수 있었다.

그해 여름에 업계의 애널리스트는 다음과 같이 언급했다. "아이팟 판매가 급증하고 맥의 판매가 명백히 후광 효과를 얻는 상황이니, 애플이 이처럼 위험한 조치를 취하기에 지금보다 더 좋은 시기는 없다."[48] 2005년 4분기에 애플은 전년도 4분기 판매량의 3배인 1400만 대의 아이팟을 판매했고, 회사 매출은 전년 대비 63퍼센트 증가했다.[49] 아이팟의 성공은 맥 판매 부진으로부터 회사를 보호하는 역할을 했다. 2006년 애플이 인텔 칩으로 전환하는 작업을 끝냈을 때도 아이팟은 계속해서 성장세를 이어 나갔다. 이 무렵 매킨토시 비즈니스는 회사 전체 매출의 40퍼센트를 밑돌았고, 애플의 음악 비즈니스가 나머지 매출의 대부분을 차지했다.[50]

위험을 다각화하라

스티브 잡스는 애플의 재무적 취약성 때문에 적당한 시기가 올 때까지 인텔에 베팅하는 것을 미뤄야 했지만, 마이크로소프트는 1980년대 중반부터 풍부한 현금을 즐기면서 사업을 진행해 왔다. 그 결과 빌 게이츠는 파산의 위험에 직면하는 일 없이 크게 베팅할 수 있었다. 그러나 그 역시 마이크로소프트의 비즈니스 모델을 확대하고 다각화함으로써 회사가 직면하게 될 위험을 완화했다(그리고 통 크게 도박을 거는 능력을 키웠다).

마이크로소프트 초창기에 게이츠는 제2의 매출원이 된 워드와 엑셀 같은 애플리케이션 소프트웨어를 개발해 운영체제 비즈니스에 대한 회사의 의존도를 줄였다. 더 나아가 그는 마이크로소프트 애플리케이션을 윈도와 OS/2에서뿐 아니라 애플의 매킨토시를 비롯한 경쟁사의 플랫폼에서도 사용할 수 있도록 만들었다. 존 셜리가 밝혔듯이, 게이츠는 이 전략의 이점을 즉시 파악하지는 못했지만 일단 이해하고 나자 이를 실행하기 위해 단호히 행동을 취했다. "빌은 IBM PC용 애플리케이션 비즈니스를 놓쳤지만, 매킨토시가 등장하는 과정에서 공백이 생기자 마이크로소프트가 경쟁에서 승리할 좋은 기회로 작용했습니다."[51]

게이츠는 애플리케이션(특히 다른 플랫폼에서 운영되는 애플리케이션)을 제작함으로써 윈도가 실패하고 OS/2나 애플이 성공해도 마이크로소프트가 여전히 탄탄한 비즈니스를 유지할 수 있게 했다. 또한 이 전략 덕분에 윈도가 서서히 시장점유율을 높여 나가는 동안 마이크로소프트는 여러 선택지를 가질 수 있었다. 게이츠는 윈도가 결국 OS/2를 이길 거라고 믿었지만, 이런 상황이 얼마나 오래 갈지는 전혀 확신할 수 없었다.

1993년 보스턴 컴퓨터 협회Boston Computer Society에서 열린 대담에서, 게이츠는 윈도를 만들기로 한 결정을 회상하며 다음과 같이 털어놓았다. "마이크로소프트는 그래픽 인터페이스에 회사를 베팅했습니다. …… (그러나) 그래픽 인터페이스가 업계의 대세로 바뀌는 데는 제가 예상한 것보다 훨씬 오랜 시간이 걸렸죠."[52] 그래서 그는 그 시간을 기다리는 동안 IBM과의 완전한 결별을 피하고자 했다. 셜리가 훗날 밝혔듯이, 게이츠는 심지어 마이그레이션migration의 가능성을 염두에 두기도 했다. 만약 IBM의 OS/2가 대성공을 거둔다면 마이크로소프트의 모든 애플리케이션을 OS/2에서 돌아가도록 만들 준비를 하고 있었던 것이다.[53]

여러 시기에 걸쳐 베팅을 분산하라

게이츠는 윈도에 대한 베팅이 성과를 내는 데 소요되는 시간을 통제하기 어려웠다. 이에 반해 앤디 그로브는 위험을 완화하기 위해 단독 공급자 전략을 실행하는 과정에서 베팅 시기를 의도적으로 조절했다. 장기적으로 볼 때, 전 세계에 마이크로프로세서를 공급하겠다는 인텔의 결정을 실행에 옮기려면 수백억 달러의 설비투자가 필요했다. 그러나 회사가 처음에 투자한 돈은 전체 금액의 일부에 불과했다. 인텔이 386 마이크로프로세서를 제조할 준비를 갖추자 그로브는 새로운 단일 공장을 세우는 데 회사 자원을 투입했다. 새로운 공장 건설을 완료하는 데 걸린 2년 동안, 인텔의 설비투자는 결코 과거의 평균 이상으로 올라가지 않았다. 386 이전의 10년 동안 인텔은 매출의 15~20퍼센트를 정기적으로 설비투자에 사용했다. 이 새로운 칩을 출시한 뒤로 4년간 설비투자는 매출의 13~16 퍼센트였다. 인텔은 386을 생산하고 판매하는 데도 이와 같이 자본 지출 비율을 제한하는 방식을 적용했다. 1988년 무렵에는 386 칩이 인텔 매출의 절반 이하를 창출했다. 386을 제조하기 시작하고 4년이 지난 1989년에도 286 칩은 386 칩보다 2배 넘게 팔렸다.[54] 1992년에 그로브가 제조 규모를 확대하고 설비투자를 대규모로 늘리기로 결정하자, 단독 공급자 전략을 취할 때 따르는 위험성은 저 멀리 사라졌다.

물론 그로브의 베팅이 모두 성공한 것은 아니었다. 대표적인 사례가 1990년대 초의 아이태니엄Itanium 프로젝트였다. 이 프로젝트는 새로운 '64비트' 마이크로프로세서를 만들기 위해 휼렛패커드와 맺은 합작 투자였다. 3장에서 논의하겠지만, 이 프로젝트는 계획보다 수년이 지연되었고 판매도 기대에 미치지 못했다. 그러나 아이태니엄은 인텔 자체나 인텔의 주요 제품 라인을 위험에 처하게 할 만큼 많은 자원을 소모하지는 않았다.

윈도에 베팅한 노키아의 사례

윈도에 대한 노키아Nokia의 불운한 베팅은 회사의 존립을 위협할 만큼의 베팅이 얼마나 위험한지를 분명하게 보여준다. 1999년에 노키아는 시가총액 2000억 유로(약 2500억 달러)로 유럽에서 기업 가치가 가장 높은 회사였다. 다음 10년 동안 노키아는 전 세계 휴대폰 산업을 장악했다. 아이폰이 출시된 지 3년이 지난 2010년에도 노키아는 여전히 스마트폰 시장의 37퍼센트를 차지했다. 그러나 잘못된 결정을 내린 10년의 기간이 회사의 발목을 잡고 있었다. 노키아는 자사의 운영체제인 심비안Symbian을 애플의 iOS나 구글의 안드로이드와 경쟁해 이길 수 있는 제품으로 만드는 데 실패했다. 또 이 회사는 미국이 세계 스마트폰 시장의 중심으로 떠오르기도 전에 미국 시장을 포기했다. 노키아의 매출과 주가가 떨어지자 CEO 스티븐 엘롭Stephen Elop은 2011년 2월에 공개적으로 실패를 인정했다. "우리는 뒤처졌습니다. 시장의 커다란 동향을 놓쳤고, 시간을 잃어버렸습니다."[55] 사흘 뒤 그는 자신의 전 직장인 마이크로소프트에 노키아의 미래를 건다고 발표했다. 안드로이드 진영에 합류하거나 여러 소프트웨어 플랫폼을 위한 휴대폰을 개발하면서 양다리를 걸치는 대신, 엘롭은 노키아가 윈도에 집중함으로써 자사를 차별화할 수 있다고 장담했다.

그러나 채 10개월도 지나지 않아 엘롭이 참담한 결정을 내렸다는 사실이 명백해졌다. 심비안폰은 시장의 외면을 받았고, 노키아의 윈도폰 역시 2013년에 부진한 성과를 보이며 채 4퍼센트도 되지 않는 시장점유율을 기록했다. 매출은 급락하고 손실은 불어났으며 노키아의 시장가치는 엘롭이 차별화를 장담하던 때에 비해 90

퍼센트 가까이 하락해 약 40억 유로(52억 달러)에 불과해졌다. 절박해진 엘롭은 2013년 9월, 노키아의 핵심 휴대폰 사업 부문을 54억 유로(70억 달러)에 마이크로소프트에 매각했다.

자사의 비즈니스를
잠식하라

잡스의 경영 규칙 가운데 하나는 자기 잠식을 두려워하지 않는다는 것이었다.
그는 다음과 같이 말했다.
"만약 스스로를 잠식하지 않는다면, 다른 누군가가 그렇게 할 것이다."[56]
월터 아이작슨(2011)

크게 베팅하다 보면 자사의 비즈니스를 기꺼이 잠식해야 할 경우가 많다. 이 원칙은 너무 뻔해 보일지도 모른다. 그러나 실천하기는 고통스러울 정도로 어렵다. 이를 막는 장애물은 내부에도 있고, 외부에도 있다. 자기 잠식cannibalization은 특히 범용화commoditization가 빠르게 일어나는 첨단기술 산업에서 이미 알려진 성공을 아직 알려지지 않은 미래와 맞바꾸고, 수익이 많이 나는 매출을 확실하지 않은 수익과 맞바꾸며, 심지어 지폐를 동전으로 맞바꾸는 일이라고 할 수 있다. 또한 자기 잠식으로 한 조직 내에서 승자와 패자가 생겨나기 때문에 문제는 더욱 어려워진다. 만약 새로운 제품 그룹이 이전 제품 그룹의 매출을 빼앗아 간다면, 한쪽 별이 지면서 새로운 별이 떠오르는 셈이다.

이런 어려움에 직면하는 수많은 관리자들은 자기 잠식을 피할 구실을 찾아낸다. 이에 반해 위대한 전략가들은 이런 과정을 수용하고 때로는 가속화하기도 한다. 예를 들어, 인텔에서 자사의 제품을 퇴물로 만드는 것은 회사 전략의 기초적인 원칙이었다. 1990년대에 앤디 그로브는 경쟁자가 더 많은 매출을 올리게 만드느냐 아니면 자신이 그 매출을 가져오느냐 하는 선택의 기로에서 답은 명백하다고 수없이 이사회에 말했다.

마이크로소프트의 고위급 개발자였던 크리스 피터스^{Chris Peters}도 이와 비슷한 이야기를 했다. "빌은 항상 상황을 급격하게 바꾸고 매우 원대한 계획을 가져야 한다는 점을 이해하고 마음 깊이 새겼습니다. …… 도스가 아주 잘나가고 있을 때의 이야기가 전형적인 사례일 텐데, 우리는 '그냥 도스의 새 버전을 들고 나갑시다. 왜 윈도를 만들어야 하죠?'라고 말할 수도 있었을 겁니다."[57] 그러나 그렇게 하면 IBM이나 애플이 도스를 밀어낼 여지를 남겨 두게 되었을 것이다. 마이크로소프트는 그런 위험을 감수하지 않고 도스를 밀어낼 제품을 직접 만들기로 결정했다.

스스로를 대체하라

스티브 잡스는 때로는 이런 방식을 극단까지 몰고 갔다. 애플 초창기의 직원으로 훗날 팜Palm의 CEO가 된 도나 두빈스키Donna Dubinsky는 1980년대에 새로운 도트매트릭스 프린터dot-matrix printer 출시를 두고 잡스가 '모 아니면 도' 식으로 접근했던 일을 떠올렸다. 두빈스키는 기획 회의에서, 고객들이 오래되고 값싼 제품과 새롭고 비싼 제품 가운데서 선택할 수 있도록 구형 데이지휠 프린터daisy-wheel printer의 가격을 낮추고 두 제품을 동시에 판매하자고 제안했다. 이렇게 하면 애플은 적당한 가격에 낡은 재고를 처분할 수 있었다. 그러나 잡스는 그녀의 말을 끝까지 듣지도 않았다. 그는 그녀의 프레젠테이션 중간에 끼어들어 애플이 오래된 재고를 폐기하고 최신 제품만 판매해야 한다고 단언했다.[58]

이와 유사한 예로, 2005년에 잡스는 후속 제품인 나노Nano를 출시하기 전에 아이팟 미니를 단종하겠다고 선언했다. 미니의 수요는 여전히 엄청났지만 잡스는 시장에서 테스트해 보기도 전에 차세대 기기로 넘어가기를 원했다. 잡스는 미니를 계속 판매하면서 차세대 제품의 시장을 확대하지 않고 미니를 즉시 단종시키라고 지시했다. 이와 관련해 존 루빈스타인은 다음과 같이 말했다. "우리는 크리스마스를 겨냥해 나노를 출시해야 했는데, 이는 아주 위험한 계획이었습니다. 게다가 스티브는 내게 6개월 앞서 미니 생산을 중단하라고 지시했습니다. 만약 내가 일정을 맞추지 못했다면 우리는 아이팟 비즈니스를 접어야 했을 겁니다. 크리스마스를 놓쳤을 테니까요."[59] 다행히 루빈스타인은 일정을 맞췄고(그는 '기적'이라고 했다), 나노 판매량은 폭발적으로 늘어났다. 잡스의 예감이 옳았음이 증명된 것이다. 루빈스타인은 다음과 같이 회고했다. "그런 일은 항상 일어났죠. 스티브는 가지고 있는 게임 칩을 모두 걸곤 했어요. 테이블 한가운데에 모든 칩을 밀어 넣고 '자, 다 걸어 봅시다'라고 하는 것이죠."[60]

베팅에는 또 베팅이 뒤따랐다. 이번에는 아이팟 자체가 자기 잠식의 대상이었다. 2005년 아이팟 판매가 급증했을 때에도 잡스는 애플의 이사회에 경고를 보냈다. "우리를 파멸시킬 수 있는 기기는 바로 휴대폰입니다. …… 모든 사람이 휴대폰을 지니고 다니니까 (휴대폰에 뮤직 플레이어를 넣으면) 아이팟은 불필요한 기기로 전락할 수 있습니다."[61] 기막힌 스마트폰이 나오면 아이팟은 무용지물이 될 거라고 확신한 잡스는 애플이 그런 폰을 만드는 회사로 변신해야 한다는 결심을 굳혔다.

잡스는 아이폰을 출시하기 위해 애플을 온통 뒤집어 놓았다. 1980년대의 맥, 2001년의 아이팟과 마찬가지로 아이폰은 회사의 최우선 제품이 되었고, 애플의 최정예 인재들이 여기에 투입되었다. 아이폰 그룹은 험난한 일정을 맞추기 위해 애플 안의 다른 그룹, 특히 맥 소프트웨어 개발팀의 인재들을 마구 빼갔다. 그래서 맥 운영체제의 최신 버전 출시가 연기되기도 했다.[62]

2007년 1월 아이폰을 발표했을 때, 잡스는 이를 아이팟, 휴대폰, 인터넷 커뮤니케이션 기기를 합쳐 놓은 제품이라고 소개했다. 그는 아이폰을 "터치로 제어할 수 있는 넓은 화면의 아이팟"이자 "우리가 만든 최고의 아이팟"이라고 불렀다.[63] 이 발표를 본 뒤에도 아이폰과 일반 아이팟을 둘 다 구입할 사람은 없어 보였다(보유한 음악을 아이폰에 다 저장하지 못하는 경우가 아니라면). 대신 이들은 아이폰과 함께 좀 더 작고 값싼 아이팟 셔플이나 아이팟 나노를 구입할 것이다. 애플은 아이팟 매출이 줄어들면서 생기는 재정적 타격을 완화하기 위해 아이팟 가격을 아이폰 안에 포함시켰다. 잡스는 아이폰 가격을 발표하면서 가장 인기 있는 아이팟 가격(199달러)과 일반적인 스마트폰 가격(그의 추정으로는 299달러)을 합쳤다고 설명했다. 이에 따라 기본 아이폰 가격은 499달러가 되었고, 메모리가 더 큰 고급 모델은 더 비싼 가격에 판매되었다(애널리스트와 소비자들은 즉각 다른 스마트폰 가격과 비교하면서 아이폰이 너무 비싸다고 불만을 토로했다. 애플은 이와 같은 비판을 수용해야 한다고 보았으며, 출시 후 겨우 몇 개월 만에 8GB 모델의 가격을 599달러에서 399달러로 내리고 더 저렴한 4GB 모델은 아예 없애 버렸다).

아이폰은 18개월도 지나지 않아 엄청난 성공을 거뒀고, 그 과정에서 아이팟 판매를 잠식해 갔다. 2007년 6월 애플이 아이폰을 출시한 뒤로 아이팟 판매는 정체되기 시작했다. 2007년 4분기와 2008년 4분기 사이에 아이팟 매출은 겨우 3퍼센트 증가했다. 2012년 하반기에 이르러 아이팟의 분기별 매출은 3분기에 8억 2000만 달러를 기록하며 2005년 이후 처음으로 10억 달러 밑으로 떨어졌고, 같은 분기 동안 아이폰 매출은 170억 달러를 넘어섰다.[64]

아이폰이 출시된 지 3년이 지나자, 이번에는 아이패드가 아이폰을 잠식할 제품으로 떠올랐다. 초기 평가는 뜨뜻미지근했지만 아이패드는 애플의 기준으로 봐도 어마어마한 성공을 거뒀다. 첫 달에만 100만 대가 팔려 나갔고, 출시 후 9개월이 지난 2011년 3월까지 1500만 대가 팔렸다.[65] 이 무렵 아이패드가 맥의 판매를 잠식하고 있다는 사실이 분명해졌다. 2011년 7월, 애플의 COO 팀 쿡Tim Cook은 애널리스트들에게 "맥 대신 아이패드를 사기로 결정한 고객들도 있었습니다"라고 말했다. 그러나 쿡은 다음과 같이 낙관적으로 덧붙였다. "윈도 PC 대신 아이패드를 사기로 결정한 고객이 더 많았습니다. 아이패드는 맥보다는 윈도 PC의 판매를 훨씬 더 잠식하고 있지요."[66] 애플은 2011년 4월부터 6월까지 900만 대 이상의 아이패드를 판매한 반면, 맥 노트북은 280만 대가 팔리면서 비교적 저조한 실적을 보였다. 매출을 놓고 보면, 아이패드의 매출은 맥 데스크톱과 노트북의 매출을 합친 것보다 많았다.[67] 잡스는 자기 잠식에 크게 베팅했고, 다시 한 번 성공을 거뒀다.

자기 잠식의 속도를 조절하라

애플에서는 회사가 새로운 제품을 내놓을 때 주로 자기 잠식의 문제가 발생했지만, 인텔에서 자기 잠식은 일상적인 비즈니스였다. 인텔은 자기 잠식이 불가피할 뿐 아니라 빠른 속도로 진행되어야 한다는 생각을 바탕으로 시작된 회사였다. 무어의 법칙은 반도체 성능이 대략 2년마다 두 배가 되리라고 예측했다. 이는 새로운 세대의 제품 안에 이미 노후화 날짜가 박혀 있다는 것을 의미했다. 더욱이 그 날짜가 되기도 전에 치열한 경쟁으로 가격이 급락하곤 했다.

이런 환경에서 살아남고 번영하기 위해서는 노후화 속도를 우연에 맡기기보다는 자기 잠식을 먼저 추진하고 관리하는 법을 배워야한다. 1990년대 초에 그로브의 기술보좌역을 맡았고 훗날 인텔의 CEO가 된 폴 오텔리니는 2000년에 인터뷰에서 다음과 같이 언급했다. "우리는 인텔에게 최고의 비즈니스 모델은 세분화된 시장에서 높은 점유율을 달성하는 것이라고 굳게 믿고 있습니다. 그때는 다른 제품으로 옮겨 가는 일을 관리할 수 있으니까요. 그리고 인텔 비즈니스 모델의 핵심은 자사의 제품 라인을 잠식하는 것입니다."[68] 1993년 SLRP 프레젠테이션에서 그로브는 각각의 새로운 마이크로프로세서가 이전 모델을 잡아먹는 이미지를 보여주며 자신의 철학을 설명했다.

그러나 자기 잠식 원리를 기반으로 하는 회사에서조차 이 과정을 관리하기 위해 사용하는 전략에는 논쟁의 소지가 있었다. 그로브의 가장 혁신적인 조치 가운데 하나, 즉 마이크로프로세서를 브랜드화하겠다는 결정이 바로 그런 경우였다. 1980년대 중반 이전에 마이크로프로세서는 브랜드화된 제품이 아니었다. 그러나 그로브와 그의 전 기술보좌역 데니스 카터Dennis Carter는 286 칩을 밀어내고 후속 제품인 386의 판매를 촉진하려는 목적으로 '레드 X Red X' 캠페인을 시작했다. 인텔은 전국지 신문들에 '286'을 특집으로 다룬 전면 광고를 실었는데, 여기에는 286이라는 글자 위에 X자 모양의

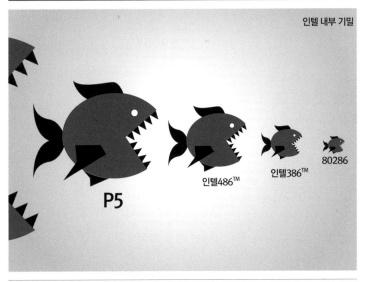

인텔 내부 기밀

80286

인텔386™

인텔486™

P5

출처: 허가를 받아 앤디 그로브의 1993년 인텔 SLRP 프레젠테이션 자료에서 재현(P5는 곧 펜티엄이라는 이름으로 불렸다).

붉은색 스프레이를 뿌린 이미지가 표현되었다. 이 광고 이후에는 "이제 286 시스템의 가격으로 386 시스템의 성능을 얻으세요"라는 문구와 함께 386SX를 선전하는 또 하나의 전면 광고가 이어졌다. 이 광고의 목적은 소비자들이 새로운 386 칩을 장착한 컴퓨터를 원하게 하는 것이었다. 당시 PC 회사들은 대부분 이런 컴퓨터를 아주 천천히 내놓고 있었다.

'레드 X'의 성공은 486과 펜티엄 칩을 홍보하고 더 나아가 '인텔 인사이드' 캠페인으로 회사 자체를 브랜드화하려는 노력으로 확대되었다. 그로브는 인텔 인사이드에 대해 다음과 같이 설명했다.

인텔 인사이드는 업계 사상 최대의 캠페인이었다. 실제로 최고 수준의 소비자 상품 캠페인들과 어깨를 나란히 한다. 인텔 인사이드 캠페인의 목표는 마이크로프로세서가 바로 컴퓨터라는 사실을 컴퓨터 사용자에게 인지시키는 것이었다. …… 우리가 조사한 바에 따르면, 1994년에 우리의 로고는 코카콜라나 나이키 같은 이름과 함께 소비자 상품 분야에서 가장 인지도가 높은 로고였다.[69]

인텔 인사이드는 회사 안에서는 인기가 전혀 없었다. 자기 잠식 자체는 큰 문제가 되지 않았지만, 많은 관리자들과 이사들은 브랜드화를 매우 회의적인 시각으로 바라보았다. 인텔에서 '칩의 수장chip head'은 대개 엔지니어와 과학자들이었고, 이들은 우월한 기술과 위대한 제품이 결국 승리로 이끈다고 믿었다. 그로브는 자신이 휴가를 보내는 동안 카터의 예산에서 브랜드 광고비로 책정해 둔 5000만 달러를 인텔의 회장 고든 무어와 훗날 CEO가 된 크레이그 배럿이 예산에서 제외해 버렸다고 회상했다(격노한 그로브는 이 금액을 다시 광고비로 돌려놓았다).[70] 심지어 1990년대 초에 이 브랜드 캠페인에 탄력이 붙었을 때에도, 인텔의 CFO는 광고를 통해서는 절대 수익이 나지 않을 것이며 엄청난 돈 낭비일 뿐이라고 거듭 주장했다. 반도체는 반도체일 뿐이며, 결국 최저 가격에 최고 품질의 제품이 승리할 것이라는 이야기였다.[71]

그만큼이나 중요한 것은 적지 않은 인텔 고객들(IBM과 컴팩 같은 컴퓨터 기업들)도 이 캠페인에 반대했다는 사실이다. 그들은 "왜 칩을 공급하는 업체가 고객들에게 어떤 PC를 사야 하는지 알려줘 야 하는가?" 하고 물었다. 예컨대 IBM은 자사의 286 컴퓨터를 계속 판매하기를 원했다. IBM은 인텔이 PC 구입자들에게 386 기반 컴퓨터로 업그레이드하라고 권하는 상황을 결코 바라지 않았다. 그리고 386 캠페인으로 혜택을 입은 컴팩조차 '인텔 인사이드'에 등을 돌렸다. 1994년의 업계 콘퍼런스에서 컴팩 CEO 에커드 파이퍼 Eckhard Pfeiffer는 다음과 같이 역설하며 분통을 터트렸다. "저는 인텔에 세 가지 요구 사항을 전달하고 싶습니다. 우리에게 제품과 가격을 강요하지 말라, 우리의 경쟁사가 되지 말라, 그리고 '인텔 인사이드' 를 사용하지 말라는 것입니다."[72] 그러나 그로브는 브랜딩 캠페인 덕분에 고객들이 인텔 칩이 들어간 컴퓨터를 원하게 되리라고 굳게 믿었다. 그리고 그가 옳았다.

추가 손실을
줄여라

○

비즈니스의 기본 환경이 엄청난 변화를 겪고 있을 때,
(기존 경영진은) 과거에 감정적으로 집착하지 않는 외부인의 객관적 판단을
받아들여야 한다.[73]
앤디 그로브(1996)

이제까지 우리는 과감하게 큰 베팅을 하고, 그 베팅을 회사의 위기 감수 능력에 맞춰 조정하는 것이 중요하다는 데 초점을 맞췄다. 그러나 뭔가 잘못되었을 때는 어떻게 해야 할까? 당신의 계획을 틀어지게 하는 새로운 정보가 나타나거나 새로운 기술이 개발되면 어떻게 해야 할까? 위대한 전략가들조차 미래를 예언할 수는 없다. 누구나 실수를 저지른다. 게이츠, 그로브, 잡스도 예외는 아니었다. 그들은 때때로 잘못된 베팅을 하기도 했고, 회사를 휘청거리게 하기도 했다. 그러나 막다른 지경에 이르렀을 때 세 사람은 모두 결단력과 융통성을 발휘해 자신의 실수를 인정하고 추가 손실을 줄였다. 동료들이 증언하듯이 게이츠, 그로브, 잡스는 "지적으로 솔직한" 사람

이었다.[74] 실수를 인정하는 것은 그들에게도 쉬운 일은 아니었을 것이다. 그러나 솔직히 인정하고 방향을 바꾸는 능력은 이들을 다른 평범한 CEO들과 차별화하는 중요한 특성 가운데 하나였다.

실수를 인정하라

앤디 그로브는 CEO로 재직하는 동안 큰 재앙을 맞은 적이 있다. 1994년 추수감사절 직후 어느 수학 교수가 인텔의 새 펜티엄 프로세서에서 오류를 발견했다. 사소한 설계 결함으로, 매우 큰 수가 다른 수로 나뉠 때 반올림 오차가 생겨나는 문제였다. 엔지니어들은 이 반올림 오차가 대략 90억 번의 계산마다 한 번씩 발생한다고 결론 내렸다. 일반적인 스프레드시트 사용자라면 2만 7000년마다 한 번씩 오류를 경험할 것으로 예상되었다. 인텔 임원들은 이 오류가 매우 사소하고 모호하며 발생 가능성이 낮기 때문에 시급한 문제는 아니라고 생각했다. 인텔은 우주왕복선 발사를 프로그래밍하는 경우처럼 매우 민감한 과제를 수행하는 컴퓨터 사용자들에게는 마더보드를 교체해 주고, 그렇지 않은 경우에는 차기 펜티엄 버전에서 이 문제를 고치기로 했다.

그러나 인터넷 토론 게시판에는 이 문제를 다르게 보는 글들이 올라왔다. 분명 오류는 오류이니 인텔은 펜티엄 프로세서가 장착된 컴퓨터를 구입한 모든 사람을 대상으로 이 오류를 고쳐 주어야 한다는 것이었다. 처음에는 CNN이, 그다음에는 미국의 주요 신문이, 그리고 마침내 전 세계 모든 언론이 이 논란을 보도하면서 이 모호한 오류는 뜨거운 쟁점으로 떠올랐을 뿐 아니라 걷잡을 수 없는 홍보상의 재앙으로 변했다. 인텔 이사회와 가진 전화회의에서 그로브는 공식적인 입장을 되풀이했다. 완벽한 전자계산기는 없기 때문에 인텔은 자사의 입장을 고수해야 한다는 것이었다. 그러나 그로브에 따르면, 그때 IBM이 펜티엄 탑재 컴퓨터 출하를 중단하겠다고 발표하면서 인텔에 대한 공격을 강화하자 인텔은 온통 "아수라장이 되었다."[75] 인텔의 최대 고객이 인텔의 최신 제품을 팔지 않겠다고 했기 때문이다. 만약 다른 고객들이 동참한다면 회사가 돌이킬 수 없는 피해를 입을 수도 있었다.

인텔 이사회의 일원이었던 데이비드 요피는 IBM의 발표 직후 그로브와 통화를 시도했다. 그로브의 비서는 CEO가 어떤 전화도 받을 수 없고 응답 전화도 걸 수 없는 상황이라고 말했다. 데이비드는 망연자실했다. '위기가 한창인데 CEO가 이사회와 대화하지 않겠다고?' 위기가 고조되면서 그로브는 가상의 벙커에 숨어들어 거의 누구와도 이야기를 하지 않았다. 그러나 IBM의 발표가 있은 지 닷새가 지나자, 현재 인텔에서 최고마케팅책임자[CMO]로 일하고 있는 데니스 카터가 그로브에게 전화를 걸어 일대일 대화를 나눴다. 카터는 그로브에게 인텔이 지난 5년간 쌓아 온 브랜드 이미지와 소비자 호감도가 모두 무너지고 있다고 말했다. 누가 옳고 그른지는 더 이상 중요하지 않았다. 소비자들은 불매운동으로 저항할 것이다. 진이 빠진 그로브는 마침내 고집을 굽혔다. 사흘 뒤, 그리고 위기가 시작된 지 6개월 만에 인텔은 펜티엄 프로세서 결함에 대한 초기 대응을 사과하고, 펜티엄 소유자들의 마더보드를 전부 교체해 주겠다는 전면 광고를 미국 주요 신문에 실었다.[76]

이 과정에서 4억 7500만 달러를 손실 처리한 것은 그로브에게 더 나은 투자라고 할 만했다. 그가 공개적으로 자신의 실수를 인정했기 때문에 인텔 제품에 대한 소비자의 신뢰는 더욱 두터워졌다. 펜티엄 수요가 바로 폭증했고, 역설적이게도 이 위기 덕분에 오히려 '펜티엄'은 누구나 다 아는 이름이 되었다. 마치 '뉴 코크New Coke'가 출시되었을 때 거센 반발이 일어나 그 이름이 유명해진 상황과 비슷하다. 더 나아가 인텔은 8개월 뒤 출시된 윈도 95에 힘입어 회사 역사상 최고의 해를 맞았다. 위기에서 벗어난 뒤 12개월 동안 매출은 40퍼센트 성장했고, 이익은 56퍼센트 증가했다.

매몰 비용을 손실 처리하라

마이크로소프트 빌 게이츠의 최대 실수는 1993년 또는 1994년에 인터넷의 중요성을 간과한 것이었다. 1995년 그가 인터넷이 막을 수 없는 대세라는 사실을 알아차렸을 때는, 넷스케이프 같은 기업들이 이미 인터넷 소프트웨어 시장에서 확실히 우위를 선점한 뒤였다. 그사이 마이크로소프트는 자사의 온라인 비즈니스인 MSN, 그리고 NBC와의 합작 투자인 MSNBC 같은 콘텐츠 서비스에 어마어마한 금액을 투자했다. 1995년 8월 MSN이 출범하기 전, 게이츠는 MSN을 총지휘하는 러스 지글먼에게 다음과 같이 말했다. "내 최대 관심사는 단기적인 경제적 이익이 아니라 마이크로소프트의 평판에 금이 가지 않게 하는 것입니다."[77] 당시 부사장이었던 스티브 발머는 향후 3년간 MSN과 관련 신규 사업에서 10억 달러의 손실이 발생하리라고 예상했다.[78]

MSN은 사용자들이 이메일, 뉴스그룹, 온라인 대화방뿐 아니라 MSN만의 정보, 엔터테인먼트, 쇼핑 서비스를 제공하는 사설 네트워크에 전화선과 모뎀으로 접속할 수 있게 했다. MSN은 사용자가 인터넷을 이용할 수 있도록 했으나, 이 서비스는 인터넷 프로토콜을 기반으로 구축되어 있지 않았다. 네트워크를 떠받치는 인프라는 x.25로 알려진 오래된 통신 표준에 기반을 두고 있었다. 마이크로소프트는 자사의 다이얼업(전화선과 모뎀을 이용한 인터넷 접속)과 x.25 네트워크에 바탕을 두고 MSN 서비스를 실현하기 위해 전 세계 통신 회사들과의 거래에 아낌없이 비용을 지불했다. 그러나 회사 전략의 진정한 핵심은 마케팅에 있었다. MSN을 윈도 95에 함께 묶음으로써 마이크로소프트는 공짜로 수많은 잠재 고객을 확보할 수 있었다.

안타깝게도 MSN이 출시되었을 때는 이미 시류에 뒤처져 있었다. 독점적 온라인 서비스 형태가 문제를 일으킬 것은 불을 보듯 뻔했다. 컴퓨서브CompuServe와 여러 네트워크는 인터넷이 텍스트 일변도의 빈약한 서비스였으며 특별히 매력적이지도 않을뿐더러 사용하기도 쉽지 않았던 1980년대 말과 1990년대 초에 번성했다. 이 네트워크들은 자발적으로 인터넷을 사용하려는 고객이 거의 없던 시절에 선별된 콘텐츠와 통신 서비스를 쉽게 이용할 수 있게 했다. 그러나 1993년에 그래픽 웹브라우저가 발명되고 무료 온라인 콘텐츠가 확산되면서 인터넷 사용은 급격히 증가했다. 1995년이 되자 인터넷에 접속하는 사람의 수는 1500만 명으로 늘었으며, 그 숫자는 매년 두 배로 늘어날 것으로 예상되었다.[79] 많은 사용자들은 값비싼 비용을 지불하고 독점적인 온라인 콘텐츠를 이용하기보다는 일단 저렴하게 인터넷에 접속한 뒤 다양한 온라인 서비스를 알아서 찾아 즐기는 편을 선호했다.

마이크로소프트는 크게 베팅했지만 이는 잘못된 베팅이었다. 이 정도 규모의 실수를 인정하기란 결코 쉽지 않다. 그러나 1995년 가을에 게이츠는 MSN을 보호하는 것이 잘못된 전략이라는 사실을 알아차렸다. 미래로 나아가는 올바른 방법은 MSN에 들어간 매몰 비용을 털어 내고, 당시 웹브라우저 시장을 장악하기 위한 경쟁이 치열했던 인터넷을 수용하는 것이었다. 지글먼의 회고에 따르면, 독점적인 다이얼업 인프라 구축에 2500만 달러를 들인 뒤 "우리는 그것을 중단했습니다. 빌은 절대 '아, 우린 그걸 지켜야 해. 투자를 많이 했잖아'라고 말하지 않았어요. 그건 마치 '브리티시 텔레콤에게 우리가 그들의 네트워크를 사용하지 않겠다고 해'라고 말하는 것과 같았으니까요. 더 이상 재론의 여지가 없었죠."[80]

마이크로소프트는 고급 멀티미디어 콘텐츠 제작용 도구처럼 MSN을 차별화하도록 설계한 모든 독점 기술을 풀었다. 게이츠는 심지어 브라우저 전쟁에서 승리를 앞당기기 위해 MSN 최후의 잠재적 경쟁 우위, 즉 윈도를 통한 배타적 유통을 포기하기까지 했다. 1996년에는 AOL이 인터넷 익스플로러에 대한 거의 독점적인 홍보 협약을 맺은 대가로, 마이크로소프트는 윈도 데스크톱 위의 가장 탐나는 자리를 AOL에게 제공하기로 했다. 이와 같은 일련의 조치는 곧 성과를 거뒀다. 1995년에 브라우저 시장에서 넷스케이프 내비게이터가 80퍼센트의 점유율을 차지한 데 비해 겨우 3퍼센트밖에 차지하지 못했던 인터넷 익스플로러는 1998년 말에 이르러 시장을 선도하는 제품이 되었다.[81]

빌 게이츠는 마이크로소프트를 덮친 인터넷이라는 파괴적인 힘이 자신들을 집어삼키도록 놓아두지 않았다. 그는 대신 방향을 바꿔 훨씬 더 큰 성공을 향해 기세를 올렸다. 스티브 잡스 역시 고집이 세기로 유명했지만, 개발자들이 아이폰에서 '탈옥'해 애플이 승인하지 않은 소프트웨어를 사용하려 하자 더 큰 힘에 굴복할 때가 왔다는 사실을 깨달았다.

아이폰에 대한 잡스의 초기 비전을 실현하려면 애플이 직접 모든 앱을 만들어야 했다. 당시에는 제3자 애플리케이션들이 네트워크에 바이러스를 심거나 기기 및 사용자 경험을 불안정하게 할 수 있다는 것이 일반적인 통념이었다. 이는 대부분의 소비자들이 받아들일 수 없는 문제였다. 애플 이사회의 아트 레빈슨Art Levinson과 수석

부사장 필 실러Phil Schiller는 플랫폼을 개방하라고 잡스를 다그쳤으나 그는 요지부동이었다. 2007년 1월, 아이폰이 출시되었을 때 잡스는 이렇게 역설했다. "사람들은 자신의 휴대폰이 개방형 플랫폼이기를 원하지 않습니다. 휴대폰이 항상 문제없이 작동되기를 바라지요. 예를 들어 이동통신사 싱귤러Cingular(AT&T)는 일부 애플리케이션의 장애 때문에 자사의 서부 해안 네트워크가 다운되는 상황을 원치 않습니다."[82]

3장에서 논의하겠지만, 플랫폼보다 제품을 더 강조하는 잡스의 철학에 맞춰 초기 아이폰에는 텍스트 메시징, 웹브라우징, 시계, 이메일, 구글 지도를 비롯한 소수의 앱만 들어 있었다. 그러나 개발자들은 곧 승인되지 않은 애플리케이션을 사용하기 위해 아이폰의 소프트웨어를 수정하기 시작했다. 불가피한 상황을 인정한 잡스는 2007년 6월에 제3자 개발자들이 아이폰 앱을 만들 수 있다고 발표했다. 1년 뒤 애플 앱스토어가 문을 열고 애플이 승인한 550여 개의 앱을 처음 선보였다. 3년 뒤에는 2억 명의 사용자들이 150억 회이상 앱을 내려받았다.[83]

만약 잡스가 제3자 애플리케이션을 허용하지 않겠다는 결정을 고수했다면, 아이폰은 작은 틈새시장 제품으로 전락하고 말았을 것이다. 만약 안드로이드, 윈도, 블랙베리 같은 다른 모바일 운영체제가 애플리케이션 시장에서 기선을 잡았다면, 잡스는 스마트폰 산업을 재정립할 기회를 놓쳤을 것이다. 그러나 스마트폰이 갈수록 범용 기기가 되어 가자 애플은 아이폰에서만 돌아가는 100만 개의 애플리케이션으로 경쟁사들과 차별화를 유지할 수 있었다. 잡스는 개방형 플랫폼 모델을 채택하기로 결정함으로써 자신이 한때 단점으로 보았던 요소를 아이폰의 최대 강점으로 바꿔 놓았다.

대가들에게 배우는 교훈

크고 대담한 베팅은 이론상으로는 논의하기 쉽고, 되짚어 보면서 정당화하기는 더욱더 쉽지만, 현실에서 실행하기는 극도로 어렵다. 게임의 판도를 바꾸는 결정을 하려면 자신이 틀렸을지도 모른다는 사실을 알 때에도 과감하게 행동하는 능력이 필요하며, 더 나아가 위험과 불확실함을 견뎌 내는 강인한 인내심이 필요하다. 곁에서 함께 일했던 사람들이 증언하듯이 게이츠, 그로브, 잡스는 모두 이런 특성을 지니고 있었다. 그로브의 기술보좌역에서 인텔 사장으로 승진한 르네 제임스Renée James는 그로브에 대해 다음과 같이 언급했다. "그는 '나는 틀릴 수는 있어도 절대 혼란을 겪지는 않는다'고 말하곤 했습니다. 그는 대부분의 사람들에게 없는 배짱이 있었죠."[84] 에이비 테버니언도 잡스에 대해 비슷하게 말했다. "사람들은 대부분 '아 저런, 난 모르겠어. 이건 좀 위험해'라는 식으로 말하죠. 그러나 스티브는 '자, 우리 해봅시다. 이건 엄청난 일이 될 거예요'라고 말했어요."[85]

큰 베팅을 하는 상황에서도 마찬가지겠지만, 세 CEO가 자신의 비즈니스를 잠식하는 데에는 이런 결단력이 핵심 요소였다. 자신의 비즈니스를 뒤엎기로 결정한다면 속이 뒤틀릴 정도로 고통스럽겠지만, 제대로 실행하기만 한다면 이는 값진 결과를 가져올 수 있는 전략(또는 철학)이다. 마이크로소프트, 인텔, 애플을 최고의 위치에 올려놓은 것은, 기존 매출원을 약화하더라도 새로운 무대에서 승리하겠다는 게이츠의 결심, 자사의 이전 세대 프로세서를 잠식하는 그로브의 결단력, 그리고 결과야 어떻든 차세대 제품에 집중하는 잡스의 태도였다.

그에 못지않게 중요한 것은 게이츠, 그로브, 잡스는 업계 사상 최대의 베팅을 하면서 만약 실패하더라도 회사가 파산의 위험을 피할 수 있는 방법을 찾아냈다는 사실이다. 여기에는 베팅 시기를 조정하거나, 위험을 다각화하거나, 위험을 여러 시기에 걸쳐 넓게 분산하는 방안이 포함된다. 크게 베팅한다고 해서 회사 자체를 걸어서는 안 된다. 최고의 전략가들에게도 뭔가(때로는 전부) 잘못될 가능성은 항상 존재하기 때문이다. 그런 일이 일어난다면 회복하기 어려울 수도 있다. 대부분의 사람들에게는 실패가 더 이상 아무것도 할 수 없는 상태, 또는 과거의 실수를 완강하게 부인하는 상황으로 이어지는 경우가 너무나 많다. 그러나 게이츠, 그로브, 잡스는 추가 손실을 줄이고 미래를 향해 나아가는 일이 중요하다는 사실을 잘 알고 있었다. 그들은 주위 사람들을 가차 없이 비판했지만 자신의 성과에 대해서도 엄격했다. 이러한 지적 솔직함이 그들을 성공으로 이끈 필수 요소였다.

STRATEGY RULES

| 3장 |

FIVE TIMELESS LESSONS FROM
BILL GATES
ANDY GROVE
and STEVE JOBS

제품만 만들지 말고
플랫폼과 생태계를 구축하라

플랫폼 전략은 실제로 선택과 균형에 대한 이해이다. 다시 말해 개별 제품들을 더 강조할 것인가, 아니면 파트너십을 더 강조해 모두를 위한 파이를 키우고 플랫폼 선도 기업과 그 파트너들이 더 독보적이고 지속적인 시장 지위를 누릴 것인가? 이러한 선택지를 살펴볼 때 물어야 할 핵심 질문은 '언제 무엇을 할 것인가'다.

전략은 여러 수준에서 작동한다. 전략은 한 기업의 고유한 가치 명제, 시장에서의 위치, 그리고 경쟁 우위를 정의하는 데서 시작된다. 이것이 전략적 사고의 기본이며, 가장 먼저 익혀야 할 사항이다. 그러나 관리자들은 훨씬 폭넓은 관점에서 생각할 줄 알아야 진정한 전략의 대가가 될 수 있다. 오랫동안 지속될 경쟁 우위를 구축하려면 한 기업의 테두리를 넘어 전 세계로 영향을 미쳐야 한다. 특히 기술 시장에서 위대한 전략가들은 단지 위대한 제품이나 위대한 기업을 만드는 데 만족하지 않는다. 그들의 목표는 산업 전반에 걸친 플랫폼을 구축하는 것이다. 이런 플랫폼은 보완 제품이나 서비스를 혁신적으로 만들어 내면서 이와 관련한 마케팅, 영업, 서비스, 유통에 종사하는 파트너들의 광대한 생태계ecosystem를 구성한다.

우리가 거의 매일 듣는 '플랫폼platform'이라는 단어는 여러 가지 맥락에서 사용된다. 우리는 플랫폼에서 기차를 탄다. 정치가는 선거공약이나 정치적 이상으로 이루어진 강령platform을 내걸고 지지자들에게 호소한다. 기업은 플랫폼을 중심으로 연관된 제품들을 만들어 내는데, 이때 플랫폼은 여러 엔지니어 팀이 기본 인프라를 새로 만들지 않고도 공동으로 사용할 수 있는 구성 요소를 말한다. 좀 더 최근에는 프로그래머들이 마이크로소프트 윈도, 구글 안드로이드, 애플 iOS 같은 소프트웨어 플랫폼을 위한 애플리케이션이나 '앱'을 만들었다는 말도 들을 수 있다. 플랫폼은 공통의 목적을 달성하기 위해 개인이나 그룹을 한데 묶는 역할을 하는데, 이들은 대개 일부 자원을 공동으로 사용한다. 이러한 플랫폼의 정의는 빌 게이츠, 앤디 그로브, 스티브 잡스가 구축한 플랫폼에도 적용된다. 마이크로소프트, 인텔, 애플은 사용자들을 보완 제품이나 서비스를 만드는 기업들과 연결하는 산업 플랫폼industry platform을 확립했다. 그런 보완 제품이나 서비스는 플랫폼을 좀 더 유용하고 가치 있게 만들 수 있다(때로는 이런 일이 엄청난 속도로 일어난다). 그러나 게이츠, 그로브, 잡스는 서로 다른 시기에 서로 다른 관점으로 산업 플랫폼에 대한 이해에 도달했다. 그들의 다양한 접근 방식은 '플랫폼' 위주의 사고와 '제품' 위주의 사고 사이에 어떤 차이가 있고, 이들이 무엇을 우선시하거나 취사 선택하느냐에서 다양한 스펙트럼이 존재한다는 사실을 보여준다.

예컨대 1980년에 IBM의 임원들이 새로운 PC용 운영체제를 만들어 달라고 마이크로소프트를 찾아왔을 때, 빌 게이츠는 바로 "플랫폼이 먼저이고, 제품은 그다음"이라는 생각을 했다. 그는 도스나 윈도를 다른 기업에 판매할 수 있는 권한을 계속 가지고 있었다. 그 운영체제는 여러 하드웨어 기업들이 개인용 컴퓨터를 만들고 마이크로소프트와 기타 소프트웨어 기업들이 보완 애플리케이션을 만드는 데 토대가 되었다.

반면 앤디 그로브는 이로부터 10년이 더 지난 뒤에야 산업 플랫폼의 중요성과 인텔의 주요 제품인 마이크로프로세서의 역할을 완전히 이해했다.

스티브 잡스는 1978년의 애플 II, 1984년의 맥, 그리고 2007년의 아이폰에 이르기까지 언제나 '제품이 먼저이고, 플랫폼은 그다음이다'라고 생각하는 듯했다. 우리는 잡스가 산업 플랫폼의 힘을 이해하고 있었다는 사실을 잘 안다. 실제로 그는 외부 소프트웨어 회사들, 그리고 자신을 도와줄 다른 기업들과의 협력 관계를 구축했다. 또한 애플에게는 보는 사람마다 최상의 제품이라고 감탄하는 매킨토시가 있었지만, 잡스는 컴퓨팅 업계에서 지배적 위치를 확보한 마이크로소프트와 싸우느라 여러 해를 보냈다.

그러나 잡스는 생태계 파트너들과 협력 관계를 구축하는 일이 제품 디자인과 사용자 경험을 엄격하게 제어하는 일보다 더 중요하다고 여기지는 않았다. 마이크로소프트를 비롯한 다른 기업들의 소프트웨어와 서비스에 대한 애플 제품의 의존도는 점점 커져 갔지만, 잡스는 여전히 플랫폼에 시큰둥한 반응을 보였다. 결과적으로 도스-윈도 생태계를 구축한 마이크로소프트, 그리고 훗날 안드로이드 생태계를 구축한 구글이 개인용 컴퓨터와 스마트폰 시장에서 애플을 앞질렀고, 태블릿 시장에서는 애플의 높은 시장점유율을 잠식해 들어갔다.

이 장에서는 게이츠, 그로브, 잡스가 개별 제품이 아닌 산업 플랫폼을 만들어 낼 때 발생하는 문제점을 해결하기 위해 어떤 노력을 기울였는지 살펴본다. 그들이 어떻게 이 선택의 어려움을 극복했으며, 자사의 플랫폼을 널리 퍼뜨리고 업계 파트너십을 구축하기 위해 어떤 일을 했는지를 집중적으로 알아보려 한다. 세 CEO는 각각 독특한 방식으로 플랫폼 전략에 접근했다. 그리고 다음의 네 가지 원칙은 그들 모두가 해결해야 했던 문제들을 잘 보여준다.

제품만 만들지 말고
플랫폼과 생태계를 구축하라

1 제품만 생각하지 말고 플랫폼을 생각하라.

2 플랫폼만 생각하지 말고 생태계를 생각하라.

3 자사의 보완 제품을 직접 만들어라.

4 보다 나은 새 플랫폼을 만들어라.

산업 플랫폼의
위력

마이클 쿠수마노와 애너벨 가우어Annabelle Gawer는 2002년에 출간된 《플랫폼 리더십Platform Leadership》과 그 밖의 수많은 글에서 산업 플랫폼은 보완적 혁신과 네트워크 효과(네트워크 외부성이라고도 한다)의 위력 때문에 개별 제품이나 기업 플랫폼company platform보다 훨씬 더 가치 있고 오래 지속된다고 주장했다.[1] 플랫폼 시장에서 이런 개념들은 복합적으로 작용한다. 예를 들어, 한 제품의 사용자 수가 늘어나면서 가치가 증가할 때는 간단한 네트워크 효과가 발생하는 것이다. 통신 수단으로 쓰이는 전화, 또는 소셜 미디어 공유 사이트인 페이스북을 생각해 보라. 사용자 한 명으로는 큰 의미가 없지만 두 명이 사용하면 더 유용한 수단이 되며, 그 이상으로 늘어나면 더 큰 효과를 불러온다. 이제 다른 기업들이 수백, 수천, 아니 수백만의 보완 제품과 서비스를 만들어 낸다면 이 플랫폼이 얼마나 더 매력과 가치를 지니게 될지 생각해 보라.

플랫폼의 유형에 따라 이 외부의 혁신은 전화 시스템을 더욱 쓸모 있게 만들어 주는 팩스 기기에서부터 페이스북 사용자들이 사진과 음악을 공유하고 친구들과 게임을 즐길 수 있도록 해주는 소프트웨어 애플리케이션에 이르기까지 다양하다. 보완 제품의 수가 늘어나면서 플랫폼은 점점 더 유용해지고, 더 많은 사용자들이 모여든다. 그리고 사용자가 늘어나면 보완적 혁신을 만들어 내는 기업들, 그리고 광고회사와 서비스 제공 업체 같은 관련 기업도 더 많이 모여든다. 극단적인 경우, 네트워크 효과가 강력한 산업에서는 한 회사가 시장의 대부분을 차지하는 이른바 '승자독식' 현상이 나타나는 것으로 알려졌다.[2]

여기서 우리는 산업 플랫폼, 보완적 혁신, 네트워크 효과를 관리하는 것을 마치 새로운 것인 양 논하고 있지만 실제로는 매우 오래된 현상이다. 19세기에 미국과 유럽의 대형 철도회사들은 철도 궤도 시스템을 구축하고 다른 기업들에게 공통의 궤간軌間 표준을 채택하라고 설득할 때 네트워크 효과(말 그대로, 그리고 비유적인 의미에서)를 고려해야 했다. 예를 들어, 뉴욕에서 필라델피아까지만 가설된 철도 네트워크는 다른 철도 네트워크에 연결될 때 훨씬 가치가 높아졌다.

전화회사도 마찬가지다. 지역 전화 시스템의 가치는 제한적이었지만, 전국으로 그리고 전 세계로 연결된 네트워크는 훨씬 더 가치 있고 유용해졌다. 물론 수익성도 더 좋아졌다.

전력망에도 플랫폼 개념과 네트워크 효과가 수반되었다. 1800년 대 말과 1900년대 초에 제너럴일렉트릭General Electric, GE은 교류AC 기술을 가정과 기업에 에너지를 전송하기 위한 전국적 플랫폼으로 만들기 위해, 산업 표준을 정립하고 여러 기업과 지방자치단체의 합의를 얻어내야 했다. 마찬가지로 전화번호부, 쇼핑몰, 신용카드는 인터넷 검색엔진, 그리고 쇼핑을 도와주는 전자상거래 사이트가 나오기 오래 전부터 구매자와 판매자를 연결하는 역할을 했다.

존 던John Donne(16~17세기 영국의 시인, 성직자—옮긴이)이 남긴 유명한 말이 있다. "어느 누구도 홀로 떨어진 섬이 아니다. 모든 사람은 대륙의 한 조각이며 전체의 일부다."3 기업에 대해서도 똑같이 말할 수 있다. 이 책의 사례들에서 볼 수 있듯이, 이는 언제나 사실이다.

제품과 서비스가 갈수록 복잡해지고 서로 연결되면서 한 기업의 범위를 넘어선 영역을 관리하는 일이 점점 더 중요해졌다. 세 CEO 는 외부 파트너들과 협력 관계를 맺는 편이 스스로 모든 혁신을 추구하는 것(이는 분명 불가능한 일이다)보다 낫다는 사실을 서로 다른 시기에 저마다의 방식으로 깨달았다.

이러한 전략에서 생겨난 산업 플랫폼과 생태계는 매우 강력한 네트워크 효과를 불러오고, 전 세계 혁신자 커뮤니티를 활성화했다. 마이크로소프트, 인텔, 애플은 플랫폼과 생태계 위주의 사고를 통해 경쟁에서 우위를 차지했을 뿐 아니라 놀라운 경제적 이익을 얻을 수 있었다. 이들이 이룩한 혁신은 우리가 살아가고 일하고 소통하는 방식을 영구히 바꿔 놓았다.

○

제품만 생각하지 말고
플랫폼을 생각하라

○

우리는 네트워크 외부성에서 기회를 찾고 있습니다.
여기서는 공통의 표준을 따르는 대다수 소비자들에게 이익이 돌아가죠. ……
마이크로소프트 비즈니스의 핵심은 우리의 소프트웨어 기술을 통해 발생할
다양한 매출원을 이용해서 지속적인 수익을 창출하는 것입니다.[4]

빌 게이츠(1994)

빌 게이츠는 진정한 선지자가 아니라는 비판을 자주 받았다. 실제로 마이크로소프트는 획기적인 제품을 만들어 내는 기업이라기보다는 주로 '재빠른 추격자fast follower'였다. 그러나 게이츠는 개인용 컴퓨터와 소프트웨어의 중요성뿐 아니라 산업 플랫폼, 보완적 혁신, 네트워크 효과를 확실히 대중보다 앞서 이해했다. 1990년대 말에 인터넷 열풍이 일기 전까지는, 심지어 첨단기술 업계에서도 산업 플랫폼이라는 개념은 결코 흔히 쓰이지 않았다. 그러나 게이츠는 앞서 인용한 1994년의 인터뷰에서, 그리고 10여 년 전에 도스와 관련해 추구했던 전략을 통해 자신이 플랫폼과 네트워크 효과를 어떻게 이해하고 있는지를 드러냈다.

제품보다 플랫폼을 우선하라

마이크로소프트가 어떻게 도스를 IBM에 공급하게 되었는지는 이미 잘 알려져 있다. 1980년 7월, IBM 임원들은 자사의 PC에 탑재할 새 운영체제를 구하기 위해 게이츠를 방문했다. 개발 중인 운영체제가 없었던 게이츠는 난색을 보이면서 디지털 리서치Digital Research의 CEO인 게리 킬달Gary Kildall을 만나 보라고 제안했다. 그러나 킬달은 이 비즈니스에 큰 매력을 느끼지 못했고, IBM은 다시 게이츠를 찾았다. 내부 논쟁을 거친 뒤 게이츠는 IBM과 거래를 하기로 결정했다. 게이츠와 그의 엔지니어들은 7만 5000달러를 주고 시애틀의 작은 회사에서 초보적인 수준의 운영체제를 사들여 IBM PC에 적합하도록 수정했다. 그리고 마이크로소프트는 30년이 넘도록 PC 소프트웨어 플랫폼 시장을 장악했다.[5]

많은 사람들은 마이크로소프트가 운이 좋았다고 말하곤 한다. 사실 IBM이 게이츠를 두 번이나 찾아온 것은 마이크로소프트에 뜻밖의 행운이기는 했다. 그러나 게이츠에게도 눈앞의 기회를 놓치지 않을 만큼 명확한 비전이 있었다. 더욱이 그는 IBM과의 거래를 단순히 '제품 디자인윈design win(자사의 제품이나 부품이 다른 회사의 더 큰 제품 설계안에 채택되는 것―옮긴이)'이 아닌, 산업 플랫폼을 구축할 절호의 기회로 파악하는 선견지명이 있었다. 단기적으로 보면 게이츠는 큰 금액을 일시불로 받고 도스를 팔아 버리거나, IBM PC에 들어가는 모든 도스 프로그램마다 로열티를 지불하라고 요구함으로써 마이크로소프트의 매출과 이익을 극대화할 수 있었을 것이다.

그러나 그는 훨씬 폭넓은 관점에서 생각했다. 게이츠는 IBM의 메인프레임과 관련해 이와 호환되는 컴퓨터를 만드는 '호환 기종' 비즈니스가 생겨났다는 사실을 알고 있었으며, IBM의 개인용 컴퓨터와 관련해서도 이런 현상이 일어날 수 있다고 믿었다. 그가 만약 PC 호환 기종 제작사들에 도스를 판매할 수 있는 권한을 유지한다면, 마이크로소프트는 IBM 제품의 일개 구성 요소가 아니라 이 새로운 산업 전체의 토대가 되는 필수 요소를 보유하는 셈이 될 것이다. 이런 목표를 염두에 둔 게이츠는 (거의 혼자서) IBM이 다음과 같은 계약 조건에 합의하게끔 했다.[6]

1. 마이크로소프트는 대중 시장용 도스를 개발하고, 새로운 IBM PC에 묶어 판매할 일부 프로그래밍 언어와 소규모 애플리케이션들을 제공하는 대가로 IBM으로부터 소액의 돈 (약 5만 달러)을 지급받기로 했다.

2. 마이크로소프트는 PC 호환 기종 제조사가 될 다른 기업들에 도스의 라이선스를 줄 수 있는 권리를 유지했다. 이 권리는 마이크로소프트가 IBM을 넘어 비즈니스를 확대하는 과정에서 결정적으로 중요한 역할을 했다.

3. IBM은 도스를 사용하는 대가로 어떤 로열티도 지불하지 않기로 했다. IBM은 IBM PC에 묶여 판매되는 도스의 경우

PC-도스^{PC-DOS}라고 이름을 바꿔 달았다.

IBM 임원들은 아마도 꽤 좋은 거래 조건이라고 생각했을 것이다. IBM은 언제나 하드웨어 판매로 대부분의 수익을 올렸는데, 만약 자사 PC의 운영체제에 로열티를 지불할 필요가 없다면 훨씬 큰 수익을 올릴 수 있기 때문이다. 더욱이 IBM 임원들은 다른 기업들이 도스를 들고 시장에 뛰어들지는 않으리라고 예상했다. IBM은 운영체제가 하드웨어 부품과 통신할 수 있도록 하는 특별한 칩을 만들었는데, 이 IBM 칩이 없으면 PC는 작동하지 않기 때문이다. 그러나 1982년에 마이크로소프트는 컴팩을 필두로 여러 기업이 이 칩을 역설계하고 PC를 만들어 여기에 도스를 올릴 수 있도록 도움을 주었다.[7] 이 운영체제의 복제 버전을 사용하는 'IBM 호환 기종들'은 도스와 윈도를 명실상부 개인용 컴퓨팅을 위한 산업 소프트웨어 플랫폼으로 변모시켰다.

호환성이 성능을 이긴다

마이크로소프트가 그러했듯이 인텔도 최초의 IBM PC가 탄생하는 과정에서 중심적인 역할을 했다. 이 컴퓨터는 인텔의 8088 마이크로프로세서를 기반으로 만들어졌기 때문이다. 그러나 당시 인텔 임원들은 IBM과의 거래를 이용해 자체적인 산업 플랫폼을 만들 수 있다는 사실은 알지 못했다. 빌 게이츠와 달리, 인텔의 CEO 고든 무어와 당시 사장이었던 앤디 그로브는 IBM과의 계약을 중요하기는 하지만 대단하지는 않은 제품 영업 정도로 간주했다. 무어는 1999년에 다음과 같이 언급했다. "IBM과 맺는 디자인원이야 모두 큰 거래이지만, 나는 그것이 다른 거래보다 더 중요하다는 사실을 알아차리지 못했다. 더욱이 다른 누군가가 이를 알아차렸을 거라고는 생각지도 못했다."[8]

당시 무어와 그로브는 획기적인 제품을 개발하는 데 집중하고 있었다. 인텔은 1968년에 설립된 이후 세계 최초의 메모리 칩(DRAM, SRAM, EPROM)부터 최초의 마이크로프로세서 및 마이크로컨트롤러에 이르기까지 여러 혁신을 이루어 왔다. 인텔은 또한 고객들이 그들의 제품에 인텔 칩을 적용하도록 도움을 주기 위해서 보완 소프트웨어와 하드웨어를 개발하기도 했다. 그러나 인텔의 목표는 제품을 계속 판매하고 공장을 완전 가동하는 것이었다. 무어와 그로브는 자사의 마이크로프로세서를 중심으로 제3자 생태계를 구축하면, 인텔이나 인텔의 고객들이 자체적으로 만들어 낼 수 있는 개인용 컴퓨터 수요보다 훨씬 폭발적인 규모로 수요가 늘어날 것이라는 생각은 아직 하지 못했다.

IBM과 거래를 시작하고 10년이 더 지난 뒤에야, 그로브는 인텔이 자사 제품을 PC 플랫폼의 필수적인 부분으로 만들어 글로벌 최강 기업이 될 수 있다는 사실을 깨달았다. 그 전환점은 1990년 무렵에 찾아왔다. 이때는 그로브가 인텔의 핵심 비즈니스인 x86 마이크로프로세서 제품군의 미래와 관련해 중요한 결정을 해야 했던 시기였다. 1980년 이후로 인텔은 8088에 뒤이어 286, 386, 486 칩을 출시했다. 각각의 칩은 그 이전 제품보다 강력했다. 이 칩들은 아키텍처가 동일했기 때문에 '역호환'도 가능했다. 다시 말해 각각의 새로운 칩은 도스, 윈도, 그리고 이 두 운영체제용으로 만들어진 모든 애플리케이션을 포함해 이전 세대의 칩이 지원하는 소프트웨어를 구동할 수 있었다.

그렇지만 1980년대 말에 x86 아키텍처는 도전에 직면했다. 이 제품은 '복합 명령 집합 컴퓨팅complex instruction-set computing', 줄여서 CISC로 알려진 방식으로 설계되었다. IBM은 10년 전에 이미 '축소 명령 집합 컴퓨팅reduced instruction-set computing', 줄여서 RISC라고 불리는 새로운 경쟁 기술을 개발해 놓은 상태였다. RISC 칩은 더 빠르고 저렴한 비용에 설계하고 제조할 수 있다는 평가를 받았다.

인텔 내에서는 특별 프로젝트 팀이 i860이라는 이름의 RISC 프로세서를 설계한 적이 있었다. 이 제품은 전문 비평가들에게 동급 최강이라는 평가를 받았다. 인텔이 1989년에 i860 칩을 출시한다고 발표하자 새로운 고객들이 문을 두드리기 시작했다. 그러나 1990년에 앤디 그로브가 데이비드 요피와 따로 긴 대화를 나누며 밝혔듯이, 그는 이 상황에 어떻게 대처해야 할지 갈피를 잡지 못했다. 회사의 자체 기술진, 최대 고객들, 그리고 많은 파트너들은 인텔이 RISC를 수용하기를 원했다. 그러나 x86을 중심으로 한 인텔의 현 로드맵이 막 탄력을 받고 있었기 때문에, 만일 RISC를 채택한다면 '두 마리 경주마'를 놓고 회사 자원을 쪼개어 할당해야 하는 상황이었다.

당시 그로브는 스탠퍼드 경영대학원의 강연에서 자신의 딜레마를 이야기했다. "제게는 세 가지 선택지가 있습니다. (소프트웨어 개발자들에게) 우리가 x86에 크게 의존하고 있으며, x86은 영원할 거라고 말할 수 있습니다. 또는 RISC가 중요하며, 인텔은 RISC 분야에서 최고 기업이 되려 한다고 말할 수도 있습니다. 아니면 우리가 CISC와 RISC 모두를 지원할 것이며, 판단은 시장에 맡기겠다고 말할 수도 있습니다."[9]

웬만한 CEO라면 세 번째, 즉 시장에 결정을 맡기는 쪽을 선택했을 것이다. 또 어떤 CEO들은 두 번째, 즉 '최고의' 기술을 따라갔을지 모른다. 그러나 1년 이상 내부 토론을 거친 뒤, 그로브는 x86 사업에 매진하고 RISC는 포기하기로 결정했다. 일부 직원들은 인텔이 RISC의 일부 기능을 x86 설계에 포함하면 RISC와 기술 격차를 점차 줄여 나갈 수 있다고 주장했다(4장에서 보겠지만, 인텔은 실제로 그렇게 했다).

그러나 그에 못지않게 중요한 것은, 이전 세대 인텔 칩과 호환성을 유지할 필요가 있는지를 그로브가 잘 따져 봐야 한다는 사실이었다. 만약 인텔이 모든 자원을 RISC에 쏟는다면, 시장은 RISC로 완전히 기울거나 RISC와 CISC로 나뉠 것이다. 많은 소프트웨어 개발자들은 그들의 프로그램이 새로운 RISC 기반 PC에서 돌아가지 않기 때문에 결국 궁지에 몰리게 될 것이고, 수많은 PC 사용자들도 같은 곤경에 빠질 상황이었다.

당시 마케팅을 총괄했던 데니스 카터는 인텔이 이런 식으로 소비자들을 버릴지 모른다는 사실에 거의 '히스테리'를 일으켰다. 특히 386 칩을 홍보한 '레드 X' 캠페인을 필두로 자사 브랜드에 대규모 투자를 시작한 이후에 그 반응은 더욱 심해졌다.[10] 인텔의 아키텍처 리서치 랩architectural research lab을 이끌었던 크레이그 키니Craig Kinnie, 그리고 80486 프로젝트의 젊은 관리자였던 팻 겔싱어 또한 RISC의 기술적 장점이 심하게 과장되었다고 주장하면서 RISC 전략을 거부했다. 훗날 겔싱어가 이때를 되돌아보며 말했듯이, 그와 키니는 "결국 호환성이 승리를 거둘 것이라고 단언했다."[11]

1990년대에 인텔의 시스템 비즈니스를 총괄했던 프랭크 길은 이때의 논쟁을 떠올리면서, RISC를 거부한 것은 아마도 그로브가 내렸던 가장 용기 있는 결정이었을 것이라고 결론 내렸다. 전문가들은 RISC가 바로 미래라고 이구동성으로 말했지만 그로브는 다른 길을 택했다.

이에 대해 길은 다음과 같이 회고했다. "앤디는 우리가 RISC 사업을 하지 않을 거라고 말했습니다. 그는 컴퓨터 설계자도, 소프트웨어 엔지니어도 아니었지만, 무엇이 우리에게 최상의 길인지를 직관적으로 알고 있었어요. 그에게는 모든 사람에게 반대할 용기가 있었죠."[12]

그로브는 당시를 회상하면서 그 결정의 바탕이 되었던 용기를 떠올리기보다는 돌이켜 볼 때 그것이 얼마나 명백한 결정이었는지를 강조했다. "어떻게 당시 엄청난 성장 잠재력을 지녔던 우리의 전통적 기술을 버린다는 생각을 할 수 있었을까요?"[13] 그로브는 이때를 되돌아보면서, 인텔이 만약 RISC를 채택했다면 그 후 1990년대 내내 지속된 엄청난 성공을 놓쳤을 것이라고 말했다.

그로브는 뛰어난 차세대 기술을 따라가야 한다는 함정을 피함으로써, 제품 전략이 아닌 플랫폼을 지지하는 데 결정적인 한 표를 던졌다. 이와 같은 조치는 장기적으로 제품의 호환성을 유지하는 것이 플랫폼의 핵심적인 부분이며, 그 플랫폼을 전체 산업에서 매우 가치 있게 만드는 방법이라는 사실을 그가 마침내 이해했음을 보여주었다. 향후에는 그런 호환성을 유지해 나가고 더 광범위한 PC 생태계 구축을 위해 '파이를 키우는' 작업이 인텔의 전략과 비즈니스 모델의 초석이 되었다.

대중 시장으로 나아가라

———

앤디 그로브는 빌 게이츠보다 10년이 더 지난 뒤에야 인텔이 개별 제품뿐 아니라 산업 플랫폼 구축에도 집중해야 한다는 결론을 내렸다. 스티브 잡스는 20년 이상 걸렸다. 이는 그렇게 놀랄 일이 아니다. 잡스는 전형적으로 제품을 중시하는 사람이었다. 그는 고객을 얻는 최선의 방법은 위대한 제품을 만드는 것이며, 위대한 제품을 만드는 최선의 방법은 제품의 디자인과 성능을 완벽하게 통제하는 것이라고 믿었다. 잡스는 애플의 자급자족을 자랑스러워했다. 그는 다음과 같이 설명했다. "우리는 하드웨어에서부터 소프트웨어, 운영체제까지 모든 부분을 보유한 유일한 기업입니다. 우리는 사용자 경험에 전적으로 책임을 질 수 있습니다. 우리는 다른 기업들이 못하는 일을 할 수 있습니다."[14] 그는 이러한 지배력을 조금이라도 포기하면 형편없는 제품이 나오게 된다고 주장했다.

> 만약 당신이 위대한 제품을 만들어 내는 데 엄청난 열정이 있다면, 당신의 하드웨어와 소프트웨어, 그리고 콘텐츠 관리 기능을 한데 묶는, 통합된 제품을 만들어야 합니다. 새로운 지평을 열기 위해서는 모든 것을 스스로 해야 하죠. 만약 당신의 제품이 다른 하드웨어나 소프트웨어에 개방되도록 허용하고자 한다면 비전 가운데 일부를 포기해야 합니다.[15]

역설적이게도 애플 제품의 성공은 항상 제3자 개발자들이 만든 소프트웨어 덕분이었다. 애플 II의 경우 비지캘크VisiCalc라는 '킬러 앱killer app(등장하자마자 다른 경쟁 제품을 몰아내고 시장을 완전히 재편할 정도로 인기를 누리는 소프트웨어—옮긴이)', 즉 소프트웨어 아츠Software Arts 사가 개발한 최초의 스프레드시트가 나온 뒤에야 판매가 치솟았다. 그리고 만약 마이크로소프트와 어도비를 비롯한 몇몇 기업이 워드프로세싱, 스프레드시트, 탁상출판용 핵심 애플리케이션을 제공하지 않았다면, 매킨토시는 (소니의 베타맥스Betamax VCR처럼)

시장에서 사라졌을지도 모른다.[16]

그럼에도 애플은 매킨토시를 광범위한 산업 플랫폼으로 밀기 위한 조치를 거의 취하지 않았다. 잡스는 애플 운영체제의 라이선스를 다른 하드웨어 제조사에 주지 않았고, PC 운영체제보다 두 배가량 높은 가격을 유지했다. 맥은 고가 정책 탓에 PC보다 판매량이 적었으며, 이는 결국 매킨토시 애플리케이션을 만드는 데 투자하는 개발자도 더 적다는 것을 의미했다. 이런 과정을 거쳐 1990년대에 개인용 컴퓨터 시장에서 애플의 점유율은 한자리수 초반대로 떨어진 반면, 윈도 소프트웨어와 인텔 하드웨어에 기반을 둔 PC 판매량은 급증했다. 매킨토시가 간신히 명맥을 유지할 수 있었던 이유는 주로 학교와 탁상출판 분야에서 소수의 충성스러운 핵심 사용자 그룹을 보유했기 때문이다.

잡스는 두 번째 회사인 넥스트 컴퓨터를 운영할 때도 '플랫폼보다 제품'이라는 사고방식을 그대로 지니고 있었다. 데이비드 요피는 1990년대 초반에 잡스, 그로브와 저녁 식사를 함께 하면서 이 사실을 알게 되었다. 잡스는 식사 도중 다음과 같이 질문했다. "저는 우리 회사의 운영체제를 별도로 판매하려고 합니다. 적절한 가격이 얼마라고 보시나요?" 데이비드는 잠시 생각해 본 뒤 이렇게 대답했다. "도스는 약 15달러의 가격에 다른 컴퓨터 회사에 판매되고 있고, 여기에 대략 15달러를 추가하면 윈도를 구매할 수 있습니다. 따라서 넥스트가 널리 채택되어 중요 플랫폼이 되려면 25달러에서 35달러 정도에 팔려야겠죠."

잡스는 이 가격이 말도 안 된다고 생각했다. 그는 넥스트의 OS가 윈도보다 훨씬 뛰어나기 때문에 라이선스당 500달러 또는 700달러까지 받아야 한다고 생각했다. 물론 데이비드는 이 논쟁에서 잡스를 이길 수 없었지만, 몇 년 뒤 잡스는 회사를 애플에 매각했고 넥스트는 사실상 끝난 것이나 다름없었다.

이 무렵 잡스는 전략적 사고라는 측면에서 더욱 성숙해졌다. 이런 변화를 가장 극적으로 보여주는 사례로는, 애플의 매력적인 신제품인 아이팟에 대해 플랫폼 전략을 추구하기로 결정 났을 때 그가 결국 묵인했던(비록 '발로 차고 소리 지르기는' 했지만) 일을 들 수 있다. 2001년에 출시된 초창기 아이팟은 매끈한 디자인과 대용량 메모리, 사용의 편리성으로 극찬받았다. 그러나 정작 판매는 부진했는데, 그 이유는 파일을 내려받고 변환·정리하여 아이팟으로 옮기는 데 사용되는 소프트웨어인 아이튠즈가 오직 매킨토시 컴퓨터에서만 작동되었기 때문이다. 진정한 대중 시장(윈도 기반의 컴퓨터를 소유한 95퍼센트의 개인용 컴퓨터 사용자들)을 무시하겠다는 것은 그야말로 잡스다운 결정이었다.

잡스는 아이팟이 정말로 위대한 제품이기 때문에 윈도 사용자들이 매킨토시를 사용하지 않고는 못 배길 것이라고 믿었다. 그는 또한 애플이 사용자 경험의 모든 측면을 계속 지배할 수 있도록, 아이팟이 매킨토시 플랫폼과 생태계에 연결되어 애플 '디지털 허브'의 일부가 되기를 원했다. 그는 이 전략이 처음에는 통했다고 말했다. 잡스는 다음과 같이 주장했다. "맥을 통해서만 아이팟을 사용할 수 있게 만든 조치 덕분에 …… 아이팟이 출시되고 몇 달 동안 맥의 판매는 우리의 예상을 훨씬 뛰어넘었습니다."[17] 그러나 회사의 다른 임원들은 잡스만큼 낙관적이지 않았다. 애플은 2001년 연말 세일 기간에 12만 5000대의 아이팟을 팔았지만, 그다음 두 분기의 판매 실적은 모두 6만 대 이하로 내려앉았다.[18]

잡스는 아이팟을 윈도 PC와 호환시키지 않겠다고 계속 고집했고, 이 때문에 모든 고위 임원들과 대립해야 했다. 애플의 전 CEO 프레드 앤더슨은 고위 경영진이 "아이팟을 더 넓은 세계에 개방"하길 원했으나 잡스는 "저는 그러고 싶지 않습니다"라고 말했다고 회고했다.[19] 언젠가 잡스는 "내 눈에 흙이 들어가기 전에는" 윈도 사용자들이 아이팟을 이용하지 못할 것이라고 선언했다고 한다.[20]

애플의 수석 엔지니어링 임원이었던 존 루빈스타인은 다음과 같이 언급했다. "스티브는 PC를 위한 일은 아무것도 하지 않았습니다. PC는 적이었으니까요. …… 스티브는 '아니, 아니, 우리는 그렇게 하지 않을 거야. 이건 디지털 허브 전략이야'라고 말했지요." 그러나 잡스의 경영진은 마침내 그의 고집을 꺾었다. 또 한 차례 격렬한 논쟁을 벌인 뒤, 그는 회의실에 모인 관리자들에게 욕설을 퍼붓고 "맘대로 해! 전부 당신들 책임이니까!"라고 외치면서 밖으로 뛰쳐나갔다.[21]

잡스의 말을 그대로 옮기면, 애플 엔지니어들은 오리지널 아이팟이 출시되고 거의 1년이 지난 2002년 9월에 윈도와 호환되는 아이팟을 내놓았다. 이 아이팟의 초기 판매가 부진했던 이유는 주로 아이튠즈보다 기능이 크게 떨어지는 뮤직매치MusicMatch라는 제3자 프로그램을 사용했기 때문이다. 잡스는 아이팟만 아니라면 아이튠 즈를 매킨토시 사용자들만 쓸 수 있도록 하고 싶었지만, 윈도 아이 팟이 실패하는 바람에 결국 플랫폼 전략으로 방향을 전환하게 되었 다. 그는 만약 애플이 계속 아이팟의 2류 버전만을 윈도 진영에 공 급한다면, 아이팟은 절대 성공을 거두지 못하리라는 사실을 깨달 았다. 게다가 최고의 제품인 아이팟조차 수년간 하락세를 이어 가 던 매킨토시의 시장점유율을 5퍼센트 이상으로 끌어올리기에는 역 부족이었다. 소비자들은 아이팟을 최대한도로 활용하기 위해 윈도 PC를 버리고 맥을 사려고 하지는 않았다. 그러나 이들이 자신의 윈 도 PC와 함께 사용할 목적으로 아이팟을 구입한다면, 애플은 음악 과 그 밖의 디지털 미디어를 위한 새로운 글로벌 플랫폼을 보유하 게 될 것이다.

현실을 인정한 잡스는 윈도용 아이튠즈를 만드는 프로젝트를 승 인했다. 그는 특유의 신중한 태도를 보이며 이를 "역대 최고의 윈도 앱"이라고 설명했다.[22] 2003년 10월에 윈도용 아이튠즈를 출시하 면서 애플의 운명은 완전히 바뀌었다. 어마어마한 시장에 발을 들 여놓자 아이팟 판매는 폭발적으로 증가했다. 출시 후 18개월이 된 2003년 6월까지 애플은 100만 대의 아이팟을 판매했다. 물론 대단 한 숫자였지만 여전히 틈새시장 비즈니스에 불과했다. 2003년 6월 에서 2005년 말 사이에는 1200만 대가 팔렸다.[23] 그리고 2007년 말까지 애플은 약 1억 대의 아이팟을 판매했다. 이때는 매킨토시의

총 설치 대수가 이 숫자의 약 4분의 1에 머물던 시기였다.[24]

잡스와 플랫폼 전략

윈도 사용자들을 목표로 삼겠다는 결정은 2004년부터 2011년까지 애플의 폭발적 성장을 이끈 주요 원동력이었다. 그러나 스티브 잡스는 결코 산업 플랫폼 전략으로 완전히 기울지 않았다. 그는 본능적으로 계속 플랫폼보다 제품을 우선시했다. 물론 이런 접근 방식에는 나름대로 논리가 있었다.

잡스는 직원들이 새로운 시장에 최적화된 기기를 만들도록 독려했다. 만일 기존 애플 플랫폼과의 호환성을 희생해서 더 나은 제품을 만들어 낼 수 있다면, 잡스로서는 충분히 받아들일 만한 선택이었다. 우수한 디자인과 성능은 늘 애플 제품 라인의 특징이었기 때문이다.

잡스의 전략 덕분에 아이폰과 아이패드는 어마어마한 매출과 이익을 창출하는 제품이 되었지만, 광범위한 산업 플랫폼으로서는 그다지 성공적이지 않았다. 대중 시장 플랫폼이 점점 많은 수의 사용자와 보완 기업을 끌어들이고 이를 통해 중요한 네트워크 효과를 만들어 내려면, 고객들이 저렴한 가격에 쉽게 이용할 수 있어야 한다. 더욱이 성공한 산업 플랫폼은 대부분 비교적 '개방적'이고 '모듈식modular'으로 되어 있어서, 보완 제품이나 서비스를 만드는 기업들이 자사의 혁신을 좀 더 쉽게 추가할 수 있다.[25] 가격, 개방성, 모듈 방식이라는 관점에서 아이폰과 아이패드는 구글의 안드로이드 운영체제(2007년에 처음 나왔다)에 기초한 폰과 태블릿에 비해 낮은 평가를 받았다. 아마도 가장 중요한 사실은, 안드로이드 소프트웨어가 오픈 소스open source이며 자유롭게 라이선스를 사용할 수 있는 반면, 애플은 어떤 가격에도 iOS의 라이선스를 주지 않는다는 점이었을 것이다.

이른바 '폐쇄적이면서 폐쇄적이지 않은' 플랫폼 전략(뒤에서 논의할 마이크로소프트의 '개방적이면서 개방적이지 않은' 전략과 달리)에서 비롯한 애플 앱스토어의 성공은 아이폰과 아이패드를 매킨토시의 성취를 훨씬 뛰어넘는 플랫폼으로 만드는 데 기여했다. 그러나 잡스는 생태계에 대한 애플의 강력한 통제를 유지했다. 아이폰과 아이패드를 위한 앱은 오직 애플 앱스토어에서만 구입할 수 있었으며, 개발자들은 엄격한 방침을 따라야 할 뿐 아니라 애플에 30퍼센트의 수수료를 지불해야 했다.

애플 이사회의 아트 레빈슨은 앱스토어를 "제대로 초점을 맞춘, 완전히 마술과도 같은 해결책"이라고 묘사했다. 그리고 덧붙였다. "앱스토어의 장점은 개방적이면서도 처음부터 끝까지 통제 가능하다는 것이었습니다."[26] 초기의 폭발적인 성장은 정말로 마술 같았지만, 개발자들에게는 이런 강력한 통제가 득이 되기도 했고 해가 되기도 했으며 결국에는 애플에게도 마찬가지였다.

잡스가 더욱 광범위한 플랫폼과 생태계 전략을 수용하려 하지 않았기 때문에 이 새로운 시장에서 애플의 장기적인 시장점유율에는 한계가 있었다. 구글의 안드로이드 운영체제가 기능면에서 개선되자, 전 세계 제조사들은 애플의 혁신적인 제품 디자인을 모방하고 향상했다. 개발자들도 제조사의 뒤를 따랐고, 애플이 부과한 제약 없이 점점 인기를 더해 가는 안드로이드 앱을 만들기 시작했다. 예상대로 스마트폰과 태블릿의 플랫폼 전쟁은 과거 수년간의 매킨토시-PC 전쟁(또는 베타맥스-VHS 전투)을 닮아 갔다. 초기에 양쪽 시장에서 독보적인 위치에 오른 뒤, 애플은 스마트폰 시장에서 10퍼센트 초반대의 점유율을 유지하기 위해 애썼다. 태블릿의 경우, 아이패드의 시장점유율은 2011년에 잡스가 사망한 뒤 2년 동안 대략 65포인트 떨어졌다. 2014년 무렵 안드로이드는 전 세계 스마트폰 시장의 약 80퍼센트, 태블릿 시장의 60퍼센트 이상을 차지했다. 삼성은 스마트폰 출하량에서 애플을 누르고 전 세계의 선도 기업이 되었다.

애플의 새로운 기대작인 아이워치에서도 이와 같은 '플랫폼보다 제품 우선' 전략을 엿볼 수 있다. 이 웨어러블wearable 기기는 새로운 컴퓨팅 및 통신 플랫폼이 될 가능성이 높다. 소프트웨어 기업들은 착용자가 손목을 들여다보기만 해도 자신의 건강과 활동 수준을 점검하거나 기타 스마트폰과 태블릿의 여러 기능을 사용할 수 있는 애플리케이션들을 만들 수 있을 것이다.

그러나 매킨토시에서만 작동했던 오리지널 아이튠즈와 아이팟처럼, 애플은 아이워치를 오직 아이폰용으로만 만들었다. 경영진이 향후에 방침을 바꾸지 않는다면, 아이워치의 사용자 수는 언제나 아이폰의 시장점유율 내로 한정될 수밖에 없다. 이에 반해 애플이 진정한 산업 플랫폼 전략을 따른다면, 스마트폰 사용자 대다수를 겨냥해 아이워치를 업계 최대 플랫폼인 구글 안드로이드와 호환되도록 만들어야 할 것이다.

○

플랫폼만 생각하지 말고
생태계를 생각하라

○

마이크로소프트는 다른 어떤 기업보다도 독립 소프트웨어 개발자들과 협력을
지속해 온 기업입니다. …… 우리는 어떻게 다른 운영체제들을
이길 수 있었을까요? 우리와 협력하는 독립 소프트웨어 개발자들이
애플리케이션을 만들어 주었기 때문입니다.[27]

빌 게이츠(1991)

1990년대 말 인텔 아키텍처 랩을 이끌었던 데이비드 존슨David Johnson
은 플랫폼 기업의 취약한 위치를 다음과 같이 설명했다. "(인텔에
서) 우리가 자사의 혁신을 가치 있게 만들려면 다른 기업들이 만들
어 내는 혁신에 의존해야 합니다. 우리가 프로세서의 혁신을 이루어
냈는데 마이크로소프트나 독립 소프트웨어 기업들이 그에 상응하는
혁신을 이루지 못한다면, 우리의 혁신은 무가치해지겠죠."[28] 다시 말
해 플랫폼 비즈니스의 성공은 자사 제품의 강점뿐 아니라 다른 기
업들(때로는 최대 경쟁사도 포함된다)의 혁신에도 좌우된다는 뜻이
다. 남에게 의지하기 싫어했던 스티브 잡스조차 마지못해 이 진실
을 받아들였다. 그는 1997년 8월에 열린 맥월드에서 다음과 같이

설명했다. "애플은 생태계 속에서 비즈니스를 합니다. 애플은 다른 협력사들의 도움이 필요하고, 다른 협력사들도 애플의 도움이 필요합니다. 서로 해가 되는 관계는 이 업계 누구에게도 도움이 되지 않습니다."[29] 당시 잡스는 매킨토시 인터페이스를 모방했다는 이유로 마이크로소프트를 상대로 걸었던 소송을 취하하고, 숙적 빌 게이츠의 대규모 투자를 받아들이기로 한 자신의 결정을 정당화하는 상황이었다.

인텔과 마이크로소프트의 앞에 놓인 전략적 문제는 단순했다. 만약 인텔과 마이크로소프트가 뛰어난 칩과 운영체제를 판매하더라도 이 제품들이 품질이 떨어지는 컴퓨터에 탑재된다면 그것을 구입할 사람은 거의 없을 것이다. 적절한 메모리 구성, 대역폭, 핵심적인 소프트웨어 드라이버와 애플리케이션이 없다면 사용자 경험은 형편없을 것이다. 애플은 완제품 컴퓨터 시스템을 판매했지만 역시 유사한 난제에 부딪혔다. 회사 엔지니어들이 뛰어난 컴퓨터를 설계하더라도 뛰어난 주변장치(예컨대 프린터와 소프트웨어 드라이버), 뛰어난 제3자 소프트웨어 애플리케이션, 그리고 부품과 조립을 위한 순조로운 공급 사슬이 없다면, 애플은 소비자에게 완벽한 솔루션과 뛰어난 사용자 경험을 제공하지 못할 것이다.

이런 전략적 문제에 대응하는 방법 역시 적어도 이론상으로는 간단했다. 게이츠, 그로브, 잡스는 모두 생태계 전반에 걸쳐 혁신과 협력을 촉진하는 일을 자신의 중요한 임무로 여겼다. 그러나 이들은 각자 독특한 방식으로 이 작업에 접근했는데, 이는 플랫폼 전략을 따르는 사람들의 우선순위와 선택의 범위에 차이가 있음을 나타낸다. 플랫폼이냐 제품이냐는 단순히 흑이냐 백이냐라는 문제가 아니다. 그 사이에는 많은 단계의 회색 음영이 있다.

전체 파이를 키워라

인텔은 오랜 기간 업계 관계자들에게 자사의 최첨단 제품을 교육해왔다. 인텔은 1970년대 말에 이미 마이크로소프트와 IBM 같은 기업들이 자사의 마이크로프로세서를 쉽게 채택할 수 있도록 소프트웨어와 하드웨어 도구들을 만들었다. 그러나 이 회사의 노력은 기본적으로 거기에서 멈췄다. 2003년 인터뷰에서 그로브가 인정했듯이, 1970년대와 80년대에 인텔 임원들은 산업 플랫폼의 중요성과 마이크로소프트 같은 생태계 소프트웨어 파트너들의 중요성을 제대로 이해하지 못하는 '칩의 수장'들이었다.[30] 그로브 자신도 주로 '플랫폼 모델'보다는 '제품 모델' 전략에 빠져 있었다.

그러나 1980년대 말에 인텔이 386 마이크로프로세서를 출시한 뒤, 그로브는 인텔이 회사의 장기적인 성공에 꼭 필요한 기업들과 좀 더 높은 수준에서 협력해야 한다는 사실을 이해하기 시작했다. 이런 변화 뒤에는 PC가 결함 있는 기술이라는 그로브의 깨달음이 있었다. 하드웨어 측면에서 여러 표준 간의 충돌, 기능상의 제약, 그리고 그로브가 표현한 기술적인 '시스템 병목현상system bottlenecks(시스템의 가용 자원에 부하가 많이 걸려 전체 시스템 효율의 저하를 초래하는 현상—옮긴이)' 때문에 프로그래머들이 매력적인 애플리케이션을 만들기가 어려웠다. 결국 매력적인 소프트웨어가 상대적으로 부족해 새로운 PC에 대한 수요가 줄어들었고, 인텔의 마이크로프로세서 판매 역시 한계에 봉착했다.

그로브의 새로운 전략은 PC를 시스템 수준에서 업그레이드하는 것이었다. 인텔은 PC 제조사들에게 단순히 칩만 공급하는 데 머물지 않고 직접적인 책임을 맡으며 PC가 지닌 여러 하드웨어 문제를 해결했고, 특히 소프트웨어 분야에서 생태계 파트너들과 더욱 밀접하게 협력했다.

그로브는 그 첫 단계로 1991년에 새로운 인텔 아키텍처 랩을 이끌고 인텔을 '개방형 컴퓨터 산업을 위한 설계자'로 만들 적임자로 크레이그 키니를 임명했다.[31] 그는 키니와 그의 팀에게 새로운 애플리케이션을 사용하기 어렵게 만드는 PC의 기술적 결함을 극복할 방법을 찾으라고 지시했다. 자신이 이 일을 얼마나 중요하게 생각하는지 보여주기 위해, 그로브는 키니에게 랩의 규모를 확장할 수 있는 전권을 주었다. 랩은 키니의 후임인 데이비드 존슨 아래에서 2001년까지 500명의 엔지니어(대부분이 소프트웨어 프로그래머였다)를 갖춘 조직으로 성장했다.[32]

랩이 추진했던 최초의 주요 과제는 PCI^Peripheral Component Interconnect(주변 부품 상호 연결) 구상이었다. 키니의 엔지니어들은 그래픽을 처리하는 PC의 역량을 향상하고, PC가 프린터와 그 밖의 주변장치에 쉽게 연결되도록 돕고, 관련된 성능 문제를 해결하기 위해 인텔 마이크로프로세서와 함께 작동하는 새로운 버스 아키텍처와 칩셋을 설계했다. '버스bus'란 컴퓨터 부품들 사이에서 정보를 전송하는 하드웨어와 소프트웨어 시스템을 말한다. 이때 특수한 칩셋이 마이크로프로세서와 컴퓨터의 나머지 부분 사이의 통신을 관리한다. 인텔은 전통적으로 이 두 분야 어디에도 관여하지 않았다.

그로브는 1998년 인터뷰에서 다음과 같이 회고했다. "반도체 제조사가 컴퓨터 버스 아키텍처를 정의할 수 있다는 발상은 매우 낯선 것이었습니다. 그러나 아무도 이 일을 하고 있지 않았죠. …… 그래서 1990년쯤 우리는 자체적인 칩셋과 버스 아키텍처를 개발하는 매우 중요한 작업을 시작했습니다. …… 이 조치는 많은 논쟁을 불러왔지요."[33]

컴팩 같은 대형 컴퓨터 기업들은 인텔의 PCI 구상이 자신들의 전문 영역을 침범한다고 생각했기 때문에 특히 불편한 시각으로 바라보았다. 그러나 그로브에 따르면 자체적인 칩셋을 만들 엔지니어링 자원이 없었던 소규모 PC 제조사들은 이 조치를 환영했다. "소규모 OEMOriginal equipment manufacturer 업체들에게는 반가운 소식이었죠. 더 큰 고객들을 놓고 (대형 PC 제조사들과) 대등하게 경쟁할 수 있는 기회가 생겼으니까요."[34]

PCI 구상은 시작에 불과했다. 1992년 최초의 PCI 버스가 출시된 뒤, 인텔의 엔지니어들은 PC 시스템의 다른 기술적 병목현상들을 찾아내는 일에 착수했다. 이런 노력 덕분에 다음 수년간 USBuniversal serial bus, AGP accelerated graphics port, 인터넷 전화Internet telephony 같은 신기술이 나왔다. 오늘날 소비자들은 이를 당연하게 여기겠지만, 인텔의 노력이 없었다면 윈도를 사용하는 개인용 컴퓨터에 이런 기능은 존재하지 않았을지도 모른다. 인텔의 USB 기술은 특히 중요하고 획기적인 발전이었다.[35] USB가 나오기 전에는 제조사마다 표준과 플러그가 달랐기 때문에 PC에 주변장치를 연결하는 일이 극도로 어려운 작업이었다(이에 반해 애플은 자체적인 표준을 갖고 있었다).

그의 전 기술보좌역이었던 르네 제임스가 설명했듯이 그로브의 철학은 단순했다. "만약 전체를 키우고 우리가 정당한 몫을 가져간다면, 업계 전체가 성장하는 것입니다."[36] 이런 생각에 바탕을 두고 그로브는 혁신의 대부분을 비교적 '개방적'이면서 때로는 무료로 쓸 수 있게 만들겠다는 결정을 내렸다. 인텔은 자사가 개발한 플랫폼 관련 필수 기술에 대해 특허를 내기는 했지만 로열티를 받지는 않았다. 또한 자사의 혁신을 업계 전체에 퍼뜨리기 위해 다른 기업들과 교차 라이선싱cross-licensing(둘 이상의 기업이 서로의 지식 재산권을 사용하도록 허용하는 제도—옮긴이) 협약을 맺기도 했다. 그로브의 목표는 가능한 한 많은 기업이 PC의 기능 향상을 위해 협력하게 하고, 이를 통해 더 많은 보완적 혁신이 일어나도록 유도하며, 궁극적으로는 더 많은 사용자를 끌어들이는 것이었다. '전체 파이를 키우려는' 이런 노력이 성공한다면, PC 마이크로프로세서 시장의 80퍼센트가량을 차지하고 있던 인텔은 압도적인 이득을 볼 것이다. 그리고 적어도 스마트폰과 태블릿이 PC 판매를 잠식하기 전까지 윈텔 생태계는 현저하게 성장했다. 2000년대 중반에 PC 판매량이 줄어들자, 인텔은 마침내 랩을 재편하고 연구개발팀을 자사 제품 및 비PC 플랫폼 구상과 더욱 밀접하게 연결했다.

스티브 잡스 역시 파이를 키우는 일의 중요성을 잘 알고 있었지만 생태계 파트너들에 대해서는 다른 방식을 취했다. 그는 파트너들이 지닌 문제를 해결하고 나서 이들에게 애플의 독점적 플랫폼과 명쾌한 기술적 해결책 사용에 대한 비용을 지불하라고 요구하려 했다. 잡스의 생태계 파트너들은 음반사와 비디오 콘텐츠 제작사에서부터 액세서리 제조사와 출판사에 이르기까지 다양했다. 잡스는 그들을 대할 때마다 가격(애플은 파트너사가 정한 가격이 너무 비싸다고 생각했지만 파트너사 입장에서는 너무 적었다), 수수료(일반적으로 애플이 30퍼센트를 가져갔다), 브랜딩, 홍보에 대해 일방적으로 설명한 뒤 '파트너'들에게 이대로 하든지 아니면 관두라고 말했다.

물론 잡스의 입장은 그 누구보다도 유리했다. 2000년대에 애플은 아이팟, 아이폰, 아이패드라는 세 가지 혁명적인 제품을 내놓았고, 이 제품들은 곧 급성장하는 산업 플랫폼으로 발전했다. 이는 생태계 안의 거의 모든 사람이 애플과 일하고 싶어 한다는 사실을 의미했다. 그에 못지않게 중요한 것은, 잡스가 어려운 문제들을 해결하고 있었다는 점이다. 예를 들어 애플의 디지털 저작권 관리digital rights management, DRM 시스템은 아이튠즈가 나오기 전에 음악 업계를 무너뜨리던 불법 복제에 처음으로 실질적인 해결책을 내놓았다. 그뿐 아니라 잡스는 협력사들에 매우 낮은 개별 가격 책정을 요구했다. 그는 음악 생태계에서 의미 있는 매출을 일으킬 수 있는 소수의 사람 가운데 하나였다. 마찬가지로 출판업자들도 애플이 아마존을 대체할 수 있는 실질적 대안을 내놓았다는 사실을 알게 되었다. 4 장에서 논의하겠지만, 잡스는 아이패드를 출시하면서 이 업계에 대한 아마존의 장악력을 깰 수 있는 기회를(비록 가격이 너무 높기는 했지만) 출판업자들에게 주었다.

애플의 앱스토어 역시 소프트웨어 유통에 중요한 솔루션이었다. 그 후 다른 모든 주요 플랫폼 기업이 이 아이디어를 모방했다. 소비자들은 하나의 소프트웨어 애플리케이션(특정 기기에서 작동할지도 정확히 알 수 없는)을 찾기 위해 수백 혹은 수천 개의 기업 웹사이트를 돌아다닐 필요 없이 이 과정을 한 군데서 간단히 해결할 수 있는 앱스토어를 방문하면 그만이었다. 애플은 매출의 30퍼센트를 가져갔지만, 그 대가로 소비자들에게 모든 애플리케이션을 일목요연하게 보여주고, 단순한 지불 및 가격 책정 시스템을 운영하며, 소비자에게 믿을 만한 유통 채널을 제공함으로써 모두를 위한 파이를 키우는 데 기여했다.

개방적인, 그러나 개방적이지 않은

마이크로소프트 역시 인텔, 애플과 마찬가지로 보완 기업들에 크게 의존했다. 만약 생태계 파트너들이 도스와 윈도에 바탕을 둔 새로

운 하드웨어를 만들지 않거나 마이크로소프트 운영체제에서 돌아
가는 새로운 소프트웨어 애플리케이션을 개발하지 않는다면, 고객
들은 새로운 컴퓨터를 사거나 운영체제를 업그레이드할 이유가 없
을 것이다. 그러면 윈도에 대한 수요는 정체될 것이다. 이런 연결고
리를 알아차린 게이츠는 겉보기에 그로브의 전략과 유사해 보이는
전략을 채택했다. 두 사람은 모두 PC를 발전시키고 시장을 확대하
기 위해 새로운 기술에 투자하고 표준을 널리 홍보했다. 그러나 실
제로 게이츠의 방식은 그로브와 잡스가 추구한 전략 사이의 어딘가
에 놓여 있었다. 인텔은 주로 자사의 기술을 무료로 배포했으나 애
플은 자사의 기술에 높은 가격과 독점성을 유지했다. 이에 반해 게
이츠는 다른 기업들이 마이크로소프트와 협력할 동기를 부여하기
에 딱 충분할 정도의 '개방성'만 제공하면서, 기술의 많은 부분은
'개방하지 않고' 독점적으로 유지했다.

초창기에도 게이츠는 자신이 어떤 일을 하고 있는지 분명하게
이해했다. 한편으로 마이크로소프트에게는 다른 하드웨어 기업과
소프트웨어 기업들이 새로운 버전의 도스와 윈도에 투자하도록 설
득하는 일이 매우 중요했다. 1981년 도스의 첫 버전을 필두로, 마이
크로소프트는 기본적으로 자사의 소프트웨어 개발자 키트를 무료
로 배포함으로써 이런 투자를 장려했다. 이 개발자 키트에는 PC를
만드는 제조사들과 애플리케이션을 만드는 소프트웨어 개발자들을
위한 충분한 정보와 샘플 코드가 들어 있었다. 인텔과 마찬가지로
마이크로소프트는 업계 전체에 이득을 가져다주는 혁신들을 내놓

았다. 여기에는 네트워킹을 용이하게 하는 기술이나, 다량의 코드를 재사용하기 쉽게 만들어 소프트웨어 제작 과정을 더 빠르게 해주는 기술이 포함되었다.[37] 이런 노력은 1990년대 말까지 윈도 애플리케이션이 수백만 개로 확산되는 데 기여했다.

한편 게이츠는 결코 마이크로소프트가 완전히 개방적이기를 원하지 않았는데, 그렇게 되면 고객들이 비非마이크로소프트 기술로 쉽게 옮겨 갈 수 있었기 때문이다. 결국 마이크로소프트는 자사가 도움을 주고 있는 많은 소프트웨어 기업들과 애플리케이션 시장을 놓고 직접적으로 경쟁하고 있었다. 게이츠와 회사 직원들은 마이크로소프트의 운영체제 로드맵이 어디로 향하는지 알고 있었기 때문에 이 경쟁에서 자연히 우위를 점했다. 예를 들어 1980년대 중반에 마이크로소프트는 엑셀과 워드 애플리케이션을 윈도용으로 다시 만들 때 훨씬 앞서갈 수 있었다. 일부 경쟁사들이 새로운 플랫폼과 연관되기를 거부했을 때 그 우위는 더욱 확고해졌다. 대표적으로 로터스의 CEO 짐 맨지Jim Manzi는 마이크로소프트가 적이기 때문에 윈도용 로터스 1-2-3를 서둘러 만들지 않겠다고 선언했다.[38] 이것은 엄청난 재앙을 불러온 실수로 드러났고, 1995년 로터스는 결국 IBM에 인수되었다.

때로 마이크로소프트는 자사 전략의 '개방적이지 않은' 측면 때문에 불법적인 행동을 저지르기도 했다. 1990년대 말, 미국 법무부는 자사 애플리케이션 개발자들에게 특혜를 주었다는 이유로 마이크로소프트를 고발했다. 이는 게이츠가 1995년 어느 언론과의 인터뷰에서 마이크로소프트의 운영체제 그룹과 애플리케이션 그룹 사이에는 "만리장성이 전혀 없다"고 인정한 데서 단서를 얻은 고발 이었다.[39] IBM, 로터스, 워드퍼펙트, 넷스케이프 등의 경쟁사들은 모두 자신들이 윈도의 새 버전에 대한 정보를 마이크로소프트의 애플리케이션 그룹보다 뒤늦게 받았다고 주장했다. 2001년에 마이크로소프트가 정부의 반독점 조치에 따르겠다고 동의하자, 법원은 향후 불법적인 독점 행위를 제한하기 위해 기술 전문가들을 임명했다. 그러나 그 후에도 특히 유럽에서 유사한 고발이 계속 일어나 소송이나 벌금형으로 이어졌다.[40]

법적으로는 이런 차질이 빚어졌지만, 마이크로소프트는 게이츠의 '개방적인, 그러나 개방적이지 않은' 플랫폼 전략 덕분에 엄청난 이득을 보았다. 모두를 위해 전체 파이를 키우는 데 대규모 투자를 한 앤디 그로브, 애플의 독점성과 지배력을 유지하기 위해 싸웠던 스티브 잡스와 달리, 게이츠는 매우 오랜 기간 양쪽 방식의 최고 장점만을 취했다. 그는 수많은 보완 기업을 끌어모으고 산업 플랫폼의 위치를 공고히 할 만큼 '개방적'이면서, 동시에 경쟁하는 애플리케이션 개발자들보다 우위를 유지할 수 있을 만큼 '개방적이지 않도록' 균형을 맞추면서 마이크로소프트를 경영해 나갔다.

○

자사의 보완 제품을
직접 만들어라

○

갈등이 존재합니다. …… 화상회의 관련 비즈니스를 하는 기업은 화상회의 제품
(코더/디코더)의 소유권을 독점하고 싶어 하죠. 그러나 마이크로프로세서를
공급하는 기업은 화상회의 제품을 무료로 배포하려고 합니다. (우리가 이를 무료로
배포하면) 세계는 우리를 신뢰하겠죠. …… 그러나 세계가 우리를 신뢰하는 이유는
우리가 성공을 위해 다른 비즈니스에 뛰어들지 않았기 때문입니다.[41]
앤디 그로브(1998)

성공한 플랫폼 기업 가운데 생태계 파트너들이 만들어 내는 보완적
혁신에 전적으로 의존하는 회사는 거의 없다. 제3자 기업들이 언제
나 적절한 시기에 새로운 제품이나 서비스를 내놓을 수 있는 것은
아니다. 이런 상황은 전형적인 '닭이 먼저냐 달걀이 먼저냐' 문제를
야기한다. 핵심적인 보완 제품이 없으면 고객들은 새로운 플랫폼을
구입하지 않을 것이고, 플랫폼의 대량 판매가 예상되지 않으면 제3
자 기업들이 보완 제품에 투자하지 않을 것이다. 따라서 플랫폼 비
즈니스의 전략에 따르면, 때로는 시장을 활성화하기 위해 일부 보
완 제품을 직접 만들 필요가 있다. 그러나 플랫폼 선도 기업이 시장
의 양쪽 측면(플랫폼과 보완 제품)에서 사업을 전개한다면 파트너들

과 심각한 충돌이 야기되고 신뢰가 훼손되며, 파트너들은 스스로 통제하기 어려운 비즈니스에 투자하지 않을 위험성이 있다. 만약 그 플랫폼을 소유한 기업이 주요 경쟁사가 되고 있다는 생각이 들면, 보완 기업들은 다른 생태계로 옮겨 가거나 자체적으로 새로운 플랫폼 제작을 시도하기도 한다.

게이츠, 그로브, 잡스는 산업 플랫폼을 구축하고 생태계를 활발하게 만드는 것만으로는 경쟁사보다 앞서가면서 지속적으로 성장할 수 없다는 사실을 깨닫게 되었다. 그들은 때로 자사 플랫폼의 새로운 버전에 대한 수요를 촉진하기 위해 자체적인 보완 제품들을 만들어야 했다. 이런 결정은 '닭이 먼저냐 달걀이 먼저냐'라는 문제에 대처할 수 있게 했을 뿐 아니라, 생태계 파트너들이 더 빨리 제품을 개발하도록 자극을 주었다. 그래서 비록 정도의 차이는 있지만, 세 CEO는 시장의 양 측면에서 사업을 전개하는 쪽을 선택했다. 각자 차별화된 방식으로 게이츠, 그로브, 잡스는 생태계 파트너십을 유지하면서 때로는 생태계 안의 그 기업들과 경쟁하기도 하는 방법을 찾아냈다.

닭이 먼저냐 달걀이 먼저냐라는 문제를 해결하라

세 기업 가운데 1990년대 중반 플랫폼과 관련해 가장 큰 딜레마를 맞이한 기업은 아마도 인텔일 것이다. 인텔은 마이크로프로세서 신

제품 개발에 대규모 자본을 투자했다. 이 새롭고 강력한 마이크로 프로세서를 그냥 기존 PC 속에 넣어 출하할 수는 없었다. 컴퓨터 회사들은 인텔 칩 출하 시기에 맞춰 내보낼 수 있도록 새로운 마더보드를 설계하고 제작해야 했다. 시기가 몇 달만 어긋나도 인텔은 공장의 값비싼 생산 역량을 놀려야 하고, 이로 인해 엄청난 경제적 타격을 입을 것이다. 이는 펜티엄이 당시 인텔 역사상 최대의 생산력 확장을 불러오며 1994년 시장에 출시되었을 때 특히 첨예한 문제가 되었다.

이에 대해 그로브가 내놓은 해결책은 인텔이 일부 마더보드를 자체 제조해 새로운 PC가 시장에 나오는 시간을 단축한다는 것이었다. 사실 이윤이 얼마 남지 않는 마더보드 사업 진출은 궁극적인 목표가 아니었다. 그러나 그로브는 이 사업을 통해 '닭이 먼저냐 달걀이 먼저냐'라는 문제를 해결하고 싶었다. 그로브는 우선 직감적으로 마더보드 시장의 80퍼센트를 목표로 했다고 2013년에 우리에게 말했다. 이는 인텔이 새로운 비즈니스에 전면적으로 진출한다는 것을 의미했다. 그러나 재무 담당자들의 설득으로 그는 이 목표를 낮춰 잡았다. 그로브의 참모로서 펜티엄 비즈니스를 담당했던 프랭크 길에 따르면, 펜티엄이 출시될 무렵 인텔은 '버거킹 전략'을 전개했다고 한다. "우리는 고객들에게 '입맛대로 즐기세요'라고 했습니다. 칩을 사도 좋고, 칩에 더해 칩셋(마더보드의 부품)까지 사도 좋고, 보드를 사도 좋고, 아니면 맞춤형 PC(브랜드 표시가 없는 PC)를 구입해도 좋다는 것이었죠."[42]

이런 방식은 특히 델, 패커드 벨, 게이트웨이 같은 비교적 소규모 기업들이 지닌 성가신 문제를 해결해 주었다. 이들은 새로운 고성능 펜티엄용 마더보드를 제작할 기술이 없었다. 수년 전까지만 해도 컴퓨터 제조사들은 마이크로프로세서 설계와 제조 너머로 사업을 확장하려는 인텔의 시도에 반대했다. 그러나 1993년경 그로브가 고위 경영진에게 말했듯이, 거대 기업을 제외한 모든 기업이 '인텔이 아니면 누가 하겠어?'라며 태도를 바꿨다. 그 결과 인텔은 펜티엄 칩의 50퍼센트 가까이를 자사가 만든 마더보드와 함께 판매했고, 이로써 이 신제품이 시장에 나오는 시간이 단축되었으며, 인텔과 인텔의 선도적인 PC 고객들은 모두 놀라운 수익을 누릴 수 있었다.[43]

큰 이윤을 창출하는 사업에 직접 나서라

그로브는 '닭이 먼저냐 달걀이 먼저냐' 문제를 해결하기 위해 인텔이 직접 보완 제품을 생산하는 조치를 단행했지만, 게이츠는 마이크로소프트 운영체제 관련 보완 제품(특히 애플리케이션 소프트웨어) 시장을 그 자체로 어마어마한 이윤을 창출하는 영역으로 간주했다. 당시 마이크로소프트의 부사장이었던 마이크 메이플스Mike Maples는 1991년의 어느 기자간담회에서 회사의 입장을 분명히 밝혔다. "만약 우리가 로터스, 워드퍼펙트, 볼랜드Borland의 뒤를 쫓고 있지 않다고 한다면, 이 기업들은 혼란스러워할 겁니다. 제가 맡은 일은 소프트웨어 애플리케이션 시장에서 우리에게 합당한 몫을 가져오는 것입니다. 제가 볼 때 그 몫은 100퍼센트입니다."[44]

게이츠는 마이크로소프트가 애플리케이션 시장에서 최대 점유율을 확보해야 하며, 다른 개발사들은 그 나머지를 가져가면 된다고 생각했다. 그리고 이 목표를 달성하는 데 성공했다. 비록 엑셀은 처음에 로터스 1-2-3보다 뒤처졌고 워드의 초기 버전은 워드퍼펙트보다 인기가 훨씬 떨어졌지만, 마이크로소프트는 1990년에 워드·엑셀·파워포인트를 오피스로 묶은 뒤 데스크톱 생산성 애플리케이션 시장의 95퍼센트를 장악했다.[45] 마침내 애플리케이션은 마이크로소프트의 가장 수익성 높은 비즈니스가 되었다. 마이크로소프트가 아직 제품별로 성과를 발표하던 2013년 회계연도에 오피스 그룹은 회사 매출의 30퍼센트와 영업이익의 45퍼센트를 차지했다. 반면 데스크톱 윈도의 경우 매출의 23퍼센트, 영업이익의 33퍼센트를 차지했다.[46]

그러나 마이크로소프트의 모든 애플리케이션 사업이 성공을 거둔 것은 아니었다. 예컨대 개인용 재무 프로그램인 마이크로소프트 머니Microsoft Money는 인튜이트Intuit 사의 회계 소프트웨어 퀴큰Quicken의 시장점유율을 잠식하는 데 실패했다. 인튜이트는 충성스러운 고객 기반을 구축했고, 기능 면에서 마이크로소프트보다 한 단계 앞서 있었다. 이와 마찬가지로 기업용 애플리케이션, 멀티미디어, 인터넷 콘텐츠 분야에서 마이크로소프트는 이 영역에 집중하는 경쟁사들에 뒤처지는 경우가 많았다.

그로브와 달리 잡스는 생태계 파트너 조성의 중요성을 분명히 알고 있었지만, 자체적으로 보완 제품을 만드는 데 조금도 주저하지 않았다. 그는 상당한 매출 및 수익 가능성 또는 전략적 가치가 보이면 공격적으로 투자를 단행했다. 마이크로소프트 역시 이런 방식을 취했다. 윈도는 소프트웨어 플랫폼으로서 매우 지배적인 위치에 있었고, 다른 개발자들은 마이크로소프트가 직접 자신들의 제품을 겨냥한 애플리케이션을 출시할 때에도 여전히 윈도를 지원해야 했기 때문이다.

고객 경험에 필수적인 보완 제품을 만들어라

애플 역시 마이크로소프트처럼 매우 적극적으로 보완 애플리케이션을 만들었다. 그러나 게이츠와 달리 잡스의 동기는 주로 고객 경험을 통제하려는 욕구에서 비롯했고, 이 제품들을 통한 매출과 수익의 증대는 부차적인 문제에 불과했다. 시간이 지나면서 잡스는 애플리케이션과 콘텐츠 개발뿐 아니라 제조 같은 영역에서도 제3자 기업들에 더 많이 의존하게 되었다. 그러나 보완 제품이 고객 경험에 필수적인 요소라고 생각한 그는 애플에서 직접 이런 보완 제품을 만들기로 결정했다.

아이튠즈는 아마도 잡스의 방식을 가장 잘 보여주는 사례일 것이다. 디지털 뮤직 플레이어를 만든 다른 기업들(예컨대 샌디스크 SanDisk)은 결코 음악 관리 소프트웨어를 자체적으로 개발하지 않았다. 대신 그들은 리얼네트웍스, 뮤직매치, 마이크로소프트 같은 제3자 기업의 애플리케이션에 의존했다. 그러나 잡스는 아이튠즈가 콘텐츠 유통을 위한 새로운 플랫폼일 뿐 아니라 아이팟에 필수적인 보완 제품이라고 믿었다. 만약 아이튠즈가 제대로 작동하지 않는다면 아이팟은 실패할 것이다. 따라서 이것은 애플이 직접, 그것도 제대로 해야만 하는 일이었다.

그뿐 아니라 잡스는 애플이 디자인과 관련해 차별화된 특징을 드러내도록 중요한 애플리케이션들을 직접 만들어야 한다고 생각했다. 예를 들어 잡스는 애플이 맥라이트^{MacWrite}와 맥페인트^{MacPaint} 같은 독특한 프로그램을 매킨토시에 포함해 컴퓨터를 곧바로 유용하게 만드는 동시에 IBM PC와 명확하게 차별화해야 한다고 주장했다. 애플에서 두 번째 CEO로 재임할 때, 그는 다시 이 문제로 돌아가 애플 엔지니어들에게 아이라이프^{iLife}를 개발하라고 지시했다. 아이라이프는 매킨토시에서만 작동하는 애플리케이션을 모아놓은 세트였다. 이 프로그램들은 애플의 사용 편리성과 멀티미디어 기능을 잘 드러내는 제품이었다.

이와 마찬가지로, 애플이 아이폰을 출시했을 때 잡스는 사용자 경험을 돋보이게 하려고 날씨 앱 같은 핵심 보완 제품들을 일부 포함했다. 더 나아가 2010년 아이패드가 출시되었을 때, 잡스는 제3자 기업들이 기본적인 생산성 소프트웨어를 개발할 때까지 기다리지 않았다. 애플은 내부적으로 개발한 페이지Pages, 넘버Numbers, 키노트Keynote 프로그램을 앱스토어를 통해 각각 단돈 10달러에 판매했다. 이는 마이크로소프트가 PC용 워드나 엑셀에 책정한 100달러 이상의 가격에 비하면 매우 낮은 금액이었다.

이처럼 보완 제품에 낮은 가격을 책정하는(또는 무료로 배포하는) 방식은 잡스식 플랫폼 전략에서 핵심적인 부분이었다. 그는 플랫폼 시장에 다양한 '측면'이 있음을 잘 알았고, 어느 측면을 활용해 돈을 벌어야 할지 선택할 수 있었다. 잡스는 하드웨어를 통해 돈을 벌었으며, 애플 컴퓨터와 기기들에 대한 수요를 이끌어 내기 위해 값싸고 보편적인 보완 제품들을 활용하기로 했다. 비록 제품 가격은 높게 유지했기 때문에 애플의 시장점유율이 제한되었고, 이런 가격 정책 또한 경쟁사들이 애플의 하드웨어(그리고 소프트웨어) 디자인을 모방하면서 점점 어려워졌지만, 잡스의 이 전략은 수년간 매우 커다란 효과를 거뒀다.

○

보다나은
새 플랫폼을 만들어라

○

우리가 지난 20년 동안 지녔던 비전은 간결하게 요약될 수 있습니다.
우리는 컴퓨터의 성능이 급속하게 발전하기 때문에 뛰어난 소프트웨어가
매우 중요해지리라 생각했습니다. 그래서 우리는 최고의 소프트웨어 제품을 개발하는
조직을 만들었죠. 향후 20년 동안은 통신 네트워크의 급속한 발전이
컴퓨터의 발전을 앞지를 것입니다. …… 인터넷은 하나의 해일입니다.
인터넷은 규칙을 바꿉니다. 또한 엄청난 도전이면서 엄청난 기회이기도 합니다.[47]
빌 게이츠(1995)

'히트' 상품은 나타났다가 사라지지만, 산업 플랫폼은 일단 상당한 시장점유율을 확보하면 몰아내기가 매우 어렵다. 산업 플랫폼이 이처럼 오래 지속될 수 있는 주된 이유는 고객들이 그동안 들인 투자 때문에 플랫폼에 '묶이기' 때문이다. 예를 들어, 마이크로소프트의 소프트웨어 라이선스와 교육에 수백만 달러를 투자한 대기업은 하룻밤 사이에 윈도 PC를 맥으로 교체하겠다고 결정할 가능성이 매우 낮다. 플랫폼이 성장하면서 이런 '묶어 두기' 효과를 유지하기 위해 기업들은 전형적으로 역호환성을 구축한다. 예컨대 워드와 엑셀, 또는 데이터베이스 제품의 오래된 버전이 윈도의 새로운 버전에서도 계속 돌아갈 수 있도록 만드는 식이다. 그러나 이렇게 과거

와 밀접하게 연결하는 것은 플랫폼 전략가들에게 '혁신 기업의 딜레마innovator's dilemma'를 야기한다. 즉, 어떻게 하면 노후화를 피하면서도 기존 고객들과 보완 기업들에게 중요한 요소들을 보존할 것이냐는 문제가 생긴다.[48]

게이츠, 그로브, 잡스는 모두 그들의 플랫폼을 어느 정도, 그리고 얼마나 빨리 진화시켜야 할지 걱정했다. 너무 빨리 움직이면 기존 고객 및 보완 기업들과의 관계에 지장이 생길 수 있다. 그러나 너무 천천히 움직이면 경쟁사들이 그들을 앞지를지도 모른다. 그들은 과거와의 끈을 유지하면서도 미래에 중점을 두어야 했다. 잡스가 '아이스하키의 전설' 웨인 그레츠키Wayne Gretzky의 말을 인용하며 언급했듯이, 그들의 일은 "퍽puck(아이스하키 경기에서 사용되는 고무 원반─옮긴이)이 지나간 곳이 아니라 퍽이 가고 있는 곳을 따라 스케이트를 타는 것"이었다.[49]

플랫폼의 성능과 특징을 확대하라

─────

인텔에서 플랫폼을 진화시키는 문제는 단지 더 빠른 칩을 만들거나 더 많은 메모리를 추가한다는 뜻이 아니었다. 인텔은 시스템 병목 현상을 극복하고, 소프트웨어 프로그래머들이 더 뛰어난 애플리케이션을 더 많이 만드는 데 기여하는 새로운 특징들을 마이크로프로세서 안에 담아야 했다. 궁극적인 목표는 소비자들이 자신들의 PC

를 더 잘 활용할 수 있도록 하고, 맥이나 RISC 워크스테이션 또는 값싼 인터넷 정보가전을 구입하지 않게 하는 것이었다. 그로브가 CEO로 재임하던 시절, 이런 구상 중 가장 성공적인 사례는 1997년에 펜티엄 칩과 함께 출시된 MMX 명령어 세트MMX instruction set를 개발한 일이었다. 인텔은 오디오와 비디오를 포함해 멀티미디어 콘텐츠를 처리하는 마이크로프로세서의 능력을 향상할 목적으로 MMX를 설계했다. IBM이 제작한 초기의 PC는 그래픽 위주의 게임이나 음악, 동영상을 재생하는 용도로 설계되지 않았다. 인텔은 57개의 새로운 명령어를 마이크로프로세서에 추가함으로써 개발자들이 훨씬 빠른 고품질 멀티미디어 애플리케이션을 만들 수 있도록 했다.[50]

인텔은 MMX를 개발하고 테스트하는 데 수천만 달러를 들였다. 더 나아가 그로브는 이 명령어 세트를 이용하는 새로운 소프트웨어를 인수하는 데 약 1억 달러의 예산을 편성했다. 또한 소비자와 기업들이 새로운 PC를 구입하도록 할 목적으로, MMX가 들어간 펜티엄을 새로운 마이크로프로세서로 홍보하는 데 1억 5000만 달러를 추가로 할당했다. 이런 투자는 곧 성공을 거뒀다. MMX가 들어간 펜티엄 프로세서의 판매가 폭증하면서 이 제품은 1990년대에 가장 성공한 인텔 플랫폼이 되었다. 그 후 인텔이 이 정도로 성공한 플랫폼을 다시 만들어내는 데는 거의 10년이 걸렸다. 바로 2003년에 출시된 센트리노Centrino라는 제품으로, 소비자들은 이 칩을 사용해 PC에서 와이파이를 이용할 수 있게 되었다.

물론 플랫폼을 진화시키려는 인텔의 노력이 모두 성공을 거둔 것은 아니다. 대표적인 실패 사례로는 인텔 마이크로프로세서의 기본 아키텍처를 바꾸겠다는 그로브의 구상을 들 수 있다. 80386이 출시된 뒤부터 인텔의 CPU는 32비트였으나, 당시 최고 성능의 프로세서는 이미 64비트로 넘어간 상태였다. 32비트 시스템은 처리할 수 있는 데이터와 메모리가 적었고, 일반적으로 64비트 시스템보다 속도가 느렸다. 제품 라인이 지닌 이런 취약성을 인식한 그로브는 1990년대 초에 인텔이 64비트 솔루션을 만들어야 한다고 확신하게 되었다. 휼렛패커드가 중요 부품을 공급하겠다고 약속했기 때문에 두 회사는 새로운 마이크로프로세서, 즉 아이태니엄을 개발하기 위해 힘을 합쳤다. 인텔과 HP는 새로운 칩이 RISC 마이크로프로세서를 주로 사용하던 서버 시장에서 경쟁사들을 물리칠 것이라고 예상했다.

그러나 미래는 기대한 대로 움직이지 않았다. 아이태니엄은 애초 계획보다 3년 늦은 2001년에 시장에 출시되었으며, 높은 비용과 낮은 생산량, 저조한 실적으로 고전했다. 한때 이 프로젝트를 관리했던 팻 겔싱어는 '잘못된 전략'이 진짜 문제였다고 털어놓았다. 그는 다음과 같이 설명했다. "아이태니엄의 기술적 강점이 실제보다 과장되었습니다. (그리고) HP와의 파트너십이 지닌 장점 또한 철저히 과대평가되었죠. 우리는 아키텍처와 관련한 생태계의 장점과 아키텍처를 전환하는 데 따른 비용을 과소평가했습니다."[51] 그로브는 이 프로젝트가 잘못되어 가고 있다는 사실을 알았으나, 훗날 인정했듯이 디테일한 기술적 부분을 완전히 이해하지는 못했고 관리자들도 스스로 프로젝트를 끝낼 생각이 없었다. 결국 자사의 x86 제 온Xeon 계열 마이크로프로세서가 전 세계 시장의 약 90퍼센트를 장악하면서 인텔은 서버 및 데이터센터 분야에서 독보적인 지위를 확립했다. 하지만 칼럼니스트 존 드보락John Dvorak이 2009년에 언급했듯이, 아이태니엄은 "지난 50년간 일어난 대실패 중 하나"로 기록되며 컴퓨터 산업 역사에서 사라지고 말았다.[52]

아이태니엄의 실패는 인텔과 그로브에게 일차적인 책임이 있었다. 반면 협력사 때문에 실패한 유명 사례도 있다. 1990년대 중반, 인텔은 PC에서 멀티미디어와 그래픽 처리를 향상하기 위한 노력의 일환으로 NSPNative Signal Processing(자연신호처리)를 내놓았다. NSP의 주요 혁신은 애플리케이션 개발자들이 윈도라는 운영체제를 건너뛰고 직접 마이크로프로세서에 명령을 전달할 수 있도록 하는 것이었다. 프로그래밍 기술의 일종인 NSP는 그래픽 애플리케이션의 성능을 빠르게 향상시켰다. 그러나 마이크로소프트는 이 기술을 자사의 영역 침범으로 간주했고, 윈도 95에서 이 기술을 지원하지 않기로 했다. 빌 게이츠는 "우리는 소프트웨어 기업이며, 소프트웨어에 관한 한 인텔과 어떤 동등한 관계도 허용하지 않을 것"이라며 윈텔 협력 관계에 대한 태도를 분명히 했다.[53] 결국 인텔은 굴복했다. 그로브는 다음과 같이 털어놓았다. "당시 우리는 마이크로소프트의 비즈니스 모델을 제대로 인식하지 못했습니다. 마이크로소프트가 지원하지 않는 윈도 기반의 소프트웨어를 내놓는다는 건…… 글쎄요, 그런 일을 하기에는 인생이 너무 짧지요."[54]

게이츠는 변화에 반대하지는 않았지만 자기 방식대로 변화가 일어나기를 원했다. 그가 CEO로 있는 동안 마이크로소프트는 자사 운영체제의 성능과 기능을 향상하는 데 대규모로 투자했다. 1980년 대에 마이크로소프트 엔지니어들은 매킨토시와의 경쟁에 대처하면서 맥의 GUI에 대한 지식을 효과적으로 활용해 도스 기반 위에서 윈도를 만들었다. 물론 이런 형태의 진화는 범위로 보나 기능으로 보나 완전무결한 성공이라고 보기는 어려웠다. 윈도로 이동하는 과정에서 역호환성은 유지되었지만, 새로운 방향으로 플랫폼이 확장되어 매킨토시에서 오는 모든 주요 위협을 감소시킬 수 있었다. 윈도가 출시된 뒤 마이크로소프트와 인텔의 시장은 엄청난 규모로 성장했다. 윈도는 여전히 매킨토시보다 사용에 직관성이 떨어졌지만, 좀 덜 까다로운 고객들은 GUI가 도스보다 훨씬 사용하기 쉽다는 것을 알았기 때문이다.

또한 게이츠는 인터넷 기능을 포함하는 방향으로 윈도를 변모시켰다. 그가 넷스케이프의 마크 앤드리슨[Marc Andreessen], 아마존의 제프 베조스처럼 선견지명을 갖춘 리더들보다 인터넷의 중요성을 뒤늦게 인식했다는 사실은 분명했다. 심지어 그는 회사의 일부 엔지니어들보다도 1년 이상 뒤떨어졌다. 그러나 1995년 게이츠가 젊은 마이크로소프트 엔지니어들의 분석을 바탕으로 인터넷에 관한 메모를 썼을 때에도 효과적으로 대응하기에는 충분한 시간이 있었다. 마이크로소프트는 인터넷 익스플로러를 윈도에 함께 묶고 AOL 같은 경쟁사들과 유통 거래를 끊음으로써 웹브라우저 시장을 장악했다. 요컨대 게이츠는 늦기는 했지만 너무 늦지는 않았으며, 곧 주저 없이 행동에 나섰다. 때로는 너무 서두른 나머지 반독점 규정을 위반하기까지 했다. 1999년에 게이츠는 당시를 회고하며 다음과 같이 말했다. "1995년 12월 우리의 인터넷 전략을 공개했을 무렵에는 정말 전속력으로 나아가는 어뢰와도 같았다. 그 후 내가 몇 차례 언급했듯이, 만일 우리가 파산에 이른다면 그 이유는 우리가 인터넷에 집중하지 않기 때문이 아닐 것이다. 반대로 우리가 인터넷에 너무 집중하기 때문일 것이다."[55]

새로운 플랫폼에 대한 니즈를 인식하라

게이츠와 그로브는 특히 잡스에 비해 새로운 비PC 플랫폼의 급속한 성장에서 오는 기회를 포착하는 데 뒤처져 있었다. 두 사람 모두 인터넷 정보가전과 포켓용 소비자 기기의 잠재적 폭발력을 인식하고는 있었다. 예컨대 그로브는 1998년에 DEC로부터 ARM 마이크로프로세서 라이선스를 구입해 스마트 기기용 저전력 CPU 사업을 시작했다. 게이츠는 1997년 말 임원들에게 다음과 같은 메모를 보냈다.

최근 일본에 다녀온 뒤 나는 비PC 기기들이 떠오르고 있는 현상에 대해 많은 우려를 했습니다. 영화, 디지털 음악, 비디오,

온라인 강의, 전자칠판, 인터넷 등이 크게 진보하는데 우리가 이런 기기들에 OS를 공급하지 못한다는 것은 심각한 위기입니다. …… 단돈 500달러짜리 컴퓨터를 위해 고가의 윈도를 사야 하는 상황이다 보니 비PC 기기들의 인기가 더욱 높아지고 있습니다. 따라서 우리에게는 아주 저렴한 윈도 CE가 필요합니다. …… 우리에게는 현명한 해결책이 필요합니다.[56]

그러나 인식이 곧 결심은 아니다. 인텔은 결코 ARM에 완전히 전념한 적이 없었고, 2006년 그로브가 이사회 의장 자리에서 물러나자 ARM 비즈니스를 매각했다. 마이크로소프트의 엔지니어들은 처음부터 새로운 운영체제를 만들지 않고 윈도의 한 버전(윈도 CE)을 더 작은 기기들에 억지로 맞추려 했다. 당시 게이츠는 마이크로소프트의 법적 분쟁 때문에 정신이 없었을지도 모른다. 어쨌거나 그는 새로운 플랫폼을 빨리 개발해야 한다는 인식이 있었지만, 이를 효과적으로 실천하기 위해 회사 자원을 모으는 데는 실패했다. 1990년대에 마이크로소프트의 윈도 부문을 이끌었던 폴 마리츠에 따르면, 마리츠 본인과 게이츠, 그리고 회사의 다른 사람들이 새로운 플랫폼이 필요하다는 사실을 몰랐던 것은 아니다. 그들은 분명 알고 있었다. 그러나 윈도와 오피스를 소비자와 기업에 판매하며 막대한 수익을 올리고 있는 상황에서 기존의 사업을 포기하기는 어려웠다. 마이크로소프트의 임원들은 "오직 PC라는 렌즈를 통해서" 다가오는 시대의 변화를 인식했을 뿐이며, 새로운 기기들이 현재의 비즈니스보다 더 시급하다고 생각하지는 않았다. 마이크로소프트가 "PC 중심의 일에서 벗어날 용기"를 발휘한 적은 꼭 한 번 있었다. 바로 1990년대 말부터 개발해 2001년에 처음 출시된 엑스박스 게임 플랫폼이었다.[57] 마이크로소프트는 인텔과 마찬가지로 다음 10년을 이끌어갈 새로운 플랫폼 가운데 상당수를 놓치거나 그 플랫폼들에 관련된 비즈니스를 늦게 시작했다. 디지털 미디어 플레이어, 스마트폰, 태블릿, 그리고 서비스형 소프트웨어와 클라우드 컴퓨팅이 대표적인 예다.

이 시기에 가장 민첩하게 새로운 플랫폼을 내놓은 기업은 애플이었다. 이는 잡스의 '제품 우선' 성향을 고려하면 다소 역설적으로 보일지 모른다. 그러나 사실 애플의 새로운 플랫폼들이 성공한 데에는 애플 구형 플랫폼들의 취약성이 직접적인 요인으로 작용했다. 잡스와 여러 임원들은 과거와 결별해도 별로 잃을 게 없었기 때문에 철저하게 혁신을 도모하는 편이 더 쉽다는 것을 알았다. 1990년대와 2000년대에 매킨토시는 겨우 전 세계 시장의 3~5퍼센트를 차지하며 컴퓨팅 분야에서 1등에 한참 뒤진 2등을 달리고 있었다. 이 때문에 애플은 플랫폼 호환성, 자기 잠식, 또는 비교적 적은 수의 생태계 파트너와 고객에 미칠 영향을 크게 걱정하지 않고 새로운 제품 유형으로 과감하게 옮겨 갈 수 있었다.

또한 잡스는 과거와 호환성을 유지하는 데 별로 관심이 없었기 때문에 새로운 플랫폼들을 지원하기도 더 수월했다. 애플의 전 소프트웨어 수장이었던 에이비 테버니언은 잡스가 "구명보트를 두지 않는" 철학을 지녔다고도 했다. 테버니언은 다음과 같이 설명했다. "구명보트가 있으면 사람들은 게을러지고 여기에 의존하게 됩니다. 만약 개발자들이 뭔가 새로운 것을 사용하게 하고 싶으면 그들이 낡은 것을 사용하지 않도록 해야 합니다."[58] 이런 철학은 잡스가 과거와 처음 결별했을 때, 즉 1984년 1월에 매킨토시를 내놓았을 때 분명하게 드러났다. 맥이 처음 출시되었을 때 기존의 애플 II 애플리케이션들은 맥에서 전혀 돌아가지 않았다. 1985년 11월이 되어서야 애플은 일부 저작권 없는 애플 II 애플리케이션이 맥 위에서 돌아갈 수 있도록 하는 에뮬레이션 프로그램을 내놓았다.[59]

플랫폼 변화가 잇따르자 애플은 고객들이 좀 더 수월하게 새 플랫폼으로 옮겨 갈 수 있도록 노력을 기울였으나, 이런 노력은 마이크로소프트와 인텔이 순방향·역방향 호환성을 완벽히 지원하기로 한 조치에 비하면 아무것도 아니었다. 2001년 3월, 노후화하는 매킨토시 운영체제를 대체하기 위해 OS X를 출시했을 때 애플은 OS X에서 구동되면서 전통적인 맥 OS를 본뜬 에뮬레이션 프로그램을 내놓았다. 이로써 소비자들은 구형 맥 소프트웨어를 계속 사용할 수 있었지만, 여기에 포함된 추가 프로그래밍 레이어 때문에 속도는 훨씬 느려졌다.[60] 마찬가지로 2006년에 잡스가 인텔 칩으로 옮겨 가기 위해 그동안 IBM 및 모토롤라와 유지했던 20년간의 제휴 관계를 끝냈을 때, 애플은 사용자들이 구형 소프트웨어를 돌릴 수 있도록 자사의 새 맥에 에뮬레이션 소프트웨어를 함께 묶어 판매했다. 그러나 새로운 컴퓨터로 업그레이드한 사용자들은 새로운 인터페이스를 배워야 했고, 개발자들은 불과 5년 전 OS X가 출시되었을 때 그랬던 것처럼 다시 한 번 새로운 프로그래밍 환경을 익혀야 했다.

아이팟과 아이폰이 개발 중이었을 때, 애플 엔지니어들은 리눅스의 모바일 버전에 기반을 두고 iOS를 만들려 했다. 이렇게 하면 오픈소스 프로그래머들의 기존 생태계를 활용할 수 있었다. 그러나 존 루빈스타인에 따르면, 잡스의 꿈은 "모든 것을 아우르는 하나의 OS"였기 때문에 이 방식을 거부했다.[61] 루빈스타인은 다음과 같이 설명했다. "잡스는 지식 재산권에 대해 무척 걱정했습니다. 나중에 누군가 우리를 공격했을 때 우리의 기술을 그냥 내줘야 할 수도 있으니까요." 이 때문에 애플 엔지니어들은 맥 OS X에서 멀티태스킹과 그 외의 특징들을 없애 iOS를 만들었다. 이런 결정으로 처음에는 iOS의 기능이 제한되었고, 이 새로운 운영체제는 매킨토시 애플리케이션과 호환되지 않았다. 시간이 지나면서 애플은 서서히, 그리고 조심스럽게 iOS의 기능을 확대했고, iOS의 핵심 소프트웨어 및 사용자 인터페이스의 일부 측면들을 맥 OS와 통합했다.

오늘날에도 애플과 마이크로소프트는 잡스와 게이츠가 세운 규칙에 따라 움직인다. 애플은 여전히 위대한 제품과 소비자 경험을 만들어 내는 데 집중하고 있으며, 필요하면 언제라도 과거와 결별할 것이다. 마이크로소프트는 여전히 윈도 플랫폼에 전념하고 있고, 매출과 이익의 대부분을 윈도 데스크톱과 서버 그리고 윈도 애플리케이션(주로 오피스)에 의존하고 있다. 이런 제약 아래 사업을 전개하면서, 두 회사는 현재 구글 안드로이드가 장악한 모바일 플랫폼 분야를 따라잡기 위해 애쓰고 있다. 과거의 유산에 구속받지 않는 구글과 안드로이드 파트너들은 1980년대와 90년대에 게이츠와 그로브가 개척한 플랫폼 게임을 성공적으로 해오고 있다.

대가들에게 배우는 교훈

플랫폼 시장은 기반 기술과 네트워크 효과를 특징으로 하며, 이는 사용자와 보완 제품과 서비스의 수가 증가하면서 더욱 효력을 발휘한다. 비디오 녹화기, 개인용 컴퓨터 또는 스마트폰 등 어떤 분야든 관계없이, 역사적으로 이런 시장에서는 최고의 제품이나 최초의 제품이 아닌 최고의 플랫폼이 장기적으로 승리하는 경우가 보통이다.

빌 게이츠와 앤디 그로브는 오늘날 이런 시장에서 고전적인 전술로 여겨지는 규칙을 만들었다. 첫째, 디자인·성능·가격에 대한 핵심적인 결정을 내릴 때는 제품보다 플랫폼을 우선으로 생각하라. 둘째, 보완 기업들의 강력한 생태계가 성장할 수 있도록 그들의 성공을 독려하고 당신의 플랫폼에 쉽게 접근할 수 있게 하라. 셋째, 자체적으로 일부 보완 제품을 만들어 '닭이 먼저냐 달걀이 먼저냐'라는 문제를 해결하고 새로운 플랫폼 버전에 대한 수요를 이끌어내라. 마지막으로, 고객들이 계속 구입한다고 해도 너무 오랫동안 현 상태를 유지하면서 구형 기술을 판매하는 데 만족하지 말라. 특히 회사의 지위를 위협하는 경쟁사에서 얻은 새로운 아이디어와 특징들을 받아들여 점진적으로라도 플랫폼을 발전시켜라.

위에서 마지막에 지적한 내용은 플랫폼 선도 기업들이 지닌 '혁신 기업의 딜레마'와 관련 있다. 도스/윈도나 인텔 x86 마이크로프로세서처럼 성공한 산업 플랫폼은 어마어마한 매출을 반복적으로 가져온다. 빌 게이츠는 1994년에 이를 '네트워크 외부성'에서 나오는 '연금'이라고 불렀다. 플랫폼이 더욱 성공을 거둘수록, 비즈니스에 중대한 변화를 일으키거나 비즈니스 분야를 새롭게 바꿈으로써 기존 플랫폼이 가져오는 매출과 수익을 위태롭게 하기는 더욱더 어려워진다. 그동안 고객들과 제3자 보완 기업들이 기존 플랫폼에 투자하면서 강력한 네트워크 효과가 일어났으며, 이를 통해 유용성과 가치가 엄청나게 증가하고 고객들이 이 플랫폼에 묶이게 되었기 때문이다.

그러나 언제나 더 좋은 신제품이 있다는 사실은 모두가 알고 있다. 올바른 전략을 가진 새로운 플랫폼 선도 기업이 나타나 기존 시장을 나눠 가지거나 챔피언을 쫓아 버릴 수 있다. 이런 일은 때로는 눈 깜짝할 사이에 일어나기도 한다. 한때 시장을 지배했던 휴대폰 플랫폼을 아이폰에 빼앗긴 노키아와 블랙베리가 대표적인 사례다. 애플 또한 구글이 안드로이드 소프트웨어를 무료로 풀고 자사의 파트너 생태계를 구축했을 때 이런 경험을 했다.

선도 기업들은 자사의 이전 플랫폼에 너무 오랫동안 매달리기 쉽지만, 여기에는 또 하나의 역설이 존재한다. 어떤 플랫폼이 업계에서 널리 채택되지 못할수록, 그 플랫폼 기업이 혁신을 통해 새로운 시도를 할 동기는 더 높아진다. 아이팟, 아이폰, 아이패드의 사례에서 보았듯이, 때로는 기업이 과거와 결별하고 승리의 기회가 있는 새로운 시장을 겨냥해 새로운 플랫폼을 만들어 낼 때 경제적으로 훨씬 큰 보상을 얻을 수 있다.

종합해 보면, 우리는 게이츠, 그로브, 잡스에게서 플랫폼 전략은 실제로 선택과 균형에 대한 이해라는 사실을 배울 수 있다. 다시 말해 개별 제품들을 더 강조할 것인가, 아니면 파트너십을 더 강조해 모두를 위한 파이를 키우고 플랫폼 선도 기업과 그 파트너들이 더 독보적이고 지속적인 시장 지위를 누릴 것인가? 이러한 선택지를 살펴볼 때 물어야 할 핵심 질문은 '언제 무엇을 할 것인가'다. 장기적으로 보완 제품과 네트워크 효과가 특징인 시장에서는 최고의 플랫폼(가장 많은 사용자와 보완 기업들이 가장 쉽게 접근할 수 있는 개방적 플랫폼)을 확립하는 일이 경쟁에 대처하는 최선의 방법일 것이다. 다만 새로운 기술이 나타나 기존의 기술이 쓸모없어졌을 때, 또는 기업이 정말로 획기적이면서 새로운 유형의 제품을 만들었을 때와 같은 경우에는 적어도 단기적으로 플랫폼보다 제품 위주의 전략을 펴는 것이 더 나을 수도 있다. 그런 경우에 기업은 제대로 된 신제품을 내놓아야 한다. 단 적절한 기회와 방향이 제시된다면, 산업 플랫폼 전략을 지원할 수 있도록 제품 디자인과 비즈니스 모델을 융통성 있게 만드는 것이 유용할 것이다.

STRATEGY
RULES

FIVE TIMELESS LESSONS FROM
BILL GATES
ANDY GROVE
and STEVE JOBS

유도와 스모처럼
지렛대 원리와 힘을 활용하라

언제 세상의 주목을 피해야 하는지, 언제 상대방과 협력해야 하는지, 언제 경쟁자들의 강점을 포용하고 확장해야 하는지, 그리고 언제 자신의 힘을 휘둘러야 하는지를 아는 것만으로도 성공과 실패가 극명하게 갈릴 수 있다. 이런 판단을 어느 정도 자연스럽게 내리는 CEO도 있지만 모든 CEO가 그런 것은 아니다.

비즈니스의 측면에서, 전략적 사고는 매우 흥미롭다. 위대한 전략가들은 기업의 목적, 자사의 장기 비전, 향후의 커다란 베팅, 그리고 만들고자 하는 제품·플랫폼·생태계 등에 대해 원대한 생각을 한다. 그러나 원대한 생각만으로는 충분하지 않다. 위대한 전략가가 되려면 자신의 비전과 고차원의 아이디어를 고객에게 다가가고 경쟁에서 이기는 전술과 행동, 조직으로 전환해야 한다. 이 장에서는 전략적 사고와 실제 결과 도출 사이의 전술적 고리를 살펴본다. 그리고 그다음 장에서는 어떻게 하면 리더가 독보적인 경쟁 우위를 확보할 수 있는지에 대해 이야기한다.

초기의 인텔과 애플에 투자했던 실리콘밸리의 유명한 벤처투자가 아서 록Arthur Rock은 언젠가 다음과 같이 말했다. "전략은 쉽지만, 전술(기업을 경영하기 위해 매일, 매월 해야 하는 결정)은 어렵다."[1] 어떤 CEO들은 이처럼 어려운 일을 부하 직원들에게 위임하고 싶은 유혹을 받을지도 모르지만 빌 게이츠, 앤디 그로브, 스티브 잡스는 그렇지 않았다. 세 CEO는 장기적 전략뿐 아니라 그날그날의 전술적 결정에도 깊이 관여했다. 적어도 1990년대 초까지 게이츠는 소프트웨어 코드까지 깊이 들어가 알고리즘 수준에서 엔지니어들에게 자주 문제를 제기했다. 그로브는 주 단위로 영업 수치와 마케팅 캠페인의 생생한 현장감을 느끼고, 제조 역량에 관한 결정이 어떤 경제적 영향을 가져오는지 확인하기를 좋아했다. 그리고 잡스는 제품 디자인과 마케팅의 가장 기본적인 사항에 직접 관여하기로 유명했다.

이와 동시에 세 사람 모두 '절대 타협하지 않는' 스타일로 알려져 있었다. 괴짜, 엔지니어, 심미주의자의 모습 뒤에 숨겨진 게이츠, 그로브, 잡스는 어떤 일이 있어도 승리를 쟁취하려고 치열하게 경쟁하는 사람이었다. 그들은 조금도 주저하지 않고 경쟁자들을 공격하거나, 파트너들을 쥐어짜거나, 떠난 고객들을 다시 끌어들였다. 그들은 신생 기업을 이끌어 크고 강력한 회사로 키웠고, 정상의 자리를 유지하기 위해 자사의 시장 지배력을 능숙하게 행사했다. 이 때문에 언론(때로는 규제 기관)에서는 이들을 약자를 괴롭히는 기업, 심지어 그보다 심한 표현으로 부르는 경우가 많았다.

그러나 세 CEO 모두 그들의 대중적 이미지보다 더 영리한 전술가였다. 그들은 자사의 힘과 규모에 기초한 책략(잭 웰치Jack Welch는 이와 같은 책략을 "경쟁사를 사버리거나 묻어 버리기"라고 표현했다[2])을 펴는 것으로 유명했지만, 힘보다 머리를 더 강조하는 전략을 사용하는 경우도 많았다. 게이츠, 그로브, 잡스는 처한 상황에 따라 다양한 형태의 조치를 세심하게 선택해 활용했다. 이 중에는 다소 놀라운 조치도 있다. 이를테면 뒤에서 살펴볼 '강아지 계략' 같은 것이 좋은 예다. 성공한 거대 기업의 리더들은 종종 이런 전술을 간과하거나, 또는 성장의 과정에서 사용하고 버리는 일시적 책략 정도로 여긴다. 그러나 게이츠, 그로브, 잡스는 경쟁에 접근하는 방식에서 남다른 융통성을 보여주었다. 그들은 자신의 힘을 최대한 활용하는 전술뿐 아니라, 작고 취약한 신생 기업들이 좀 더 흔하게 쓰는 전술도 거리낌 없이 사용했다.

다시 말해, 세 CEO는 우리가 앞에서 언급한 유도와 스모 전술의 대가였다.[3] 자신의 힘을 이용하는 스모 전술은 그 이름에서 분명히 알 수 있듯이 기본적으로 회사의 힘과 규모에 의존한다. 예를 들어 공급업체 묶어 두기, 경쟁사 인수하기, 그리고 치열한 가격 경쟁 같은 익숙한 조치가 이 전술의 범주에 포함된다. 반면 타인의 힘을 이용하는 유도 전술에는 능숙함, 민첩성, 경쟁사의 허를 찌르는 능력이 요구된다. 유도 선수들은 상대에게 주는 충격을 극대화하기 위해 지렛대 원리를 이용한다. 또한 그들은 은밀하고 빠르게 경기에 임하며, 약점을 극복하기 위해 상대방 가까이로 붙고, 상대방의 힘을 무력화하거나 역이용할 기회를 노린다.

게이츠, 그로브, 잡스는 모두 유도와 스모 전술을 섞어 사용했다. 이 장에서 우리는 그들의 성공에서 중요한 역할을 한 유도 전술 세 가지와 스모 전술 한 가지를 살펴본다.

제 4 원 칙

유도와 스모처럼
지렛대 원리와 힘을 활용하라

1 세상의 주목을 피하라.

2 경쟁자를 가까이 두어라.

3 경쟁자의 강점을 포용하고 확장하라.

4 두려워하지 말고 권력을 휘둘러라.

○

세상의 주목을
피하라

○

스티브 잡스는 음악 업계에 전혀 위협적인 존재가 아니었습니다. ……
음반사들은 그를 두려워하지 않았을 거예요.
스티브는 그저 아이디어를 내놓은 사람이었니까요.[4]
지미 아이오빈(2013)

새로운 시장에 진입할 때는 과소평가를 받는(실제로는 과소평가하도록 부추기는) 편이 매우 이로울 수 있다. 야심 찬 기업가나 CEO의 성미에는 맞지 않는 방식이다. 세상의 주목을 피하는 것은 이들의 천성에 어긋날 수도 있다. 리더들 가운데 상당수가 자기 자랑을 늘어놓기 좋아하는 자신감 있고 외향적인 성격이다. 그러나 위대한 아이디어를 너무 일찍 세상에 알리는 것은 엄청난 실수가 될 수도 있다. 세상의 주목에서 벗어나 직접적인 경쟁을 피하는 편이 더 나은 경우가 많기 때문이다. 우리는 유명 경제학자 드루 푸덴버그[Drew Fudenberg]와 장 티롤[Jean Tirole](2014년에 노벨 경제학상을 수상했다)의 용어를 빌려 이 전술을 '강아지 계략[puppy dog ploy]'이라고 부른다.[5] 이 전술의 목적은 가능한 한 위협이 되지 않는 듯이 보여서 더 강한 기업들이 당신의 회사를 주목하지 않거나 그냥 내버려 두게 하는 것이다. 만약 이렇게 보일 수 없다면(잘나가는 기업이라면 불가능한 경우가 많다), 경쟁자들이 당신의 의도를 모르게 하거나 속임수와 잘못된 정보 전달로 당신의 의도를 헛짚게 하라.

강아지처럼 굴어라

스티브 잡스가 세상의 주목을 피했다고 알려져 있지는 않지만, 그는 나름의 방식으로 강아지 계략을 신봉했다. 그가 아이튠즈를 출시할 때 사용했던 방식이 대표적이다. 애플의 고위 임원이었던 존 루빈스타인에 따르면, 잡스는 처음에 뮤직스토어의 필요성을 인식하고는 유니버설 뮤직을 인수하려고 했다. 그러나 이 계획은 곧 폐기되었다. 루빈스타인은 다음과 같이 회고했다. "(애플의 CFO인) 프레드(앤더슨)는 음악 비즈니스의 경제성을 알게 되면서 거의 심장마비를 일으킬 뻔했습니다. 그래서 스티브가 유니버설을 사는 걸 말렸죠. 그리고 솔직히 저는 프레드가 전략적으로 옳았다고 생각합니다. 만일 스티브가 유니버설을 인수했다면 나머지 음반사들이 모두 (우리의) 적이 되었을 테니까요."[6] 잡스는 유니버설 뮤직을 인수하는 대신 주요 음반사들이 애플을 경계 대상으로 생각하지 않는다는 점을 이용하는 전략을 택했다. 애플은 MP3 플레이어 제조업체인 경쟁사 소니와 달리 음반사들과 직접적으로 경쟁하지 않았고, 당시 애플이 주력하던 PC 시장에서도 점유율이 겨우 2퍼센트에 불과했다. 그러나 잡스는 이를 약점으로 여기지 않았으며, 음반사 임원들과의 대화에서 애플의 미미한 존재감을 하나의 강점으로 활용했다. 루빈스타인에 따르면 잡스는 다음과 같은 식으로 설득했다. "맥에서 음악을 제공할 수 있는 라이선스를 우리에게 준다고 해서 도대체 무슨 문제가 되겠습니까? 이걸 하나의 실험이라고 생각해 보세요."7

이 계략은 먹혀들었다. 음반사들은 통제권이 자신들에게 있으리라 믿고 아이튠즈에 대한 계약을 체결했다. 우리는 지미 아이오빈 Jimmy Iovine을 통해 이들의 시각을 엿볼 수 있다. 지미 아이오빈은 인터스코프 게펜 A&M 레코드Interscope Geffen A&M Records의 공동 창업자이자, 애플이 2014년 3월에 30억 달러의 가격을 주고 인수한 오디오 제품 및 음악 스트리밍 기업 비츠 일렉트로닉스Beats Electronics를 닥터 드레Dr. Dre와 공동으로 창업한 인물이다. 그는 다음과 같이 주장했다. "아이튠즈에 대항할 경쟁사가 최소 두세 개는 생길 거라고 모두가 예상했습니다. 게다가 음반사들은 아이튠즈와의 계약이 겨우 1~2년짜리이니 자신들이 모든 힘을 쥐고 있고, 따라서 언제라도 라이선스를 취소하면 그만이라고 생각했지요. 음반사들은 스티브를 두려워하지 않았을 거예요. 그는 그저 아이디어를 내놓은 사람이니까요."8 역설적이게도, 이처럼 느긋한 태도는 아이튠즈 참여 조건에 관한 힘겨운 협상에서 잡스에게 유리한 방향으로 작용했다.

음반사들은 음악이 더 높은 가격에 앨범 단위로 판매되기를 원했고, 잡스는 개별 곡을 각각 99센트의 가격에 판매하기를 원했다. 만약 음반사 임원들이 애플을 좀 더 심각하게 생각했다면 자신들의 입장을 양보하지 않았을 테고, 결국 이겼을 것이다. 그들에게 애플이 필요한 것 이상으로 애플에게는 그들이 필요했기 때문이다. 그러나 결국 스티브 잡스는 과소평가된 덕분에 자신이 원하는 대로 계약을 체결할 수 있었다. 그다지 위험할 게 없다고 믿은 음반사들이 쉽게 동의한 것이다.

은밀하게 움직여라

대체로 잡스는 애플이 다른 기업을 공격하지 않는다는 점을 보여주려 애쓰지 않았다. 그러나 세상의 주목을 피하기 위해 애플의 계획을 감추는 일에는 오랜 기간 집착을 보여 왔다. 일찍이 1981년, 잡스는 애플의 세 가지 새로운 개발 프로젝트에 대한 기사가 곧 IT 전문 잡지 〈인포월드InfoWorld〉에 실린다는 소식을 들었다. 이때 그는 기자에게 전화를 걸었고, 이 프로젝트의 코드명[리사, 매킨토시, 다이애나Diana(훗날의 애플 IIe)]을 밝히는 것만으로도 경쟁사들이 큰 이득을 얻게 될 거라며 강하게 항의했다. 그럼에도 이 기사는 게재되었지만 잡스의 뒤끝 역시 만만치 않았다. 1983년 어느 〈인포월드〉 기자가 애플 캠퍼스 매킨토시 건물의 '프레스 투어press tour'를 허가받

왔는데, 그 기자는 오직 건물 로비에만 접근할 수 있었다(〈인포월드〉는 그래도 가볍게 넘어간 셈이다. 2005년에 잡스는 애플과 애플의 제품에 대한 정보를 공개한 몇몇 웹사이트를 고소했다. 애플은 어느 소송 건에서 두 웹사이트를 상대로 그들이 사용한 정보의 출처를 밝히라고 몰아붙였다. 애플은 결국 이 소송에서 패했고, 법률 비용으로 70만 달러를 지불해야 했다).[9]

애플 내부에서도 잡스는 비밀을 엄수하는 문화(어떤 사람은 이를 '밀교 집단cult'이라고 불렀다)를 조성하면서 직원들을 가혹하게 단속했다. 전 애플 직원의 회고에 따르면, 잡스는 회의가 시작되기 전 모두에게 다음과 같이 경고했다. "이 회의에서 나눈 얘기가 단 한 마디라도 새어 나간다면 나는 유출자를 해고할 뿐 아니라 우리 변호사들이 할 수 있는 한 가장 강력하게 그 사람을 고발할 겁니다."[10] 놀라운 일도 아니지만 애플의 조직은 비밀을 최대한 엄수할 수 있도록 구성되었다. 존 루빈스타인이 아이팟 개발팀을 이끌었을 때, 애플 내부에서 이 프로젝트의 존재를 알고 있는 사람은 100여 명에 불과했다.[11] 루빈스타인은 2000년에 다음과 같이 말했다. "우리는 마치 테러 단체처럼 세포조직을 갖고 있습니다."[12]

비밀 엄수에 대한 강박증은 애플의 공급 사슬로까지 확대되었다. 제품 출시를 앞두고 몇 주 동안 잡스는 부품들이 각 공장을 어떻게 이동하는지 추적하기 위해 부품 상자에 전자 감시 장치를 달았다. 한때는 토마토 상자에 제품을 실었다는 소문도 돌았다.[13] 이렇게 몰래 움직이는 이유는 애플의 기업 비밀과 지식 재산을 보호하고, 경쟁자들이 애플의 조치에 대응하기 더 어렵게 만드는 것이었다. 또한 이렇게 하면 신제품이나 새로운 버전을 기대하며 기존 제품의 구매를 보류하는 소비자들을 줄일 수 있었다. 고객들이 언제 새 제품이 나올지 모른다면 그때까지 기다릴 가능성도 낮아지기 때문이다. 마지막으로, 그리고 아마도 가장 중요한 점은 극적인 것으로 유명한 애플의 신제품 출시를 위해서는 철저한 비밀 엄수가 반드시 전제되어야 한다는 사실일 것이다. 잡스는 애플의 마케팅 활동이 가져오는 효과와 충격을 극대화하고 판매를 증진하기 위한 지렛대로 비밀 엄수 전략을 활용했다.

잘못된 정보를 흘려라

잡스는 애플이 나아가는 방향을 숨기려고만 한 것이 아니었다. 그는 경쟁사들이 잘못된 판단을 하도록 적극적으로 유도하기도 했다. 잡스가 손무孫武의 《손자병법孫子兵法》을 실제로 읽어 보았는지는 모르지만 그는 이 중국 현인의 다음과 같은 조언을 깊이 새겼다. "모든 전쟁은 속임수에 기반을 두고 있다. 따라서 능력이 있을 때는 능력이 없는 척하고, 활동 중일 때는 활동을 하지 않는 척하라."[14] 잡스가 CEO로 재임할 때 수년간 애플을 담당했던 업계 분석가 진 먼스터Gene Munster는 애플이 자사 제품에 관한 정보가 공개되는 것을 막기 위해 자주 '전파를 방해한다'는 사실을 알게 되었다. 먼스터의 회고에 따르면, 애플의 한 임원이 화면 없는 저렴한 아이팟은 출시할 계획이 없다고 말했지만 얼마 지나지 않아 애플은 그가 부인했던 바로 그 제품인 아이팟 셔플을 출시했다고 한다. 애플로부터 잘못된 정보를 입수하고 있다는 사실을 알게 된 애널리스트나 기자는 먼스터뿐만이 아니었다.[15]

기술 분야를 다루는 베테랑 기자인 월트 모스버그는 2003년 열린 〈월스트리트 저널〉의 첫 연례 '올싱스디지털All Things Digital' 콘퍼런스에서 잡스를 인터뷰했다. 하지만 이 인터뷰에서 잡스가 했던 이야기들은 대부분 애플의 미래에 부합하지 않는 내용이었다. 예컨대 잡스는 애플이 전화나 태블릿을 만들 계획이 없다고 말했고, 사용자들이 아이팟(또는 화면이 작은 휴대용 기기)으로 사진이나 동영상을 보고 싶어 하지는 않을 거라고 했다. 그는 아이팟의 핵심을 설명하면서 이렇게 강조했다. "그건 음악이죠, 음악. 아이팟은 음악이 전부입니다." 그는 모스버그에게 "사람들이 조그만 화면에서 영화를 보고 싶어 할 것 같지는 않네요"라고 말하면서 휴대용 기기에 사진과 동영상을 담는 것은 '투기성 시장speculative market'에 불과하다고 일축해 버렸다. 그러나 애플은 불과 1년 후에 사진 감상용 컬러 화면을 갖춘 아이팟을 출시했고, 이어 2005년에는 동영상 기능이 들어간 아이팟을 출시했다.

비슷한 사례는 또 있다. 잡스는 당시 빌 게이츠가 홍보하고 있던 태블릿(비록 펜이 딸려 있었지만)과 관련해 모스버그에게 다음과 같이 말했다. "사람들은 키보드를 원합니다. 우리는 태블릿이 실패할 거라고 생각합니다." 태블릿이 읽기 전용 기기라는 언론 보도에 대해, 잡스는 그 점에서 태블릿이 노트북보다 나을 거라고 인정했다. 그러나 그것을 살 사람은 (데스크톱과 노트북 이외에) "세 번째 컴퓨터를 구매할 여유가 있는 일부 부자들"뿐일 거라고 주장했다. 그는 이것이 과도한 '틈새시장'에 불과하다고 농담을 던졌다. 그러나 실제로 태블릿은 애플 내에서도 자주 토론이 벌어지던 주제였다.[16] 에이비 테버니언에 따르면 애플은 일찍이 2002년에 터치 키보드와 태블릿에 관한 실험을 했다.[17] 그리고 존 루빈스타인은 애플이 2003년에 태블릿용 멀티터치 기술에 투자했다는 사실을 확인해 주었다.[18] 애플이 2004년 3월에 태블릿 기기에 대한 특허를 신청했던 것을 보면 분명 2003년 여름에는 태블릿을 실패할 제품으로 치부하지 않았던 것이 분명하다.[19]

애플이 2010년 아이패드를 출시한 뒤에도, 잡스는 계속 시장을 속였다. 예컨대 그는 더 작은 7인치 화면의 경쟁 제품을 조롱하듯이 무시했다(아이패드는 본래 10인치 화면이었다). 잡스는 다음과 같이 주장했다.

스마트폰은 이동성이 뛰어나고, 주머니나 지갑 속에 쏙 들어가며, 사람들 사이에서 사용해도 튀어 보이지 않죠. 이 점에서는 어떤 태블릿도 스마트폰과 경쟁할 수 없습니다. 모든 태블릿 사용자들이 주머니에 이미 스마트폰을 갖고 있다는 사실을 고려하면, 태블릿을 주머니에 넣기 위해 디스플레이의 크기라는 소중한 가치를 포기한다는 것은 확실히 잘못된 선택입니다. 7인치 태블릿은 스마트폰과 경쟁하기에는 너무 크고 아이패드와 경쟁하기에는 너무 작은 '트위너tweener(이쪽에도 저쪽에도 속하지 않고 양쪽 사이에 있는 중간자라는 의미—옮긴이)'죠.[20]

사실 애플 임원들은 자체적으로 '트위너'를 개발할 생각이었다. 아이튠즈를 총괄했던 에디 큐Eddy Cue는 2011년 1월에 보낸 이메일에서, 더 작은 태블릿을 긍정적으로 생각한다고 "추수감사절 이후로 수차례 스티브에게 말했으며 스티브도 마지막에는 이를 받아들이는 듯했다"고 적었다.[21] 이런 과정을 거쳐 2012년 말에 마침내 더 작은 태블릿, 즉 아이패드 미니가 출시되었다.

잡스의 은밀한 움직임은 그가 CEO로 재임하던 마지막 순간까지 애플에 많은 이득을 가져다주었다. 예를 들어 애플이 주목을 피하는 데 성공한 덕분에 당시 어떤 기업도 아이폰과 경쟁할 준비를 전혀 하지 못했다. 아이폰이 기존 제품과 기술 패러다임에서 너무 급격하게 벗어났기 때문에 노키아 경영진은 수년간 아이폰의 위협을 완전히 무시해 버렸다. 그리고 아이폰이 출시되기 전 스마트폰 관련 비즈니스의 약 20퍼센트를 차지했던 마이크로소프트는 아이폰을 장난감 정도로 치부했다. 마이크로소프트의 CEO 스티브 발머는 다음과 같이 공언한 것으로 유명하다. "아이폰이 상당한 시장 점유율을 확보할 가능성은 없습니다. 그럴 가능성은 전혀 없죠."[22] 아이폰이 출시되고 몇 달이 지난 뒤에도 발머는 여전히 아이폰의 위력을 확신하지 못했다. 그는 어느 인터뷰에서 다음과 같이 말했다. "500달러……. 세상에서 제일 비싼 휴대폰이네요. 게다가 키보드도 없어서 기업 고객들에게는 매력이 없습니다. …… 우리 쪽에서는 1년에 수백만 대의 휴대폰을 판매하는데 애플은 한 대도 못팔고 있잖아요."[23]

○

경쟁자를
가까이 두어라

○

애플이 이기려면 마이크로소프트가 져야 한다는 생각을 버려야 합니다. ……
애플과 마이크로소프트 사이의 경쟁을
이런 식으로 생각하는 시대는 끝났습니다.[24]
스티브 잡스(1997)

현재의 경쟁자든 잠재적 경쟁자든, 경쟁자들과 협력하는 전술은 강하게 밀어붙이기 좋아하는 일부 경영자들과는 어울리지 않는다. 경쟁적인 사람은 대개 본능적으로 '이기려는' 욕망이 앞선다. 많은 리더들은 제휴 관계를 구축하거나 자신의 성공을 나누기보다는 주변 환경을 장악하는 데 관심이 더 많다. 그러나 적과 협력하면 자신을 정면으로 공격하려는 상대의 시도를 늦추거나 다른 데로 주의를 돌릴 수 있으며, 때로 상대에 앞서 공격을 가함으로써 자신의 위치를 강화하고 상대가 먼저 움직일 여지를 제한할 수 있다. 유도에서는 이런 방법을 가리켜 상대를 '움켜쥐기gripping'라고 부른다. 유도의 기법을 활용하는 영리한 전술가들은 자신의 선택권을 방어하면서 주요 기업들과 협력 관계를 맺는 방법을 찾아낸다. 이런 책략의 목적은 상대에게 가까이 접근해 관계를 통제함으로써 상대가 자신을 쓰러뜨리는 일을 훨씬 어렵게 만드는 것이다.

빌 게이츠와 스티브 잡스는 모두 '코피티션co-opetition'의 대가가 되었다. 코피티션이란 다른 회사들과 경쟁competition하는 동시에 협력cooperation하는 것을 말한다(이에 반해 인텔은 대체로 경쟁사들과 직접 경쟁하는 쪽을 택했는데, 반독점법에 대한 우려가 그 주된 이유였다).25 마이크로소프트 초창기에 게이츠는 PC 플랫폼의 미래를 개척하기 위해 IBM과 경쟁하면서, 동시에 이 거대 컴퓨터 기업과 협력하는 방안을 찾아냈다. 또한 게이츠는 매킨토시용 애플리케이션을 만들기 위해 잡스와 긴밀하게 협력했다. 협력 과정에서 게이츠는 GUI를 개발하기 위한 핵심적인 아이디어를 배웠고, 나중에 이를 윈도 개발에 활용했다. 잡스의 경우에는 1997년에 빌 게이츠 및 마이크로소프트와 일시적으로 화해하고 마이크로소프트가 매킨토시 플랫폼에서 돌아가는 애플리케이션을 계속 개발하도록 했을 때 전술적인 성공을 이룬 셈이었다.

코피티션

빌 게이츠는 놀랍도록 코피티션에 능숙했다. 우리는 흔히 마이크로소프트를 독보적이고 강력한 회사, 다른 모든 '다윗' 회사들과 싸우는 소프트웨어 '골리앗'이라고 생각한다(물론 이 골리앗은 결국 대부분 승리했다). 그러나 2장에서도 언급했듯, 1980년대에 마이크로소프트는 컴퓨터 업계의 거인인 IBM과 불안한 관계를 맺고 있는 신참 파트너에 불과했다. 하지만 게이츠는 10년 만에 자신이 늘 잠재적 경쟁자라고 간주했던 IBM을 눌렀다. 그의 방식은 "친구들을 가까이 두고, 적들은 더 가까이 두라!"라는 옛 격언을 생각나게 한다.

규모와 자원, 영향력이 막강했던 IBM은 전통적으로 업계의 표준을 결정하는 역할을 해왔다. 따라서 IBM이 초기에 자체적인 PC 운영체제를 만들었다면 마이크로소프트를 따돌릴 수도 있었다. 실제로 1980년대 중반에 IBM은 그렇게 하려고 했다. '마이크로소프트를 타도하라'라는 마음으로 뭉친 회사 임원들은 CP-도스CP-DOS라는 이름의 새로운 운영체제 개발을 밀어붙였다.[26] 또한 IBM의 엔지니어들은 탑뷰TopView라는 제품도 개발하고 있었다. 탑뷰는 윈도의 잠재적 경쟁 제품으로, 게이츠는 훗날 이를 두고 "우리를 파산시키기 위한 프로젝트 중 하나"라고 평했다.[27] 이런 조치들에 대한 대응으로, 게이츠는 도스와 윈도의 차기 버전과 관련한 마이크로소프트의 계획을 IBM에 열심히 홍보했다. IBM은 마이크로소프트의 로드맵을 지지하지는 않았다. 그러나 IBM은 결국 CP-도스 프로젝트를 마이크로소프트의 도스 계획과 합치기로 결정했고, 게이츠로서는 위협 요소 하나를 제거한 셈이었다. 또한 두 회사는 새로운 운영체제를 만들기로 공동 개발 협약을 맺었다. 이를 통해 1987년에 OS/2가 탄생했다.

게이츠는 이 공동 개발 프로젝트를 추진하는 동안에도 윈도를 동시에 개발해 나갔다. 스티브 발머는 윈도를 포기하고 OS/2에만 전념하라고 게이츠를 설득했으나, 게이츠는 이를 거부했다. 게이츠는 전면적인 경쟁 국면을 피하기 위해 IBM과 계속 협력하고자 했지만, 두 회사의 문화와 비전이 근본적으로 다르기 때문에 협력이 장기간 이어질 가능성은 희박하다는 사실을 알고 있었다. 1986년에 열린 마이크로소프트 애플리케이션 수련회에서 게이츠는 다음과 같이 역설했다. "IBM은 헛발질을 하고 있습니다. 우리 모두 IBM이 헛발질한다는 것을 알고 있습니다. 우리가 향후 수년간 할 일은 미로 속에 빠진 쥐처럼 행동하는 것입니다."[28] 즉 막다른 골목에 이를 줄 뻔히 알면서도 겉으로는 이런 관계를 계속 원하는 듯이 이 일 저 일을 반복해서 시도하는 것이다. 실제로 게이츠는 불가피한 대결을 준비하면서도, 치명적인 공격을 피하기 위해 가능한 한 오랫동안 IBM과 협력 관계를 유지하는 데 성공했다.

제로섬에서 윈윈으로

스티브 잡스 역시 협력하는 스타일로 알려져 있지는 않았다. 그러나 잡스는 게이츠가 그랬듯이 자신에게 이득이 된다면 협력할 준비가 되어 있는 사람이었다. 애플이 살아남으려고 안간힘을 쓰던 1997년 8월, 잡스는 애플의 숙적이자 가장 강력한 라이벌인 마이크로소프트와 제휴 협약을 맺는다고 발표해 보스턴 맥월드 엑스포 Macworld Expo에 모인 애플 지지자들을 어리둥절하게 했다.

이 협약 조건에 따르면, 마이크로소프트는 1억 5000만 달러의 애플 무의결권 주식을 매입하고 최소 3년간 보유하기로 했다. 또한 마이크로소프트는 5년간 마이크로소프트 오피스와 인터넷 익스플로러의 매킨토시 버전 개발을 지속하고, 최소한 윈도에서와 같은 빈도로 새로운 버전을 출시하기로 약속했다. 그뿐 아니라 마이크로소프트는 윈도 운영체제가 자사의 특허를 침해했다는 애플의 오래된 주장을 해결하기 위해, 밝혀지지 않은 액수의 돈(소문으로는 1억 달러라고 한다)을 애플에게 지불하기로 합의했다. 그 대가로 애플은 익스플로러를 매킨토시 운영체제의 기본 웹브라우저로 설정하겠다고 합의했다.29 비록 애플의 PC 시장 점유율은 아주 미미했지만, 마이크로소프트는 이 협약을 인터넷 익스플로러를 독보적인 웹브라우저로 만들기 위한 캠페인의 중요한 일환으로 여겼다.

맥월드에 모인 청중 가운데 일부(마이크로소프트를 사악한 제국으로 여기는 사람들)는 이 계약 발표에 야유를 보냈다. 잡스는 그들을 가볍게 나무라며 다음과 같이 말했다.

우리는 애플이 이기려면 마이크로소프트가 져야 한다는 생각을 버려야 합니다. …… 애플과 마이크로소프트 사이의 경쟁을 이런 식으로 생각하는 시대는 끝났습니다. 마이크로소프트와 협력하면 애플은 다시 건강해질 수 있습니다. 이를 통해 애플

은 이 산업에 엄청나게 위대한 기여를 할 수 있고, 건강을 되찾아 번영을 이어 갈 수 있습니다.[30]

그로부터 10년이 지나 잡스는 〈월스트리트 저널〉의 기자 월트 모스버그와의 인터뷰에서 다음과 같이 말했다. "만일 애플이 이기기 위해 마이크로소프트를 패배시켜야 한다는 방식으로 이 게임을 생각했다면, 애플은 패배했을 겁니다."[31]

당시 애플은 살아남기 위해 안간힘을 쓰고 있었다. 마이크로소프트와 맺은 협약은 영리한 전술적 조치였다. 데스크톱 시장에서 애플의 점유율은 2.8퍼센트로 떨어졌고, 애플은 지난 18개월 동안 16억 달러의 손실을 본 상황이었다.[32] 이 거래를 통해 애플은 필요한 자금을 얻고 오래된 법적 분쟁을 해결했을 뿐 아니라, 회사의 미래도 보장받게 되었다. 마이크로소프트와의 거래가 없었다면 애플은 '사라졌을' 것이다. 존 루빈스타인은 다음과 같이 말했다. "오피스를 사용할 수 없다면 누가 맥을 구입했을까요? 오피스가 없이는 아무것도 할 수 없었을 테니 애플은 끝장났을 겁니다."[33] 사실 게이츠가 이 협약에 서명한 것은 엄청난 실수일 수도 있다. 만약 게이츠가 잡스를 재정적으로 도와주지 않았다면 애플은 살아남지 못했을 것이다. 따라서 10년 뒤 애플이 마이크로소프트를 괴롭히는 일도, 마침내 마이크로소프트를 제치고 역사상 기업 가치가 가장 높은 회사가 되는 일도 일어나지 않았을 것이다.

잡스는 애플과 마이크로소프트 사이에 경쟁의 시대는 끝났다고 말했지만, 그들 간의 경합은 여전히 치열했다. 두 회사는 데스크톱 컴퓨터 시장을 두고 전투를 재개했을 뿐 아니라 디지털 뮤직 플레이어, 스마트폰, 태블릿, 클라우드 컴퓨팅을 놓고도 경쟁을 벌였다. 애플은 상대적으로 취약한 위치에서 출발했지만 대부분의 시장에서 우위를 점했다. 잡스는 1997년에 상대를 '움켜쥐며' 자신의 균형을 유지했을 뿐 아니라 더 유리한 고지로 올라설 수 있었다. 그리고 이는 애플이 여러 전선에서 마이크로소프트를 물리치는 데 도움이 되었다.

경쟁자의 강점을
포용하고 확장하라

(우리의 경쟁자들이) 잘한 일을 받아들입시다.
그리고 이를 넘어섭시다.[34]
빌 게이츠(1995)

세 번째 전술은 몸을 낮춰 경쟁사를 모방하는 것이다. 대개의 경영자들은 이 전술을 그 자리에서 거부한다. 모방은 회사에 힘이 없거나 창조적 역량이 부족하다는 신호로 비치는 경우가 많다. 또한 실패를 인정하는 일일 수도 있다. 어쩌면 원래의 전략이 계획대로 전개되지 않았을지도 모르고, 방향은 옳았지만 실행이 형편없었을지도 모른다. 이유야 어쨌든, 이제 회사는 경쟁사의 뒤를 따르고 있음을 알게 된다. 이는 많은 리더들이 적극적으로 추구하거나 오래 지속하고 싶은 상황은 아니다. 그러나 게이츠, 그로브, 잡스는 어려움에 대처하는 최선의 방법이 상대의 강점을 포용하고 확장해서 약점으로 바꾸는 것이라는 사실을 잘 알고 있었다. 그들은 자존심을 희생하더라도 이런 통찰에 기초해 행동했고, 회사에 더 큰 성공을 안겨 주었다.

일반적으로 위대한 혁신가로 여겨지는 스티브 잡스조차 모방을 했다. 그는 아이폰과 관련한 문제들이나 애플이 클라우드 컴퓨팅에 접근하는 방식 등을 지적하면서 회사가 무슨 일을 시작해야 하는지 있는 그대로 말했다. 2010년에 내부 관계자에게 쓴 이메일에서 볼 수 있듯이 아이폰 운영체제^{iOS}에 관한 그의 전략은 단순했다. "우리가 뒤처진 부분(알림, 테더링, 음성……)에 대해서 안드로이드를 따라잡고, 뛰어넘을 것(시리^{Siri}……)."[35] 아이클라우드가 등장하기 전에 서비스되었던 모바일미에 대한 그의 처방도 그리 복잡하지 않았다. "전략: 구글 클라우드 서비스를 따라잡고, 뛰어넘을 것(포토 스트림, 클라우드 스토리지)."[36]

앤디 그로브 역시 인텔이 RISC 칩이라는 거대한 위협에 직면했던 1990년대 초에 경쟁사의 선례를 따랐다. 3장에서 살펴보았듯이, 당시에는 특히 서버와 워크스테이션 분야에서 RISC 칩이 고성능 컴퓨팅 시장을 장악할 것으로 예상되었다. 또 어떤 사람들은 RISC 칩이 데스크톱 컴퓨터와 여러 기기들의 표준이 되어 인텔의 CISC 칩을 도태시킬 것으로 전망했다. 인텔 이사회 일원이었던 데이비드 요피는 당시 이렇게 물었다. 만약 RISC가 정말로 더 뛰어나다면 우리가 어떻게 이길 수 있나? 만약 경쟁사의 주장대로 RISC가 더 빠르고 저렴하다면 인텔의 미래는 암울한가?

이에 대한 대답은 '그렇지 않다'였다. RISC는 일종의 싱글 프로세서상의 병렬 처리인 '슈퍼스칼라 파이프라이닝superscalar pipelining' 같은 기술적 장점이 있었지만, 인텔의 CISC 설계에 이런 기능들을 추가하는 것은 기술적으로 불가능했다. 1990년대 초부터 인텔은 RISC의 기능들을 포함하기 위해 자사의 칩을 처음부터 재설계하기 시작했고, 성능이 더 좋은 새로운 마이크로프로세서를 대량 생산하기 위해 제조상의 역량을 최대한 투입했다. 그 결과 인텔 칩의 성능은 향상되었고 회사의 비용은 감소했으며, 마침내 인텔은 이전에 RISC 탑재 컴퓨터가 장악했던 워크스테이션과 서버 시장의 80~90퍼센트를 차지했다.

빌 게이츠는 모방으로 훨씬 훌륭한 결과를 얻었다. 예컨대 1980년대에는 많은 소프트웨어 기업이 디스크 공간을 추가로 확보하고 데이터를 보호·관리하며 컴퓨터들의 네트워크를 구축함으로써 MS-도스의 성능을 향상할 수 있는 유틸리티 프로그램을 판매하거나 기타 서비스를 제공해 근근이 비즈니스를 영위해 나갔다.

1990년에 노벨Novell은 이런 여러 기능에 유틸리티 프로그램을 포함한 자체 버전의 도스를 출시했다. 마이크로소프트는 노벨의 방식을 수용했으며, 그 전략을 더 확대하는 방향으로 대응했다. 1991년에 출시된 MS-도스 5.0에는 긴 명령어를 저장하는 간단한 유틸리티 프로그램부터 사용자가 실수로 지워 버린 파일을 복구하는 도구까지 사용자들이 강력하게 요구해 온 다양한 기능이 포함되었다. 도스 5.0이 나오기 전에는 다른 기업들이 이런 도구와 기능을 제공했으나, 도스 5.0이 나온 뒤에 이 기업들은 새로운 틈새시장을 찾아야 했다. 그 후 새로운 기업들이 나타나 도스 5.0에 다른 기능을 제공하기 시작하자, 마이크로소프트는 또다시 1993년에 출시된 차기 버전 도스 6.0에 그 핵심 아이디어들을 포함했다. 한 비평가는 이를 다음과 같이 표현했다. "MS-도스에 랩링크LapLink, 스태커Stacker, 테이크 차지Take Charge, 브이버스터V-Buster, 노턴 유틸리티Norton Utilities, 배터리 세이버Battery Saver를 추가하면 (MS-도스 6.0과) 아주 비슷해진다. 그러나 MS-도스 6.0은 이 모든 프로그램을 합쳐 놓은 것보다 훨씬 저렴한 가격에 판매된다."[37] 이 프로그램들을 만든 개발업체에게는 미래의 전망이 암울했고, 마이크로소프트와 소비자들에게는 모두가 이로운 상황이었다.

그러나 마이크로소프트는 곧 회사 역사상 가장 심각한 경쟁 상황에 직면했다. 1995년 가을, 마이크로소프트의 새로운 운영체제인 윈도 95는 엄청난 성공을 거뒀지만 전 세계 대부분의 사람들은 마이크로소프트가 공룡이라고 비난하고 있었다. 인터넷이 급속도로 확산되는 상황에서 넷스케이프는 웹브라우저 시장의 90퍼센트를 차지할 정도로 각광받고 있었다. 한물간 독점적 온라인 서비스에 수억 달러를 들인 마이크로소프트는 인터넷이라는 배를 놓친 듯했다. 그러나 그해 진주만 기념일(12월 7일)에 게이츠는 놀라운 계획을 발표했다. 넷스케이프가 개척한 웹 기반 기술들을 공격하지 않고, 이 기술들을 "포용하고 확장해서" 인터넷 물결에 편승하겠다는 것이었다. 마이크로소프트는 자사 고유의 기술을 포기하고 "모든 보편적 인터넷 프로토콜"을 채택하거나 개조할 준비가 되어 있었다. 게이츠는 다음과 같이 선언했다. "우리는 여러 인터넷 기업들이 사용하고 있는 것은 무엇이든 지원할 것입니다. 더 나아가 우리는 그것들을 확장할 것입니다. 이것이 바로 넷스케이프가 하는 일입니다."[38]

또한 3개월 뒤 마이크로소프트는 자바를 '포용하고' 공식적으로 허용했다. 자바는 경쟁사인 선마이크로시스템스Sun Microsystems가 개발한, '한번 작성해 어디서나 실행할 수 있는write once, run everywhere' 프로그래밍 언어로, 윈도, 유닉스, 맥 OS 같은 서로 다른 운영체제 위에서도 아무 문제 없이 실행되는 하나의 플랫폼이었다. 개발자들은 소프트웨어를 각각의 OS용 버전으로 따로 만들지 않고 자바를 사용해 어디서나 다운로드할 수 있는 하나의 버전으로 만들었는데, 그러면 여러 기기에서 사용할 수 있었다. 만약 이 비전이 구체화된다면 고객들은 더 이상 과거에 투자한 소프트웨어 때문에 한 운영체제에 갇혀 있을 필요가 없었다. 당연한 일이겠지만, 처음에 마이크로소프트는 직감적으로 가능한 한 자바를 막아야겠다고 생각했다. 그러나 1996년 3월에 게이츠는 방향을 틀어 자바를 수용하기로 결정했다. 더 나아가 자바의 버전 간 호환성을 줄여 '한번 작성해 어디서나 실행할 수 있는' 위협 요소를 없애고자 했다.

'포용하고 확장하는' 행위는 곧 강력한 영향력과 뛰어난 전술적 능력을 입증하는 것이다. 마이크로소프트는 웹을 이길 수 없었다. 1995년 후반이 되자 독점적 기술, 그리고 AOL처럼 폐쇄적인 커뮤니티를 통해서 고객들을 유인하기에는 너무 늦어 버렸다. 그러나 마이크로소프트는 HTML과 자바를 비롯한 웹 기술을 포용했고, 이를 통해 넷스케이프 내비게이터와 기능적으로 대등한 품질의 브라우저를 무료로 제공해(내비게이터의 가격은 49달러였다) 시장을 되찾을 수 있었다. 기본적으로 마이크로소프트는 넷스케이프를 이기기 위해 넷스케이프의 성장 배경, 즉 인터넷 열풍을 이용하고 있었다. 더욱더 많은 사람들이 웹 열풍에 동참하자, 마이크로소프트는 그들을 끌어들이고 넷스케이프의 기세를 잠재우기 위해 윈도와 인터넷 익스플로러를 활용했다.

마이크로소프트는 더 나아가 웹브라우저를 윈도와 오피스에 통합해 '확장할' 계획을 세웠는데, 이렇게 하면 훨씬 더 많은 사용자들이 내비게이터보다 인터넷 익스플로러를 선택하도록 유도할 수 있었다. 간단히 말해, 이 계획은 경쟁사 제품을 점차 범용품으로 바꿔 버리고 이를 모방한 제품을 출시한 뒤, 여기에 차별적 요소를 덧붙이는 것이었다. 예를 들어 윈도 98의 경우 사용자들은 데스크톱에서 직접 웹 콘텐츠에 접근할 수 있었고, 데스크톱 환경을 브라우저처럼 꾸밀 수 있었다(다만 사용자들은 이런 기능에 별로 관심이 없었다). 인터넷 기능을 윈도 안에 통합하고 윈도를 인터넷용 애플리케이션을 위한 강력한 플랫폼으로 만들겠다는 게이츠의 결심이 있었기에, 마이크로소프트는 개인용 컴퓨터를 위한 독보적 소프트웨어 개발 플랫폼이자 데스크톱의 제왕 지위를 유지할 수 있었다.

○

두려워하지 말고
권력을 휘둘러라

○

저는 당신 회사의 지분 20퍼센트를 매입할 수도 있고, 전부를 매입할 수도 있으며,
아니면 아예 이 비즈니스에 직접 뛰어들어 당신 회사를 매장시킬 수도 있습니다.[39]
빌 게이츠가 AOL의 CEO 스티브 케이스에게(1993)

유도 전술은 세 CEO가 실행했던 중요한 전술이었지만 의외로 잘 알려지지 않았다. 그러나 그에 못지않게 중요한 점은 게이츠, 그로브, 잡스가 겁내지 않고 자신의 힘을 이용했다는 사실이다. 인터넷 기술 시장에서 12개월 안에 0에 가까운 점유율을 30퍼센트로 끌어올린다는 목표를 회사의 최우선 과제로 삼았을 때, 게이츠는 단지 '포용하고 확장하는' 방법에만 의지하지는 않았다. 이보다 전통적인 전술들도 중요한 역할을 했다. 예를 들어, 마이크로소프트의 계획 중 하나는 "상위 80퍼센트의 웹사이트가 우리의 클라이언트(인터넷 익스플로러)에서 구동되도록 만들 것"이었다. 그리고 게이츠는 이 목표를 달성하기 위해 마이크로소프트의 강점을 직접 활용할 계

12개월 안에 시장점유율을 30퍼센트로 끌어올리는 방법

권장 사항 요약

1. 인터넷을 진지하게 고려할 것. 현재 넷스케이프는 인터넷에 친화적인 기업이며, 마이크로소프트는 인터넷을 잘 알지 못하는 기업이다. 우리는 회사 차원에서 인터넷을 진지하게 고려해야 한다. 회사 안의 모든 그룹은 자신이 어떻게 고객들을 위하여 인터넷을 개선하고 있는지, 어떻게 다른 기업들에 도움이 되는 새로운 가치를 인터넷에 제공하고 있는지 물어야 한다. 우리는 전에 GUI와 윈도에 전념했던 것처럼 인터넷의 성공에 전념해야 한다. 우리가 어떻게 인터넷을 차별화할지가 아니라, 어떻게 비즈니스를 위해 인터넷을 개선하고 있으며 어떻게 더 많은 기회를 만들어 내고 있는지를 분명히 보여줄 수 있도록 단일한 PR 캠페인에 초점을 맞춰야 한다.

2. 넷스케이프를 그대로 모방하고 확대할 것. PSD(Platforms & Services Division, 플랫폼 및 서비스 사업부, 마이크로소프트의 부서명이다—옮긴이)는 넷스케이프를 그대로 모방하는 방법을 진지하게 고려해야 한다. 우리는 현재 넷스케이프의 모든 기능과 향후 추가될 새로운 기능을 다음에 출시되는 우리 제품에 그대로 모방할 계획을 세워야 한다. 우리는 이를 유일한 우선 과제로 삼아 최고의 인재들을 이 작업에 투입해야 한다. 기존에 계획된 Win32/OLE 작업 외에도 우리는 하나의 포맷으로서 HTML을 확장하고 소유하는 것에 대해 진지하게 고려해야 하며, 남보다 앞서나가기 위해 이 과정에서 우리의 강점을 최대한 활용해야 한다. 우리는 인터넷 익스플로러에 폼스' 런타임(Forms³ runtime)을 탑재하여 이 런타임이 2D 레이아웃으로 확장된 HTML을 처리할 수 있도록 해야 한다. 또한 그것이 HTML의 자연스러운 확장이 되도록 RTF(rich text format, 마이크로소프트 사가 중심이 되어 표준화한 텍스트 문서 파일 형식—옮긴이)를 수정하고, 이 새로운 포맷을 읽고 쓸 수 있도록 워드와 그 밖의 텍스트 편집기들을 변경해야 한다.

3. 상위 80퍼센트의 웹사이트가 우리의 클라이언트에서 구동되도록 만들 것. 콘텐츠가 곧 브라우저 채택을 좌우한다. 우리는 상위 다섯 개 사이트에 가서 "우리가 무엇을 해주면 당신들이 인터넷 익스플로러를 채택하겠습니까?"라고 물어야 한다. 우리는 수표를 써주거나, 사이트를 사들이거나, 이들이 요구하는 기능을 인터넷 익스플로러에 추가하는 등 기본적으로 필요한 모든 일을 해야 한다. 우리는 인터넷 콘텐츠 제작업체(ICP)들을 끌어들이기 위한 노력(현재는 MSN에 중점을 두고 있음)의 초점을 다시 여기에 맞춰야 한다. 우리는 공격적인 추진력을 갖춘 사람들에게 이 문제를 맡겨야 한다. 아마도 JonL이나 RSegal 같은 사람들이 적합할 것이다.

출처: '12개월 안에 시장점유율을 30퍼센트로 끌어올리는 방법' 마이크로소프트 내부 메모, 《미합중국 대 마이크로소프트(United States v. Microsoft Corporation)》(민사 소송 98-1322번), 정부 증거물 684, 2013년 5월 21일에 열람. http://www.justice.gov/atr/cases/exhibits/684.pdf.

획을 세웠다. 미국 법무부가 공개한 유명한 메모에는 마이크로소프트의 명확한 전략이 기재되어 있다. "우리는 상위 다섯 개 사이트에 가서 '우리가 무엇을 해주면 당신들이 인터넷 익스플로러를 채택하겠습니까?'라고 물어야 한다. 우리는 수표를 써주거나, 사이트를 사들이거나, 이들이 요구하는 기능을 인터넷 익스플로러에 추가하는 등 기본적으로 필요한 모든 일을 해야 한다."[40]

게이츠, 그로브, 잡스는 경쟁 상황에서 주저하지 않고 자신의 명성, 회사 자원, 시장 지위 등을 최대한 활용했다. 그리고 일단 회사가 거대 기업으로 성장한 뒤에는 경쟁사뿐 아니라 고객, 협력사, 공급업체 등을 대할 때에도 자신의 강점을 최대한도로 이용했다. 때로는 세 사람 모두 도를 넘은 탓에 불법적인 경쟁 행위로 고발을 당하기도 했다. 그렇지만 게이츠, 그로브, 잡스는 대중의 생각을 능숙하게 조종하고, 경쟁사의 공격 기회를 최소화하고, 협상에 냉철하게 접근함으로써 자신들의 회사를 오랜 기간 최고의 반열에 올려놓았다.

경쟁사들을 불안하게 하라

손무는 《손자병법》에서 다음과 같이 조언했다. "모든 전투에서 이기는 사람이 진정으로 뛰어난 것은 아니다. 싸우지 않고도 적군을 무력화하는 사람이야말로 가장 뛰어나다."[41] 빌 게이츠는 이 조언을 마음 깊이 새긴 것 같다. 그는 마이크로소프트의 시장 영향력을 이용해, 출시하기까지 아직 많은 시간이 남은 새로운 제품이나 업그레이드를 사전에 발표함으로써 업계 전체에 'FUD(두려움fear, 불확실성uncertainty, 의심doubt)'를 퍼뜨리는 것으로 악명 높았다. 그것은 IBM이 전성기 때 처음 사용한 기법이다. '베이퍼웨어vaporware(하드웨어나 소프트웨어 분야에서 아직 개발되지 않은 가상의 제품을 지칭하는 말—옮긴이)'라고 불리는 이런 제품이 발표되면, 소비자들이 경쟁제품을 구입하지 않고 선도 기업이 출시할 제품을 기다리게 되기 때문에 시장이 얼어붙는다.

베이퍼웨어로 경쟁사들을 불안하게 하는 전술은 특히 소프트웨어 산업에서 강력한 힘을 발휘한다. 게이츠가 일찍부터 이 방법을 애용한 것도 그 때문이다. 일례로 1982년에 그는 도스와 윈도에 대한 위협을 차단하기 위해 베이퍼웨어를 사용했다. 그해에 열린 컴퓨터 산업 무역박람회 컴덱스Comdex에서, 마이크로소프트의 경쟁사인 비지코프VisiCorp는 그래픽 기반에 윈도 기능을 갖춘 IBM PC용 운영체제 비지온Visi On을 선보였다. 게이츠는 비지온을 보자마자 이 운영체제가 도스를 대체해 새로운 표준 플랫폼이 될 수 있다는 사실을 알아차렸다. 게이츠는 즉시 컴퓨터 제조사들에게 마이크로소프트가 자체 GUI를 개발하고 있다고 홍보하기 시작했다. 당시 그가 말한 GUI는 급한 대로 '인터페이스 매니저Interface Manager'라는 이름을 붙인, 아이디어 수준에 불과했다. 그는 마이크로소프트의 제품을 보기 전까지는 비지코프와 어떤 계약도 체결하지 말라고 고객들을 설득했다. 1983년 1월, 게이츠는 비지온이 시장에 나오기 전에 마이크로소프트가 자사의 제품을 출시할 거라고 넌지시 말했다(이 예견은 무려 2년이나 빗나갔다).[42] 그리고 같은 해 4월에 마이크로소프트는 "역사상 가장 기만적인 시연회"를 열었다. 이 시연회에서는 겹쳐진 몇 개의 창이 서로 다른 프로그램을 돌리고 있는 화면의 모형이 제시되었으나, 이 프로그램들은 실제로 아무것도 하는 게 없었다. 마이크로소프트 내부에서조차 이를 "속임수 시연회"라고 불렀다.[43]

그러나 이 전술은 효과가 있었다. 1984년 말 〈파이낸셜 타임스 Financial Times〉는 발표 후 1년이 넘는 시간이 지나도록 마이크로소프트 윈도가 출시되지 않았지만, "애플리케이션 소프트웨어 기업들로부터 상당한 지지를 이끌어 냈다"고 보도했다.[44] 1984년부터 1985년에 걸쳐 윈도는 언제나 몇 주일 내에 나올 제품으로 알려졌고, 마침내 1985년 11월이 되어서야 정식으로 출시되었다. 그동안 비지코프, 애플, IBM, 디지털 리서치 등의 기업이 모두 GUI를 시장에 내놓았다. 그러나 게이츠의 언론 플레이 덕분에 애플 말고는 어느 기업도 시장에서 반향을 불러일으키지 못했고, 윈도가 PC 데스크톱을 장악할 길이 열렸다.

적의 공격 기회를 최소화하라

우월한 강점을 활용하는 두 번째 전술은, 적의 공격 기회를 최소화하기 위해 자사 제품 라인상의 모든 허점을 메우는 것이다. 당신의 회사가 급성장하는 업계를 장악하고 있다면, 경쟁사들은 당신의 제품이나 서비스에서 자신들이 공략할 수 있는 허점을 찾을 것이다. 만약 그들이 이런 전술을 능숙하게 활용한다면 작은 허점이 커다란 구멍이 되어 돌아올 수도 있다. 경쟁사들은 교두보를 구축하고, 확장하고, 결국에는 당신을 따라잡을 것이다. 가시적인 허점을 모두 메우면 이런 위협을 크게 줄일 수 있다.

1990년대 초에 인텔은 역시 x86 칩을 생산하던 AMD, 사이릭스Cyrix, 칩스앤드테크놀로지스Chips and Technologies 같은 모방 기업들 또는 '복제품'들과의 경쟁을 차단하기 위해 이 전술을 사용했다. 당시 인텔 복제품을 만들던 기업들은 인텔보다 더 높은 시장점유율을 확보하고자 총력을 기울이고 있었다. 사이릭스의 사장 제리 로저스Jerry Rogers는 "인텔과 시장을 나눠 가질 것"이라고 공언하며, 50퍼센트의 시장점유율을 목표로 한다는 속내를 넌지시 내비쳤다.[45] 그로브는 우선 이들을 상대로 소송을 제기했다. 그러나 소송은 대개 과속방지턱을 세우는 정도에 불과하다. 소송은 자사의 지식 재산을 보호하고, 경쟁사의 비용을 높이고, 그들의 공격을 늦추려는 시도다. 시장에서 이기려면 더 많은 것이 필요하다. 이 경우에 '더 많은 것'이란 인텔 제품 라인상의 모든 허점을 보완하기 위한 철저한 노력을 의미했다. 1991년, 인텔은 고객들의 요구를 만족시키기 위해 자사의 386과 486 프로세서의 새로운 버전을 30가지나 발표했다.[46] 과거 AMD는 신제품, 예컨대 플라스틱으로 만든 고속 부품 같은 것을 출시해 인텔이 장악한 시장을 잠식하는 데 성공한 적이 있었다. 그로브는 그와 같은 실수를 되풀이하지 않겠다고 결심했다.

그로브는 시장이 요구하는 다양한 제품을 제공할 뿐 아니라 모든 제품을 고객이 원하는 만큼 공급하겠다고 결정했다. 이는 공급을 보장하기 위해 제조 역량에 대규모 투자를 한다는 뜻이었다. 1993년, 그로브는 경영진에게 다음과 같이 말했다. "우리의 제조 역량이 미치지 못해서(또는 제품이 없어서) 공급하지 못하는 프로세서는 모두 경쟁사들의 몫이다. 그들 자신의 능력으로 우리 시장을 잠식하는 것이 아니다. 그들이 그렇게 할 수 있도록 빌미를 주는 것은 바로 우리 자신이다."[47] 당시 인텔의 최우선 전략은 '마이크로프로세서를 망치지 말라'였다. 회사는 이를 실행했고, 그로브의 시대 말기에 사실상 시장에 남아 있는 경쟁자는 AMD뿐이었다.

그로브는 복제품 제조업체들뿐 아니라 IBM, 선마이크로시스템스, DEC, MIPS 같은 RISC 프로세서 제조사들과도 경쟁해야 했다. 앞에서 살펴보았지만, RISC의 특징을 '포용하고 확장하는' 것은 인텔의 중요한 대응책이었다. 그러나 그로브는 RISC 제조사들을 정면으로 공격하기도 했다. 처음에 이 회사들은 인텔의 핵심 비즈니스가 아닌 고성능 컴퓨터 시장에 집중했다. 그러나 그로브는 일단 RISC가 고성능 컴퓨터 시장을 장악하면 데스크톱 PC 역시 RISC의

당면과제 #1: 마이크로프로세서를 망치지 말라.

- 마이크로프로세서를 허술하게 만들어서 경쟁자들이 들어올 틈을 주면 안 된다. (예: 불충분한 모바일 4).
- 우리의 제조 역량이 충분하지 못해(또는 제품이 없어서) 공급하지 못하는 프로세서는 모두 경쟁사들의 몫이다.

그들 자신의 능력으로 우리 시장을 잠식하는 것이 아니다.
그들이 그렇게 할 수 있는 빌미를 주는 것은 우리 자신이다.

출처: 허가를 받아 앤디 그로브의 1993년 인텔 SLRP 프레젠테이션 자료에서 재현.

몫이 될 수 있다는 사실을 잘 알고 있었다. 그래서 인텔은 워크스테이션과 서버 고객들에게 실질적인 대안을 제시하여 고성능 제품 시장에서 RISC의 점유율을 최소화하기 위해 노력했다. 만약 이 고객들이 유닉스 기반의 강력한 운영체제 위에서 자사의 비즈니스를 운영하고 싶어 한다면, 인텔 칩이 내장된 컴퓨터 위에서 이 운영체제를 돌려야 한다고 그로브는 생각했다. 이 목표는 인텔을 모든 운영체제를 위한 '선택의 항구port of choice'로 만든다는 당면 과제로 전환되었다.

인텔은 각 소프트웨어 기업들의 운영체제가 인텔 CPU에서 돌아가도록 수정하는 일을 좀 더 쉽고 저렴하게 만들어 주는 소프트웨어에 상당한 자원을 투자했다. 이런 노력은 곧 성공을 거뒀다. 1993년에는 거의 모든 주요 운영체제가 인텔 칩 위에서 돌아가게 되었고, 고성능 RISC 프로세서의 위협은 곧 사라졌다. 그러나 RISC 칩 자체가 사라진 것은 아니었다. 그로브가 은퇴하고 10년이 지난 뒤, 스마트폰과 태블릿 시장에서 저전력 RISC 칩이 다시 주도적인 제품으로 떠올랐다.

전략적 공백을 최소화하고자 하는 그로브의 의지를 보여주는 마지막 사례로는 '중력(PC와 칩 가격을 떨어뜨리는 압력)'을 극복하려는 그의 계획을 들 수 있다. 이미 1장에서 살펴봤듯이, 1997년에 그로브는 중력을 회사가 직면한 최대 위협이라고 파악했다. 그가 취한 첫 번째 조치는 셀러론Celeron이라는 새로운 브랜드를 출시하는 것이었다. 셀러론을 이용해 저가 경쟁 제품들을 공격하고 가치에 민감한 소비자들을 끌어들이면서 펜티엄을 고급 브랜드로 유지하려 한 것이다.

당시 그로브의 기술보좌역이었던 르네 제임스는 다음과 같이 회고했다. "앤디는 시장에서 '바닥을 향한 경쟁'이 발생하지 않도록 매우 세심한 주의를 기울였습니다." 그로브는 시장을 위에서 아래까지 세분화하고 각각의 영역별로 확실히 차별화된 모델을 만들었다. 세 번째이자 가장 중요한 조치로, 그는 인텔이 PC뿐 아니라 서버용 칩 판매에 집중해 이 시장에서 주요 선도 기업이 되어야 한다고 주장했다. 1997년에 그는 SLRP 팀에게 '오늘의 문제'는 200달러에 1억 개의 CPU를 판매해 총 200억 달러의 매출을 올리는 것이라고 말했다. 반면 '내일의 문제'는 PC 시장에서 100달러에 1억 개의 CPU를 판매하고, 서버와 데이터센터 시장에서 1000달러에 1000만 개의 CPU를 판매해 이를 합산하는 것이라고 했다. 그로브가 PC와 서버의 장기 수요를 크게 과소평가한 것으로 드러났지만 (인텔에게는 다행이었다), 평균 판매 가격에 대한 예측은 거의 적중했다. 이 전략의 성공은 인텔이 향후 15년간 CPU 분야에서 선도적 입지를 유지하는 데 결정적으로 기여했다.

스티브 잡스는 그로브와 달리 애플의 제품 종류를 한정된 수로 유지했다. 그는 '말도 안 되게 뛰어난' 고가의 제품을 판매하는 데 집중하면서, 경쟁사들이 좀 더 뒤처지는 저렴한 제품으로 시장의 일부를 차지하도록 했다. 이런 방침에도 예외는 있었는데, 바로 1999년에 출시된 아이맥이었다. 애플은 그 후 4년 동안 32종의 아이맥 변형 모델을 출시하며 이 고가의 컴퓨터를 판매했다.[48] 아이팟의 경우 잡스는 그로브의 선례를 따랐으며 심지어 한술 더 떴다. 그는 사용자의 니즈에 맞춰 아이팟의 특징을 세분화해 다양한 가격대의 제품으로 선보였다. 아이팟을 통해 애플은 미디어 플레이어 시장에서 여러 해 동안 독보적인 점유율을 유지할 수 있었다.

출시 당시 아이팟은 최초의 디지털 뮤직 플레이어는 아니었지만 매끈한 디자인과 아이튠즈와의 완벽한 통합으로 단연 최고의 제품이라는 평가를 받았으며, 미디어 플레이어의 정의 자체를 크게 바꿔 놓았다. 애플 제품이 대부분 그렇듯이, 아이팟의 가격은 기존 디지털 뮤직 플레이어보다 훨씬 비싼 399달러로 책정되었다. 애플은 아이팟의 뛰어난 디자인과 사용 편리성, 그리고 "주머니 속에 1000곡의 음악을 담으세요"라는 표어에서도 짐작할 수 있는 작은 크기와 큰 용량의 조합을 강조하면서 이 가격을 합당화했다. 별로 대단한 인상을 받지 못한 업계 비평가들은 "아이팟iPod"이 "우리 기기의 가격은 바보들이 정한다Idiots Price Our Devices"를 줄인 말이라고 조롱했다. 그러나 이런 목소리는 곧 잠잠해졌다. 애플이 회사 전통에서 벗어나 사용자 선호도를 만족시키는 폭넓은 가격대의 다양한 모델을 출시했고, 이에 따라 경쟁사들이 시장에서 발판을 마련할 여지가 사라졌기 때문이다.

399달러짜리 오리지널 아이팟의 저장 용량은 5기가바이트였다. 뒤이은 모델들은 동일한 가격에 더 많은 용량을 제공했다. 더 나아가 애플은 아이팟 제품군에 새로운 제품들을 추가했다. 2004년에는 더 낮은 가격(249달러)에 용량이 더 작은(4기가바이트) 아이팟 미니를 출시했다. 1년 뒤에는 아이팟 셔플을 내놓았다. 엄청나게 작으면서 용량도 제한적이고 화면도 없는 아이팟 셔플은 극도의 휴대성을 강조하는 제품이었다. 그해 말에 애플은 미니를 대체하기 위해 나노를 내놓았다. 2005년 하반기가 되자 고객들은 기본 가격 99달러에 셔플을, 199달러에 나노를, 그리고 299달러에 오리지널 아이팟을 구입할 수 있었다. 저가 시장을 겨냥해 여러 제품을 내놓은 잡스는 2007년 최고가 제품 라인에 아이팟 터치(전화 기능이 없는 아이폰이라고 보면 된다)를 추가했다.

이 전략은 확실히 효과가 있었다. 2007년 초까지 애플은 1억 대의 아이팟을 판매했고(2009년에는 총 2억 대를 돌파했다), 2005년부터 2013년까지 디지털 뮤직 플레이어 시장 점유율을 60퍼센트 이상으로 유지했다.

강경한 자세를 취하라

게이츠, 그로브, 잡스가 공통으로 지녔던 마지막 전술은 경쟁사, 고객, 협력사, 공급업체에게 강경한 태도로 대응하는 능력과 의지였다. 조지 스토크George Stalk와 롭 라케나워Rob Lachenauer는 다음과 같이 말했다. "기업들이 '강경한 자세를 취한다play hardball'는 말은 경쟁사보다 우위를 달성할 목적으로, 사용할 수 있는 모든 합법적 자원과 전략을 활용한다는 뜻이다."[49] 이것은 세 CEO가 반복해서 활용한 방식이었다.

예를 들어 빌 게이츠는 애플에 강경하게 대응하는 경우가 많았다. 1977년에 애플은 마이크로소프트의 초기 고객사였으며, 베이직 해석 프로그램의 애플 II용 라이선스를 구입했다. 이 라이선스는 1985년에 만료될 예정이었다. 애플 II는 여전히 애플의 가장 큰 매출원이었고, 베이직은 반드시 필요한 소프트웨어였다. 애플의 약점을 감지한 게이츠는 애플이 자체적으로 추진하던 매킨토시용 베이직 개발 프로젝트를 중지하라고 요구했다. 그렇지 않으면 라이선스를 갱신해 주지 않겠다는 것이었다. 결국 애플은 맥베이직MacBASIC이라는 이름의 이 제품을 폐기하기로 동의했고, 마이크로소프트에 그 코드를 넘겼다. 훗날 애플의 엔지니어는 〈월스트리트 저널〉과의 인터뷰에서 다음과 같이 말했다. "게이츠는 애플이 우수한 제품 프로젝트 하나를 중단해야 한다고 고집했습니다. 말하자면 우리 머리에 총을 겨눈 것이죠."[50]

얼마 지나지 않아 게이츠는 또다시 애플과 충돌했다. 그해 10월, 윈도 1.01 출시를 겨우 몇 주일 앞두고 애플의 변호사들은 게이츠에게 윈도가 애플의 지식 재산을 침해했다고 통보했다. 분노한 게이츠는 애플이 소송을 제기할 의도가 있는지 알아보기 위해 애플 CEO 존 스컬리에게 전화를 걸었다. 스컬리는 다소 모호한 태도를 보이며 애플이 자신들의 기술을 보호할 것이라고 말했다. 이 말을 들은 게이츠는 만약 애플이 이에 관한 문제를 제기하면 매킨토시 애플리케이션 개발 작업을 중단할 것이라고 위협했다. 당시 마이크로소프트 워드와 엑셀은 가장 많이 사용되는 매킨토시 애플리케이션이었다. 스컬리에 따르면 게이츠는 이렇게 말했다고 한다. "만일 충돌이 불가피한 상황이라면 미리 알려 주세요. 그러면 맥 제품과 관련한 개발 프로젝트를 모두 중단할 테니까요. 저는 우리가 이 문제에 대한 해결 방법을 찾길 바랍니다. 맥은 우리에게 중요하고, 우리의 매출에도 중요하니까요."[51] 그저 엄포였을지도 모르지만(당시 매킨토시 애플리케이션은 마이크로소프트에도 매우 중요한 비즈니스였고, 게이츠는 이 시장을 장악하고자 했다), 스컬리를 설득하기에는 충분했다.

1985년 11월, 게이츠와 스컬리는 마이크로소프트가 맥과 유사한 시각적 요소를 사용할 수 있도록 광범위한 재량권을 부여하는 협약을 맺었다(하지만 두 회사는 범위와 기간을 두고 오랜 기간 날선 공방을 벌이다 결국 법정까지 갔다). 그 대가로 게이츠는 맥용 마이크로소프트 애플리케이션 개발을 지속하고, PC용 엑셀 출시를 1년 연기해 매킨토시 버전이 기업 시장에 진출할 시간을 주기로 합의했다. 이를 지켜본 사람들은 대부분 게이츠가 스컬리에게 완승을 거뒀다고 생각했다. 애플은 마이크로소프트에 자사 제품의 '모양과 느낌'을 빌려 쓸 수 있는 재량을 주었지만, 그 대가로 받은 것이 거의 없었기 때문이다. 맥용 워드와 엑셀의 지속적인 판매는 이미 마이크로소프트의 가장 큰 이익이 달린 사안이 되었고, 엑셀의 PC 버전 출시는 아직 2년이나 남아 있었다.[52] 이처럼 강경하게 대응함으로써, 게이츠는 어차피 계획했던 일을 하는 대가로 애플에서 중요한 양보를 이끌어 냈다.

1997년 여름, 게이츠는 애플에게 똑같은 위협을 가했다. 당시 넷스케이프와의 브라우저 전쟁이 한창일 때, 게이츠는 인터넷 익스플로러를 맥의 기본 브라우저로 채택하라고 애플에 압력을 넣었다. 당시 애플의 CEO였던 길 아멜리오[Gil Amelio]와 마이크로소프트와의 협상이 지연되자, 게이츠는 6월에 아멜리오에게 직접 전화를 걸어 "우리가 맥 오피스를 취소한다는 사실을 어떻게 발표해야 할지" 직원들에게 물었다고 말했다.[53] 오피스가 없다면 애플의 미래는 위험해질 수밖에 없었다. 애플의 충성 사용자들조차 마이크로소프트가 만든 매킨토시 애플리케이션을 사용하고 있었다. 전 세계 컴퓨터 중 나머지 98퍼센트와 소통할 수 있는 워드프로세서나 스프레드시트가 없다면 애플의 미래는 암울할 수밖에 없었다. 잡스는 그해 8월 마이크로소프트와 협상을 하면서 분명 이 위협을 염두에 두었을 것이다.

게이츠는 AOL의 스티브 케이스 같은 다른 CEO들을 대할 때에도 마찬가지로 냉혹한 모습을 보였다. 마이크로소프트가 온라인 서비스 업계에 진출을 고려하던 1993년, 게이츠는 초기 협상 과정에서 케이스에게 다음과 같이 말했다. "저는 당신 회사의 지분 20퍼센트를 매입할 수도 있고, 전부를 매입할 수도 있으며, 아니면 아예 이 비즈니스에 직접 뛰어들어 당신 회사를 매장시킬 수도 있습니다."[54] 3년 뒤 게이츠는 AOL을 자기편으로 끌어들이기 위해 상당한 비용을 사용했다. 게이츠는 AOL이 넷스케이프를 버리고 인터넷 익스플로러를 채택하도록 하기 위해 케이스에게 이렇게 물었다고 한다. "얼마를 드리면 넷스케이프를 버리시겠습니까(오늘 운이 좋은 겁니다)?"[55]

게이츠만 유별난 것은 아니었다. 스티브 잡스도 자신이 우위에 있다고 판단하면 마찬가지로 냉혹하게 행동했다. 잡스를 오랫동안 지켜본 사람의 말을 빌리면, 잡스가 CEO로 있던 시절 애플은 "파트너와 경쟁사들을 거칠게 대했다."[56] 1997년에 애플로 복귀한 순간부터 잡스는 '악역'을 맡았다. 존 루빈스타인은 이렇게 말했다. "스티브는 협상을 할 때 테이블 위에 동전 한 닢도 남기지 않습니다. …… 그와의 협상은 결코 원원이 되는 법이 없죠."[57]

2010년, 애플 아이북스토어iBookstore의 출시를 준비하는 과정에서 애플과 출판사들이 벌인 협상을 보면, 잡스가 얼마나 강경했는지 잘 알 수 있다. 당시에는 아마존의 전자책 시장 점유율이 무려 90퍼센트에 달했다. 아마존은 보통 신간과 베스트셀러 전자책을 12.50

달러나 13달러의 도매가격(양장본의 도매가격과 거의 비슷하다)에 가져온 뒤, 9.99달러에 팔았다. 시장 우위를 확보하기 위해 상당한 손실을 감수하면서 자사의 킨들Kindle 단말기 판매를 밀어붙인 것이다. 출판사들은 아마존이 책정한 가격인 9.99달러가 마음에 들지 않았다. 대형 출판사인 아셰트 리브르Hachette Livre의 CEO 아르노 누리Arnaud Nourry는 이 가격이 "고객들이 인식하는 책의 가치를 파괴하고 있다"며 우려를 표했다. 그러나 출판사로서는 전자책을 팔고 싶다면 아마존의 조건을 수용해야만 했다.

그러한 와중에 아이패드용 전자책을 판매하는 애플의 아이북스 토어가 출판사들에게 대안이 될 만한 계약 조건을 제시했다. 그러나 출판사들은 곧 잡스가 아마존의 제프 베조스만큼 냉혹한 협상가라는 사실을 알게 되었다. 잡스는 출판사들이 전자책 가격을 아마존보다 높게 책정하도록 했다. 그러나 그는 총 판매 금액의 30퍼센트를 수수료로 요구했고, 이에 더해 다른 총판이 더 낮은 가격에 전자책을 공급받게 되면 그에 맞춰 가격을 책정할 수 있는 권한도 요구했다. 결과적으로 애플은 아마존보다 훨씬 낮은 가격을 출판사에 제시한 것이다. 출판사의 내부 이메일을 보면 이들이 애플의 제안을 매우 못마땅하게 생각했다는 사실을 알 수 있다. 하퍼콜린스HarperCollins에서 전자책 총괄 담당자로 일했던 찰리 레드메인Charlie Redmayne은 이렇게 말했다. "그들이 제시하는 조건은 장기적으로 우리에게 피해를 입힐 것입니다. …… 우리도 맞대응을 해 지속적인 비즈니스를 보장할 수 있는 조건으로 거래를 성사해야만 합니다.

이제 우리가 협상에 나설 때입니다. 이 시점에서 굴복한다면 아무런 이득도 없습니다."[58]

하퍼콜린스의 모기업인 뉴스코퍼레이션News Corporation의 임원이었던 제임스 머독James Murdoch은, 하퍼콜린스가 애플이 내건 조건으로는 협상을 더 진행하기 어렵다는 점을 강조하기 위해 잡스에게 편지를 썼다. 그러나 잡스는 꿈쩍하지 않았다. 그는 머독에게 보낸 답장에서 애플의 시장 영향력을 강조하고, 하퍼콜린스에 얼마나 애플이 필요한지 역설했다. 그리고 아이패드가 출시되면 몇 주 안에 이제까지 판매된 킨들보다 훨씬 많은 양이 팔릴 것이라고 말했다. 마지막 이메일에서 잡스는 머독의 머리에 총구를 들이댔다.

제가 볼 때 (하퍼콜린스에게는) 다음과 같은 선택권이 있습니다.

1. 애플과 손을 잡고 12.99달러와 14.99달러에 전자책 시장의 진정한 대세를 만들어 낼 수 있을지 지켜보는 것.
2. 9.99달러에 계속 아마존과 함께 가는 것. 이렇게 하면 단기적으로 조금 더 돈을 벌겠지만, 중기적 관점에서 보면 아마존은 당신에게 9.99달러의 70퍼센트를 지불하겠다고 할 겁니다. 그들도 주주들이 있으니까요.
3. 아마존에서 귀사의 책을 철수하는 것. 고객들은 귀사의 전자책을 구입할 방법이 없어지면 이를 훔칠 것입니다. 불법 복제가 시작될 것이고, 일단 불이 붙으면 막을 방법은 없습니다.

제 말을 믿으세요. 제 눈으로 똑똑히 목격한 현상이니까요.

어쩌면 제가 빠뜨린 부분이 있을지도 모르지만, 다른 대안은 없는 것 같네요. 혹시 대안이 있나요?[59]

며칠 뒤 하퍼콜린스는 애플의 조건에 합의했다. 이 계약이 체결된 뒤, 하퍼콜린스의 CEO 브라이언 머리Brian Murray는 머독에게 이렇게 말했다. "출판사나 저자의 입장에서 종이책이나 킨들에 비하면 이 계약의 수익성은 형편없는 수준입니다. 모든 이익은 애플과 소비자에게 돌아갑니다. 그러나 애플 북스토어의 전략적 가치는 매우 높습니다."[60] 하퍼콜린스의 다른 경영진에게 이 계약을 설명하는 메모에서 머리는 다음과 같이 인정했다. "우리는 가격 상한선과 수수료를 두고 끝까지 싸웠지만 결국 졌습니다."[61]

앤디 그로브와 협상을 벌였던 사람들에게도 패배는 흔한 경험이었다. 그로브는 게이츠와 잡스에 비하면 반독점 규정을 더 존중하는 편이었지만, 인텔의 시장 지배력을 이용할 기회는 수없이 많았다. 예컨대 인텔이 신형 칩을 출시할 때는 대개 수요에 비해 생산 역량이 충분하지 않았다. 이런 상황은 그로브가 필요에 따라 공급량을 분배할 수 있는 좋은 기회였다. 인텔의 고객사들(컴팩, 델, 휼렛패커드 같은 기업들)은 칩을 얻기 위해 줄을 서야 했다. 그로브는 때로 자신의 심기를 거스르는 고객사들을 자신만의 '페널티박스penalty box(아이스하키 경기에서 반칙으로 퇴장당한 선수가 정해진 시간이 경과

할 때까지 대기하는 장소—옮긴이)'로 보냈다. 일단 페널티박스 명단에 이름을 올린 고객사는 고분고분한 태도를 보일 때까지 이 희귀한 칩을 구할 방도가 없었다.

이렇게 '제재'를 가하는 그로브의 방식은 1997년 인텔과 DEC 사이의 분쟁에서도 그대로 재현되었다. DEC는 인텔의 마이크로프로세서를 기반으로 PC를 제조해 판매하는 기업이었으나, 한편으로는 자체적으로 개발한 알파 마이크로프로세서의 판매를 촉진하고자 했다. DEC는 인텔이 자사의 특허를 침해했다고 주장하면서 가처분 명령과 수십억 달러의 손해배상을 요구하는 소송을 제기했다. 그로브는 DEC의 CEO인 로버트 파머[Robert Palmer]와 연락을 취하려고 했으나 파머는 그로브의 전화를 받지 않았다. 심지어 DEC의 법률 고문도 아무 응답이 없었다. 이에 그로브는 인텔의 이사인 데이비드 요피에게 전화를 걸었다. 데이비드가 DEC의 매사추세츠 본사와 그리 멀지 않은 곳에서 근무했기 때문에 DEC 이사회의 누군가를 알고 있을 가능성이 있다고 생각한 것이다. 아니나다를까, 데이비드는 DEC의 이사 한 사람을 알고 있었다. 케이트 펠드스타인[Kate Feldstein]이라는 사람으로, 하버드대학교 교수인 마틴 펠드스타인[Martin Feldstein]의 아내이기도 했다. 결국 데이비드와 케이트가 저녁 식사를 함께 하게 되었다. 케이트를 만나기 전, 요피는 그로브에게 소송에 대응해 어떤 조치를 취할지 물었다. 그로브는 인텔이 제공한 기술 정보의 반환을 요구할 거라고 답했다. 그 정보는 향후 인텔의 마이크로프로세서 기술에 기반을 둔 컴퓨터를 설계하고 만드는 데 매우 중요한 정보였다.

　DEC 이사회의 이사들은 그로브가 이토록 강경한 카드를 꺼냈다는 데 놀랐지만 인텔의 요구에 따르기를 거부했다. 몇 주를 기다린 인텔은 맞소송을 걸었으며, 2개월 뒤 기존의 판매 계약이 만료되면 DEC에게 더 이상 펜티엄 칩을 공급하지 않겠다는 뜻을 넌지시 비쳤다. 두 회사가 겉으로는 강경 일변도의 태도를 취하는 것과 달리 막후에서는 이사들 간의 저녁 식사로 트인 대화의 물꼬를 인텔의 COO 크레이그 배럿이 이어받았다. 배럿은 수개월 만에 DEC가 소송을 취하고 인텔은 DEC의 매사추세츠 반도체 제조공장과 일부 반도체 생산 라인을 매입하는 해결안을 이끌어 냈다.[62] 그로브의 강경책이 성공을 거둔 것이다.

　그러나 그로브의 이같은 대응 방식은 미국 정부의 정밀 조사를 촉발하는 계기가 되었다. 1998년 6월, 미국 연방거래위원회는 반독점법 위반 혐의로 인텔을 제소했다. 인텔이 매우 중요한 정보를 고객사들에 주지 않겠다고 협박함으로써 자사의 지위를 남용했다는 주장이었다. 이 제소 건은 다음 해인 1999년에 해결되었다. 연방거래위원회는 인텔이 어떤 고객사에 대해서도 인텔의 지식 재산을 이용하는 것을 "방해하거나, 변경하거나, 일시 정지하거나, 취소하거나, 보류하거나, 거절하는" 행위를 금지했다. 그러나 연방거래위원회는 "인텔의 고객사들은 인텔에 대한 가처분 명령을 원하지 않는다는 의견을 서면으로 밝혔다"면서 "그에 대한 보상, 손해배상, 또는 다른 형태의 법적인 혹은 공정한 조치를 요구하지 않았을" 경우에만 그런 금지 조항을 강제할 수 있었다.[63] 달리 표현하면 연방거래위원회는 마음에 들지 않는다고 했지만, 그로브는 DEC처럼 소송을 제기한 기업에게 강경한 조치를 행할 수 있는 권한을 갖게 된 셈이다.

규정을 존중하라

위 사례를 보면 강경한 대응을 펼치더라도 주의해야 할 점이 있다는 사실을 알 수 있다. 즉 어떤 수단이든 상관없다는 생각을 버려야 한다는 것이다. 특히 반독점 정책의 영역에서는, 합법적인 행위의 범위가 법과 규정에 명확히 정의되어 있다. 한 기업이 시장에서 독보적인 위치를 차지하면, 고위 임원들은 회사가 끊임없이 정밀 조사 대상 리스트에 오르리라는 것을 예상하고 그에 따라 행동해야 한다. 우리의 세 CEO 가운데 두 사람은 이 부분에서 기대에 미치지 못했다.

앤디 그로브는 경쟁사들에 대해서만큼이나 반독점 규제기관에 발목을 잡히지 않도록 편집증적 면모를 보였다.[64] 그러나 게이츠와 잡스는 그렇지 않았다. 게이츠는 반독점 당국을 별로 겁내지 않았다. 마이크로소프트는 1994년에 미국 법무부와 반독점에 대한 동의판결(마이크로소프트의 운영체제에 자사의 다른 프로그램을 끼워 파는 것을 금지한 판결을 말한다—옮긴이)에 서명했으나, 회사 경영진은 마이크로소프트 부輔법률고문의 말을 빌려 "이 협약의 목적은 제한적"이라고 주장하면서 법무부가 자사가 행동할 자유에 대해 커다란 제한을 두지 않았다고 믿었다.[65] 1998년, 우리는 마이크로소프트 사장으로 부임한 스티브 발머에게 사내 반독점 교육을 고려해보라고 강력히 권유했다. 그러나 그는 영업력을 약화할 거라며 달가워하지 않았다.[66] 게이츠를 비롯한 고위 경영진이 반독점 정책을 심각하게 받아들였을 때는 이미 너무 늦은 시점이었다. 1998년 법무부가 다시 마이크로소프트에 대한 조사에 들어가자 회사는 거의 아수라장이 되다시피 했다.

잡스는 게이츠보다 훨씬 더 심했을지 모른다. 그는 경쟁사, 고객, 심지어 직원들에게 거의 무책임하다고 여겨질 정도로 심한 횡포를 부리곤 했다. 승리가 전부였고, 반독점 규정 따위는 안중에도 없었다. 처음에는 잡스의 허세가 효과를 보이는 듯했으나 결국에는 역풍을 맞았다. 2010년, 법무부는 직원들의 조직 이탈을 막는 데 공모한 혐의로 애플을 위시한 첨단기술 기업 다섯 곳을 고발했다. 다음 해에는 유사한 기업들을 겨냥한 집단소송이 제기되었다. 잡스는 애플 직원들의 영입을 중지하지 않으면 특허 소송을 걸겠다고 팜의 임원들을 협박한 적이 있다. 또한 구글의 세르게이 브린^{Sergey Brin}이 보낸 이메일에 따르면, 잡스는 그에게 전화를 걸어 "한 사람이라도 우리 직원을 데려간다면 바로 전쟁이야!"라고 고함을 질렀다고 한다.[67] 법무부 고발 건은 2012년이 되어서야 해결되었다. 애플은 훨씬 더 중요한 소송에서도 패했다. 애플이 다섯 곳의 주요 출판사

(아셰트, 하퍼콜린스, 맥밀런MacMillan, 펭귄Penguin, 사이먼앤드슈스터Simon & Schuster)와 전자책 가격을 인상하기로 담합한 혐의로 법무부가 제기한 소송이었다. 잡스는 2011년 10월에 사망했기 때문에, 법원이 이소송 결과를 공표했을 때는 세상에 없었다. 그러나 그는 분명 이러한 소송 결과를 유산으로 남기고 싶어 하지 않았을 것이다.

대가들에게 배우는 교훈

일류 전략가들은 매일매일의 전술적 결정이 거대한 경쟁 전략에 따른 움직임만큼이나 중요하다는 사실을 잘 알고 있다. 전략은 경기장을 만들고, 전술은 경기하는 방법을 규정한다. 그리고 궁극적으로 당신이 이기거나 살아남아 훗날 또 경기를 할 수 있을지 여부도 전술에 달려 있다.

만약 빌 게이츠가 1995년에 인터넷을 포용하고 확장하는 법을 찾아내지 못했다면, 마이크로소프트는 브라우저 전쟁에서 패하고 자사의 핵심 사업이 위축되는 상황을 지켜보아야만 했을지 모른다. 만약 앤디 그로브가 1990년대 초에 공학기술과 제조 역량에 공격적으로 투자하지 않았다면, 인텔은 결코 자사의 장단기 매출과 이익에 핵심이 되는 전 세계 시장점유율 80퍼센트 선을 유지하지 못했을 것이다. 그리고 만약 스티브 잡스가 2003년 아이튠즈를 통해 음악을 판매하고자 음반사 임원들을 찾아갔을 때 위협적으로 보이지 않아야 한다는 사실을 몰랐다면, 온라인 스토어, 아이팟, 애플의 성공은 결코 없었을 것이다. 그뿐 아니라 만약 1997년에 잡스가 빌 게이츠와 화해하지 않았다면 애플은 바로 그때 그 자리에서 종말을 고했을 것이다.

언제 세상의 주목을 피해야 하는지, 언제 경쟁상대와 협력해야 하는지, 언제 경쟁자들의 강점을 포용하고 확장해야 하는지, 그리고 언제 자신의 힘을 휘둘러야 하는지를 아는 것만으로도 성공과 실패가 극명하게 갈릴 수 있다. 이런 판단을 어느 정도 자연스럽게 내리는 CEO도 있지만 모든 CEO가 그런 것은 아니다. 어떤 CEO들은 시점에 맞춰 적절한 기술을 활용한다. 즉 회사가 비교적 작을 때는 유도 전술을 사용하고, 회사의 규모와 시장 지위가 커졌을 때는 스모 전술에 의존한다. 게이츠, 그로브, 잡스는 CEO로 일하는 내내 당면한 어려움에 따라 네 가지 방식을 모두 활용했고, 그 능력과 의지는 남다른 면모가 있었다.

유도 전술과 스모 전술은 각기 다른 사고방식에서 출발하기 때문에 이 둘을 적절히 결합하기란 쉽지 않다. 유도 전술에는 마음의 유연성, 타협하는 능력, 회사의 자존심을 접어 두고 경쟁사의 주도권을 따르는 결단력이 필요하다. 한편 스모 전술에는 무엇보다 강인함이 필요하다. 스모 선수들이 상대방에게 얼마나 두려움을 불러일으키는지에 따라 승리 여부를 판단할 수 있다는 말은 결코 과장이 아니다. 앤디 그로브는 1990년 SLRP 프레젠테이션에서 "영향력(모두가 우리를 두려워하는 것)에 관한 한, 우리는 이를 아주 많이 갖고 있어야 한다"고 말했다.[68]

영향력을 만들어 내고 관리하고 발휘하는 것은 게이츠, 그로브, 잡스의 중심 과제였다. 그들이 내린 전술적 선택은 성공을 위한 핵심 요소였다. 그러나 회사가 이런 선택을 실행에 옮길 수 있게 이끄는 능력 또한 중요했다. 다음 장에서는 세 CEO가 어떻게 자신들의 회사를 효과적인 실행 조직으로 만들었는지 살펴본다.

STRATEGY RULES

| 5장 |

FIVE TIMELESS LESSONS FROM
BILL GATES
ANDY GROVE
and STEVE JOBS

개인적 닻을 바탕으로
조직을 만들어라

게이츠, 그로브, 잡스는 회사의 전략을 설정하고 모든 직원들에게 높은 수준의 실행력을 요구함으로써 회사의 성공에 직접적으로 기여했다. 마이크로소프트, 인텔, 애플에서는 어느 누구도 CEO가 관심을 기울이는 분야에서 별것 아닌 성과나 설익은 아이디어를 가지고 '빠져나갈' 수 있다고 믿지 않았다.

실행 없는 전략은 전략 없는 실행만큼이나 쓸모없다. 전략과 실행의 두 마리 토끼를 온전히 잡기란 결코 쉽지 않은 일이지만, 빌 게이츠, 앤디 그로브, 스티브 잡스는 훌륭하게 해냈다. 세 사람 모두 리더로서 분명 약점이 있었다. 그러나 경영진과 직원들에게 큰 도움을 받아 약점을 상쇄해 나갔다. 우리는 이들이 마이크로소프트, 인텔, 애플에서 이룩한 뛰어난 업적을 부인할 수 없다. 우리는 그들의 성공을 돌이켜 보며 이렇게 묻는다. "이 세 CEO는 성과를 이끌어 내고 유능한 조직을 만들기 위해 어떤 일을 했는가? 왜 그들은 분명한 결점이 있는데도 경쟁자와 후계자들보다 더 훌륭한 결과를 가져올 수 있었는가?"

이 질문에 대한 대답은 다소 놀라울 수도 있다. 셋 중 어느 누구도 (우리 저자들이 있는 학교를 포함해) 최상위권 경영대학원이 배출하려는 무난한 경영자 유형은 아니었다. 게이츠, 그로브, 잡스는 정식 경영 수업을 받지 않았으며, 그런 점을 드러내는 경우 또한 많았다. 세 사람 모두 리더십 전문가들이 불완전하다 못해 심각한 역효과를 일으키는 행동이라고 부를 법한 면모를 드러내기도 했다.[1] 이들은 자신이 틀렸다는 사실을 기꺼이 받아들이기도 했지만, 대개는 본인이 가장 영리한 사람이라고 생각했다. 또한 부하 직원들을 가혹하게, 심지어 부당하게 대했으며, 독자적인 사고와 살벌한 논쟁, 때로는 개인적인 대립을 조장하는 문화를 만들었다.

그러나 그들이 지닌 독특한 강점 또한 그들이 이끄는 회사에 심대한 영향을 끼쳤다. 게이츠는 소프트웨어를 기술로서, 또 비즈니스로서 깊이 이해하는 풍토를 마이크로소프트에 심었다. 그로브는 인텔이 경영과 운영에 '공학기술적' 엄밀함을 적용하도록 강력한 영향력을 행사했다. 잡스는 애플의 제품 디자인에 독특한 감각을 불어넣었고, 직관적 이해를 통해 비전문가도 복잡한 기술을 쉽게 이용할 수 있게끔 했다. 각 CEO는 이런 강점에서 비롯한 '개인적 닻personal anchor(리더가 개인적으로 지닌 특유의 강점을 비유적으로 일컫는 저자들의 용어—옮긴이)'을 통해 회사에 기여했으며, 조직의 발전 방식에 영향을 미쳤다. 이 닻들은 그들이 CEO로서 그날그날의 일에 집중하도록 이끌고, 전략적 사고를 하도록 안내했으며, 누구를 영입하고 권한을 어떻게 위임할지 등을 결정하는 데 도움을 주었다. 각 CEO들이 구체화한 가치와 우선순위는 조직의 일상과 역량으로 전환되었고, 오늘날에도 마이크로소프트, 인텔, 애플의 문화 속에 여전히 살아 있다.

이처럼 조직이 CEO(좀 더 일반적으로는 선견지명을 갖춘 창업자나 조직의 변화를 이끄는 리더)의 강점과 너무 동일시되면 이에 따른 부작용이 나타나기도 한다. 특히 한 사람에게 너무 의존하면 행동에 나서고 변화에 적응하는 조직의 능력이 제한될 수 있다. 선박의 닻이 그렇듯, CEO의 개인적 닻은 회사의 변화를 막고 새로운 방향(새로운 시장과 기술이건 새로운 전략과 비즈니스 모델이건)으로의 이동을 가로막는다. 정도는 다르지만 마이크로소프트, 인텔, 애플은 모두 이런 딜레마에 직면했다. 그러나 게이츠, 그로브, 잡스는 회사를 맡는 동안 자신들의 약점을 비교적 잘 파악했고, 이런 결함을 메워 줄 파트너와 동료를 찾아냈다.

너무 많은 일을 혼자서 처리하려는 CEO들이 많다. 게이츠, 그로브, 잡스도 초기에는 이런 실수를 저질렀다. 그러나 시간이 지나면서 그들은 몇몇 핵심 영역과 경영에 집중했고, 탄탄한 팀을 구성해 나머지 일을 과감하게 맡겼다. 그들은 중요한 제품 및 운영과 관련된 부분은 디테일한 곳까지 극도의 주목을 기울였지만 잘 모르는 영역에 대해서는 권한을 위임했다. 또한 자신이 가장 크게 기여할 수 있는 영역에서는 일선에 뛰어들어 직원들과 함께하기도 했지만 대체적으로 큰 그림, 즉 더 차원 높은 전략적 목표를 설정하고 제품에 대한 포부를 펼치는 데 집중했다. 그들은 회사의 최고 인재들이 크고 중요한 문제를 처리하며 경험을 쌓기를 원했고, 그래서 조직을 샅샅이 뒤져 직위나 나이에 상관없이 가장 뛰어난 지식을 가진 사람들을 찾아냈다. 다시 말해, 단지 돈을 추구하지만은 않았다. 그들은 지식을 추구했다. 그리고 빌 게이츠가 언급했듯이 사람들을 아이디어와 결합시켰다.

…… 강력한 기업을 만들고 가치를 창출하기 위해 필요한 규칙

은 바뀌지 않았다. 무엇보다도 비즈니스와 관련하여 모든 시도에는 사람이라는 요소가 필수적이다. 당신에게 완벽한 제품과 생산 계획, 마케팅 자료가 있는지는 중요하지 않다. 그렇다고 하더라도 그 계획을 추진하고 실행할 최적의 사람들이 필요할 것이기 때문이다. 경영을 하다 보면 금방 이러한 교훈을 배우게 된다. ……[2]

게이츠, 그로브, 잡스는 전략을 실행하고 조직을 구축하며 마주치는 어려움을 해결할 때도 개인적 닻에 의존했다. 이들은 모두 불완전했지만 궁극적으로는 유능한 리더였으며, 세 사람 모두 다음의 네 가지 원리가 지닌 가치를 나름의 방식으로 잘 보여주었다.

제 5 원칙

개인적 닻을 바탕으로
조직을 만들어라

1   자기 자신을 있는 그대로 파악하라.

2   디테일에 극도로, 단 선별적으로 주목하라.

3   절대 큰 그림을 놓치지 말라.

4   지식이 있는 사람들에게 권한을 부여하라.

○

자기 자신을
있는 그대로 파악하라

○

애플에서 해고되었던 것은 생애 최고의 경험이었습니다.
성공해야 한다는 중압감은
그 무엇도 확실하지 않은 상태에서 다시 시작한다는 가벼운 마음으로 바뀌었죠.
그 덕분에 나는 삶에서 가장 창조적인 시기를
자유롭게 보낼 수 있었습니다.[3]
스티브 잡스, 스탠퍼드대학교 졸업식 연설에서(2005)

CEO와 기업가들이 아이디어와 가치를 행동으로 바꾸려면 열정과 자신감, 집중이 필요하다. 아울러 비즈니스와 조직을 형성하고 경영진을 결집하는 데 활용할 수 있는 지식과 역량의 확고한 기반이 있어야 한다. 이런 자산들이 모여 개인적 닻을 구성하며, 이 닻은 리더들이 조직에 어떤 독특한 가치들을 불러올 수 있는지 규정한다.

개인적 닻을 발견하는 첫 번째 단계는 고대 그리스인들의 충고대로 '자기 자신을 아는 것'이다. 이 과정에서는 자신의 강점과 약점을 모두 솔직하게 평가해야 한다.[4] 게이츠, 그로브, 잡스는 처음 CEO가 되었을 때 이처럼 스스로를 있는 그대로 파악하지 못했다. 그들은 때로는 쓰라린 시행착오를 겪기도 하면서 시간을 거쳐 자신을 인식해 나갔다. 그러나 일단 자신이 무엇을 할 수 있고 어느 부분을 타인에게 의존해야 할지 알게 되자 점차 유능한 리더로 바뀌어 갔다.

기술에 대한 열정

빌 게이츠의 개인적 닻은 초기 개인용 컴퓨터의 프로그램을 만든 비범한 지식과, 컴퓨터 소프트웨어(하드웨어가 아니라)가 세상을 바꿀 것이라는 강력한 믿음이었다. 그는 또한 기술이 향후 소프트웨어 제품 판매라는 수익성 좋은 새로운 비즈니스 모델의 토대가 되리라고 믿었다.[5] 1960년대 말에 중학생이었던 게이츠가 컴퓨터에 대해 처음 알게 되었을 때, 이 업계의 기업 대부분은 하드웨어 시스템을 팔거나 소프트웨어 서비스(각 고객 하나하나의 문제를 해결하기 위해 처음부터 프로그램을 만드는 서비스)를 판매해 수익을 올렸다. 그러나 게이츠는 소프트웨어 하나를 만들게 되면, 추가 비용을 거의 들이지 않아도 여러 번 판매할 수 있다는 사실을 깨달았다. 당시 몇몇 회사들은 메인프레임 컴퓨터용 소프트웨어를 이런 방식으로 판매했지만, 대중 시장에 이러한 상품을 내놓은 회사는 없었다.[6]

마이크로소프트는 1975년에 PC용 소프트웨어 제품을 판매하는 최초의 기업으로 출범했다. 게이츠는 언젠가 소비자용 소프트웨어의 수요를 이끌 대중적인 개인용 컴퓨터 시장이 생겨날 것이라고 믿었다. 그의 생각은 옳았다. 단기적으로는 이 시장이 틈새시장이기도 했고 게이츠 자신의 관심사도 따로 있었기에, 마이크로소프트는 다른 개발자들이 소프트웨어를 만드는 데 도움을 주는 도구(대부분 프로그래밍 언어)를 개발하는 데 주력했다. 1993년에 게이츠가 마이클 쿠수마노와 리처드 셀비Richard Selby에게 말했듯이, 그는 이 분야에 집중한 덕분에 마이크로소프트가 시장에 진입할 때 결정적인 우위를 차지할 수 있었다고 믿었다. "왜 다른 기업은 만들지 못한 매킨토시용 소프트웨어를 우리는 만들 수 있었을까요? 우리에겐 자체적인 도구가 있었기 때문입니다. …… 이 회사가 애초에 어떻게 존재할 수 있었을까요? 역시 우리에게 자체적인 도구가 있었기 때문입니다. 당시에는 우리가 만든 것만큼 좋은 도구가 없었습니다. 이는 굉장한 경쟁 우위였죠."7 이와 같은 기술적 집중(게이츠의 개인적 닻이 지닌 핵심 부분)은 마이크로소프트에 조직적 강점이자 한계가 되었다. 즉, 소비자보다 기술에 치우치는 경향 때문에 기술적 집중이라는 본래의 성향과 다른 방향으로 움직일 때는 느리고 어색한 행보를 보이는 경우도 많았다.

　게이츠는 자신의 기술적 취향이 향후 마이크로소프트에 초래할 한계를 충분히 예상하지 못했을지도 모른다. 그러나 그는 자신의 개인적 한계가 마이크로소프트의 성장 잠재력을 제한한다는 사실을 비교적 빨리 이해했다. 이런 이유로, 1980년에 그는 대학 동창이자 프록터앤드갬블Proctor & Gamble에서 일했던 스티브 발머에게 스탠퍼드 경영대학원을 그만두고 마케팅과 영업 분야에서 마이크로소프트의 공백을 메워 달라고 부탁했다. 이후 수년간 게이츠는 사업 확장에 따른 일상적인 운영 업무를 처리하기 위해 라디오 섀크^{Radio} ^{Shack}의 존 셜리와 IBM의 마이크 메이플스처럼 경험 많은 임원들을 고용했다. 아울러 1980년대 초에 마이크로소프트가 PC와 매킨토시를 위한 애플리케이션으로 소비자 시장에 진출하기 시작했을 때, 게이츠는 애플, 제록스 PARC를 비롯한 여러 기업에서 유능한 소프트웨어 엔지니어와 제품 관리자를 영입했다. 이때 영입한 최고의 경영진은 게이츠의 부족한 점을 보완해 주었고, 그가 마이크로소프트를 소비자용 소프트웨어 제품을 생산하는 대중적 기업으로 이끌어 가는 데 도움을 주었다.

엄밀함에 대한 열정

앤디 그로브의 개인적 닻은 소프트웨어 코딩 같은 구체적인 기술에 있지 않았다. 그보다는 대학에 있으나 〈포춘^{Fortune}〉 500대 기업에 있으나 똑같이 편하게 느끼는, 고등교육을 받은 과학자의 '공학기술적' 엄밀함이 그로브의 최대 자산이었다. 그로브의 가장 오랜 친구이자 가장 신뢰하는 관리자였던 레스 배다스의 말대로, "전략에 대해 생각하든, 무언가를 철저하게 생각하든, 또는 회사 운영에 관해 생각하든, 그가 하는 모든 것 속에 깃든 …… 엄밀함"은 그로브 리더십의 핵심이었다.[8]

앞서 우리는 그로브가 뉴욕 시립대학교를 졸업하고 버클리에서 박사 학위를 취득한 뒤 화학 엔지니어로 경력을 시작했다고 언급했다. 학생 시절 그로브는 어떤 일을 붙들고 씨름하든 그 안에서 '진리'를 추구하도록(적어도 가능한 최상의 답에 근접하도록) 교육받았다. 그는 자신에게는 게이츠나 잡스와 같은 '사업가적 욕구'가 전혀 없었으며, 회사를 설립하지 않은 것도 그 때문이라고 털어놓았다.[9] 그러나 스무 살 때 혼자 헝가리에서 미국으로 건너오고, 1968년에는 인텔의 첫 번째 직원이 되기 위해 로버트 노이스[Robert Noyce], 고든 무어와 함께 페어차일드 반도체를 떠난 데서 알 수 있듯이, 그는 위험을 별로 두려워하지 않는 인물이었다.

인텔에서 그로브가 맡은 과제는, 새로이 나타났지만 엄청나게 중요한 분야인 반도체 분야에서 복잡한 제조 기업을 경영하는 법을 찾아내는 일이었다. 그때까지 반도체 메모리를 대량 생산하는 방법에 정통한 사람은 아무도 없었다. 사실 그로브가 인텔에 합류한 이유는, 페어차일드가 충분한 수준의 "엄밀함을 갖춘 조직"이 아니어서 결코 그 잠재력을 발휘하지 못한다고 보았기 때문이다.[10] 그는 인텔이 이런 조직이 되지 않도록 하는 것을 자신의 임무로 여겼다.

그로브는 기술의 최전선에서 엉망이 되어 버리기 일쑤인 엔지니어링 및 제조 업무를 체계적으로 공정화하는 일에 착수했다. 배다스가 지적했듯이, 그로브는 이 과정에서 인텔 내에 엄밀함을 갖춘 사고와 행동에 바탕을 둔 강력한 문화를 만들어 내는 데 많은 관심을 기울였다. 복잡한 조직을 관리하기란 매우 어렵다는 것을 알고 있었기 때문이다. 배다스의 회고에 따르면, 그로브는 "시스템과 절차에 모든 것을 담을 수는 없다. 결국 사람에 의존해야 한다"라는 말을 자주 하곤 했다. 배다스는 다음과 같이 덧붙였다. "이는 그가 남긴 최대의 유산이자 아마도 가장 가치 있는 유산일 겁니다. 대규모 조직은 그 문화에 따라 성공과 실패가 결정된다는 사실이 가장 중요합니다. 어느 누구도 혼자서 모든 것을 파악할 수는 없습니다."[11]

그로브는 인텔 같은 회사에 영향을 주는 모든 분야를 관리하려면 다른 사람들에게 의존해야 한다는 사실을 알았지만, 그래도 자신에게 부족한 지식을 보충하기 위해 열심히 노력했다. 그는 내부 전문가들을 통해 반도체 기술의 발전에 대해 공부했다. 그리고 RISC 기술과 인터넷처럼 회사의 성과를 내는 데 필요한 새 분야에 대해 진지한 자세로 배웠고, 결코 학습을 멈추지 않았다. 그는 또 생각을 글로 적고 특히 책으로 출간함으로써 자신의 사고를 명확히 하고자 했다. 1967년에 그로브는 반도체 기술에 대한 자신의 지식을 정리하는 차원에서 《물리학과 반도체 기술Physics and Technology of Semiconductors》이라는 교과서를 출간했다. 이 책은 오늘날 이 분야의 고전으로 손꼽히고 있다. 경영에 대한 책임이 늘어나자, 그로브는 비즈니스 관련 서적을 폭넓게 읽었고, 1983년에는 《탁월한 관리High Output Management》를 출간했다. 이 두 번째 책은 그로브가 인텔의 사장으로서 어려움을 헤쳐 나가며 어떤 생각을 했는지 들여다볼 수 있는 소중한 창이다.

《탁월한 관리》에서 그로브는 관리자들이 직원들에게 "최대한도의 성과"를 이끌어 낼 때만 조직을 최상의 수준으로 운영할 수 있다고 주장했다.[12] 이에 따라 그로브는 사람들을 평가하고 동기부여하는 일뿐 아니라 개인적인 생각과 의견을 개진할 수 있도록 힘을 실어 주는 일에도 관심을 쏟았다. 또한 자신의 시간을 어떻게 쓰는 것이 효과적일지, 경영자로서 '영향력'을 어떻게 높일지에 대해 고민했다. 그는 비즈니스의 우선순위를 명확히 하는 것이 중요하다고 강조했다. "우리는 모든 것에 집중한다면 어떤 것에도 집중하지 못한다는 사실을 인식해야 하고, 이런 인식에 따라 행동해야 한다. 극도로 엄선된 소수의 목표가 있다면, 우리는 무엇에 대해 '네'라고 말하고, 무엇에 대해 '아니오'라고 말해야 할지 명확히 알 수 있다."[13] 이런 식의 엄밀함은 그의 핵심적인 경영 스타일이 되었다.

디자인에 대한 열정

스티브 잡스의 개인적 닻은 제품 디자인에 대한 그의 완벽한 감각이었으며, 또한 단순하고 우아한 기술이 일반인들에게 얼마나 큰 혜택을 줄 수 있는지에 대한 비전이었다. 잡스는 공동 창업자인 스티브 워즈니악과 애플 엔지니어, 관리자들의 도움을 받아 이러한 미적 감각을 바탕으로 처음에는 개인용 컴퓨터를, 나중에는 아이팟, 아이폰, 아이패드 및 아이튠즈, 앱스토어, 아이클라우드 같은 제품과 서비스를 획기적이고 새롭게 디자인했다. 여러 면에서, 잡스

는 예술가가 될 수도 있었지만 어쩌다가 기술 분야의 사업가가 된 사람이었다.[14]

잡스의 성장 배경은 기술과 비즈니스에 대한 그의 접근 방식에 강력한 영향을 미쳤다. 그는 고등학교와 대학교에서 별다른 기술 교육을 받지 못했고, 그래서 대부분의 사람들이 쉽게 사용할 수 있는 단순한 제품을 만들고 싶어 했다. 잡스는 실리콘밸리에서 일류 장인들과 엔지니어들에 둘러싸여 성장했다. 특히 그의 아버지는 자동차와 목공품을 가지고 작업하기를 좋아했으며, 많은 이웃들이 휼렛패커드 같은 훌륭한 엔지니어링 회사에서 일했다.[15] 어린 시절 잡스는 만약 기술의 문턱이 낮아진다면 사람들이 어떤 혜택을 누릴 수 있을지 생각해 보곤 했다. 그는 이처럼 사용 편의성을 중시하면서 애플을 단순성, 사용 편리성, 그리고 우아한 디자인에 관해 업계 전체의 새 기준을 세우는 독특한 회사로 만들어 냈다. 심지어 잡스는 숙적인 빌 게이츠에게도 엄청난 영향을 끼쳤다. 마이크로소프트의 오랜 연구개발 목표는 매킨토시 운영체제의 '모양과 느낌'을 모방하는 것이었다.

잡스는 애플 제품의 디자인에 대해서라면 아주 작은 사항이라도 모두 관리하려고 했다. 애플 초창기에 그는 심지어 컴퓨터 내부의 인쇄회로기판이 어떤 모양이어야 하는지에 대해서도 간섭했다. 그러나 잡스는 운영이나 재무처럼 회사 경영과 관련한 분야에는 별다른 관심이나 지식이 없었다. 그래도 초반에는 아는 척했지만 결국 이 분야의 전문가를 곁에 두어야 한다는 사실을 인식하게 되었다.

이는 특히 1997년 그가 애플에 다시 합류한 뒤 두드러졌다. 잡스가 직감을 따르다 잘못된 길로 들어섰을 때 애플의 뛰어난 경영진은 그를 여러 번 구해 주었다. 예를 들어 2000년대 초에 잡스가 유니버설 뮤직을 인수하려 했을 때 CFO 프레드 앤더슨이 말리지 않았다면, 또는 2003년에 아이팟을 윈도와 호환되도록 만들라고 경영진이 그를 다그치지 않았다면, 아이팟은 시장에서 성공하지 못했을지도 모른다.

그러나 잡스는 그의 주변에 자리한 '특정 분야 전문가들'이 완전히 마음대로 행동하도록 내버려 두지 않았다. 이미 1985년에 애플에서 한 번 해고된 경험이 있었던 잡스는 늘 경계를 늦추지 않았다. 그는 관리자끼리 경쟁하게 하고 부서별로 직무상의 정보를 공유하지 못하게 막아 모든 것을 자신이 항상 통제할 수 있도록 했다. 애플의 소매 부문을 이끌었던 론 존슨에 따르면, 잡스는 애플에 복귀한 뒤 결코 두 번 다시 회사에서 쫓겨날 여지를 남기지 않았다. "스티브는 늘 다른 사람들에게 의견을 받기는 했지만, 통제력을 잃고 싶어 하지 않았습니다."[16]

디테일에 극도로,
단 선별적으로 주목하라

○

실행이 곧 신(神)이다!¹⁷

앤디 그로브(1996)

리더의 개인적 닻은 조직의 전략뿐 아니라 조직의 발전을 위한 초점과 방향을 제시한다. 예를 들어 CEO들이 어디에 관심을 집중하고 어떤 식으로 조직을 이끌어야 하는지를 결정하는 데 도움을 준다. 확실한 방향감각이 없는 리더는 고객이나 비즈니스와 무관한 사소한 일에 쉽게 집착한다. 게이츠, 그로브, 잡스는 대체로 이런 함정을 피해 나갔다. 그들은 혼란스러운 정보 사이를 헤치고 비즈니스에 정말로 중요한 것을 찾아내기 위해 자신의 직감을 신뢰하는 법을 배웠다. 그들은 디테일에 극도로(그러나 선별적으로) 주목했고, 그 과정에서 조직 전체에 이와 똑같은 엄밀함을 불어넣었다.

몇 가지 핵심 지렛점을 찾아내라

———

게이츠, 그로브, 잡스가 상충되는 데이터를 정리하고 갈수록 복잡해지는 운영 업무를 파악하기 위해 사용한 기법 중 하나는, 몇 가지 핵심 지렛점leverage point을 찾아내 이를 중점적으로 살피는 것이었다.

그로브는 마케팅과 영업에 집중했지만, 엄밀함을 갖춘 사고를 강조하는 기업 문화에도 중점을 두었다(그가 공학적 배경을 갖고 있다는 점을 고려하면 이는 다소 놀라운 일이다). 그는 인터뷰에서 우리에게 다음과 같이 말했다. "돌려야 할 손잡이가 너무 많습니다. 그래서 저는 제게 중요한 손잡이들을 돌렸죠. …… 마케팅은 물론이고 영업도 그중 하나였어요. 디자인은 아니었습니다. 아, 문화는 해당되었지요."[18] 궁극적으로 그로브는 다음과 같이 역설했다. "뛰어난 마케팅과 뛰어난 제조공장이 인텔을 특징짓는 요소였습니다."[19] 그로브가 이끌던 시절에 인텔은 마케팅과 제조 모두를 똑같이 중요시했다는 말이다.

게이츠는 서로 다른 지렛점들을 찾아내 마이크로소프트의 조직과 문화를 형성했다. 소프트웨어에 대한 전문 지식이 자신의 닻이었기 때문에, 초기에 그는 모든 마이크로소프트 제품의 특징을 숙지하려고 했다. 그는 다음과 같이 회고했다. "처음에는 누구도 아무 코드나 작성하지 못하게 했습니다. 일단 다른 이들이 베이직으로 코드를 작성해 놓으면 제가 모두 다시 작성했어요. 그들이 코딩한 방식이 마음에 들지 않았거든요."[20] 프로그래밍의 세세한 부분까지 이해하는 게이츠의 식견은 회사 엔지니어들을 놀라게 할 정도였다. 이런 일은 1990년까지도 계속되었다. 윈도 95의 테스트 관리자는 게이츠를 '광적'이라고 표현하면서 이렇게 이야기했다. "빌은 우리 제품에 대해 누구보다 잘 알고 있습니다. 우리는 회의에 들어가면 진땀을 흘리곤 했죠. 어떤 결함이 보이면 빌이 바로 지적하면서 사정없이 호통을 쳤거든요."[21] 적어도 1980년대부터 1990년대 중반까지 게이츠는 이처럼 세세한 부분까지 끊임없이 관심을 기울였고, 마이크로소프트의 개발자들과 임원들은 한시도 긴장을 늦출 수 없었다.

게이츠에게 이런 방식이 가능했던 것은, 가장 아랫단(코드와 알고리즘)에서 마이크로소프트의 제품을 이해할 수 있는 능력이 있었기 때문이다.[22] 1990년대 중반으로 접어들면서 기술의 발전이 게이츠의 프로그래밍 경험을 앞질렀지만, 그는 여전히 어떤 질문을 해야 할지 알았고 손쉽게 새로운 것을 배웠다. 그러나 코드를 엄밀히 검토하는 것이 과연 소프트웨어 기업 CEO가 해야 할 일일까? 회사가 생긴 지 얼마 되지 않았고 CEO가 기술과 고객을 가장 잘 이해한다면 그렇다고 할 수도 있다. 그러나 회사의 제품 포트폴리오가 확장되고 기술이 발전해 간다면 아닐 수도 있다. 게이츠는 이런 사실을 매우 빨리 깨달았고, 1990년대 초에는 가장 중요한 제품들에만 관심을 집중하기로 했다. 그 후 그는 프로젝트 검토회의와 보고서 등을 활용해 회사의 다른 영역에서 어떤 일들이 진행되고 있는지 파악했다.

1993년, 게이츠는 쿠수마노와 셀비에게 다음과 같이 말했다. "저는 우리 회사 매출의 80퍼센트 정도를 차지하는 제품들은 아주 깊은 수준까지 이해하려고 합니다."[23] 그는 개발자들과 계속 긴밀하게 일하면서, 이들이 네트워킹과 인터넷 같은 새로운 도전에 맞서 제품의 새로운 버전과 기능을 어떻게 정의해야 할지 도움을 주었다. 아울러 게이츠는 신제품 개발에 대한 투자 결정을 자신이 엄격하게 관리했다. "저는 어떤 제품을 개발할지에 대한 결정을 남에게 맡기지 않았습니다. …… 이런 결정은 소프트웨어 회사의 CEO가 쥐고 있어야 하는 권한이지요."[24]

중요도가 떨어진다고 판단되는 제품의 경우, 게이츠는 직접 감독하기보다 매년 4월과 10월에 열리는 주요 프로그램 검토회의와 기획회의를 활용했다. 그리고 그 후에는 격주 또는 한 달마다 이메일로 프로젝트 진행 상황을 보고받았다. 게이츠는 다음과 같이 설명했다. "저는 모든 상황에 대해 보고서를 받습니다. …… (그리고) 하나하나 다 읽어 봅니다. …… 그때 바로 이런 생각이 들죠. '이 사람들이 이번에 일정을 바꾸는 건가?' …… 그러면 메일을 한 통 날리면서 '내가 여기에 드래그 앤 드롭drag-and-drop 기능을 넣으라고 한 것 같은데 상황 보고서에는 들어 있지 않잖아'라고 쉽게 말할 수 있죠."[25]

이런 감독 체계는 수년간 제대로 작동했지만, 이런 방식이 성공하려면 게이츠의 전적인 관심과 전문 지식, 그리고 의지력이 필요했다. 1990년대 말에 그가 마이크로소프트의 반독점 관련 법적 분쟁에 점점 더 많이 관여하게 되고 CEO직에서도 사임하면서 회사의 실행 체계는 흔들리기 시작했다. 윈도 개발 팀은 갈수록 규모가 커지면서 체계가 엉망이 되었고, 윈도 비스타의 출시가 5년이나 연기되는 등 큰 문제가 벌어졌다. 무려 7000명이나 되는 엔지니어가 투입된 윈도 비스타는 2007년이 되어서야 가까스로 출시되었다.[26] 더욱이 마이크로소프트는 애플의 아이폰과 아이패드가 개척한 모바일 기기 및 온라인 서비스 분야 시장의 성장 가능성을 심각하게 오판했다. 그들은 이 시장에 뛰어들기 위해 2012년에 윈도 8과 서피스Surface 태블릿을 출시했지만, 그다지 큰 반향을 일으키지는 못했다.

게이츠는 2006년까지 최고 소프트웨어 아키텍트chief software architect로, 2014년까지는 이사회 의장으로 일하며 이 어려운 시기를 보냈다. 그러나 2000년에 스티브 발머가 그의 뒤를 이어 CEO가 되자, 핵심 프로젝트를 좌우하고 새로운 전략적 방향을 설정하는 게이츠의 역할은 기본적으로 막을 내렸다. 어쩌면 향후에는 게이츠가 더 많은 영향력을 발휘하는 상황이 찾아올지 모른다. 마이크로소프트의 새 CEO로 임명된 사티아 나델라Satya Nadella는 2014년에 게이츠에게 제품 전략에 관한 멘토나 조언자 같은 좀 더 적극적인 역할로 돌아와 달라고 요청했다.[27]

디테일에 주목하는 엄밀함을 불어넣어라

———

스티브 잡스는 게이츠가 소프트웨어에 주목했던 것만큼이나 강렬하게 디자인에 주목했다. 그가 존경하는 건축가 루트비히 미스 반 데어 로에Ludwig Mies van der Rohe가 그러했듯, 특히 애플 제품의 디자인에 관한 한 "신은 디테일에 있다God is in the details"고 믿었다.28 그는 제품의 모양에서부터 포장과 광고에 이르기까지 고객 경험에 영향을 주는 것이라면 무엇이든지 깊은 관심을 기울였다. 그가 보기에는 어떤 세세한 부분도 결코 사소하지 않았다. 잡스 자신이 알아차린 것처럼 고객들도 이를 알아차릴 것이기 때문이다. 그는 자신이 해야 할 일이란 자신의 취향을 애플의 모든 부분에 반영되도록 하는 것이라고 생각했다. 그 덕분에 애플의 모든 제품, 온라인 서비스, 포장, 마케팅이 일관된 모양과 느낌을 지니게 되었다. 잡스는 이런 일관성이 고객에게 도달하는 최고의 경로라고 생각했다.

이처럼 디테일에 극도로, 그리고 선별적으로 주목하는 잡스의 성향은 1977년에 등장한 애플 II에서 처음으로 드러났고, 이후 1984년에 출시된 매킨토시에도 분명하게 영향을 끼쳤다. 고객들은 이 두 제품에 긍정적인 반응을 보였고, 직접 실무에 관여하는 잡스의 방식은 더욱 강화되었다. 예를 들어 그는 1997년 애플에 복귀하자마자 디자인 팀과 매주 모임을 가지면서 새로운 운영체제인 OS X의 사용자 인터페이스 제작에 관여했다. 프로젝트 리더인 코델 라즐라프Cordell Ratzlaff는 잡스가 "픽셀 수준까지 모든 것을 면밀히 살폈다"고 회상했다. 심지어 잡스는 창 위의 스크롤바까지 특정한 방식으로 보이기를 원했고, 팀에게 다수의 버전을 만들어 내라고 요구했다. 이 작업은 거의 6개월이나 걸렸다.[29]

잡스는 2000년대 내내 수석 디자이너 조너선 아이브Jonathan Ive(조니 아이브Jony Ive)와 그의 팀원들에게 긴밀하게 협력했다. 잡스는 적어도 하루에 한 번은 아이브와 이야기를 나눴고, 점심을 함께 먹곤 했다. 또한 개발 중인 시제품과 모형을 보기 위해 디자인 작업실을 자주 방문했다. 이 과정에서 그는 판에 박힌 듯 반복되는 디자인 업무에 변화를 주어 보면 어떤지 제안하기도 했다. 이처럼 격식에 얽매이지 않는 대화는 애플의 공식적인 제품 프레젠테이션과 검토회의뿐 아니라 제품 개발에 대한 회사의 접근 방식에도 영향을 미쳤다. 그뿐 아니라 잡스는 디자인 팀과의 잦은 논의를 통해 새로운 제품 디자인이 자신의 생각에서 지나치게 벗어나지 않도록 했다.[30]

디테일에 거의 광적으로 주목하는 잡스의 성향은 더 뛰어난 제품을 만드는 데 기여했을 뿐 아니라 애플의 문화와 조직의 역량에도 영향을 미쳤다. 잡스가 디자인과 관련해 사소해 보이는 부분까지 주목하면 애플의 모든 직원도 여기에 주목해야 했고, 왜 그런지 이해해야 했다. 애플에서 제품 관리자로 일했던 어떤 사람은 이렇게 말했다. "잡스는 모든 것이 자신의 비전에 따라 이루어지도록 처음부터 끝까지 줄곧 관여했습니다. 가장 작은 부분까지도 꼼꼼히 점검했죠. 그는 그런 식으로 엄밀함을 유지했습니다."[31] 애플의 엘리트 집단인 산업 디자인 팀Industrial Design Team에서 일했던 한 사람

은 애플 내에서 "모든 디테일에 집착"하는 일은 꽤 흔한 일이었다고 이야기했다.[32]

잡스는 디자인은 물론 마케팅에서도 열정을 발휘했는데, 여기서 다시 한 번 놀랍도록 디테일에 주목하는 모습을 보여주었다. 아이팟의 마케팅 계획을 짜면서, 잡스는 광고판에 사용되는 이미지에서부터 텔레비전 광고에 삽입할 노래에 이르기까지 모든 사항을 애플의 광고 담당 임원들과 직접 협의했다. 2010년의 아이패드 마케팅에서도 마찬가지였다. 그는 애플의 광고대행사가 제시한 여러 제안을 모두 퇴짜 놓았고, 결국 광고 캠페인을 좌우할 분위기, 스타일, 목소리가 어떠해야 하는지 직접 명확하게 지시했다.[33] 잡스는 또한 애플 스토어의 인테리어는 물론 건축 자재에 이르기까지 모든 설계를 직접 감독했다.

논리를 검증한 뒤 지속적으로 후속 조치를 취하라

게이츠와 잡스는 각각 소프트웨어와 디자인에 열정을 발휘한 반면, 그로브는 엄밀함을 갖춘 사고에 열정을 보였다. 그로브는 마케팅과 영업, 생산능력 계획, 기술 로드맵 같은 분야를 깊이 연구했고, 이를 통해 어떤 기술을 개발해야 향후 인텔 제품이 경쟁 제품보다 시장 우위를 점할 수 있을지 알아내고자 했다. 그는 현재의 운영 상황을 파악하고 최선의 결정을 내리기 위해 되도록 많은 데이터를 입수하려 했다. 또한 중요한 디테일들을 자신이 완전히 파악하고 있어야 (그리고 직위와 상관없이 관련된 모두에게 후속 조치를 요구할 수 있어야) 엄밀함과 효과적인 실행을 보장할 수 있다고 확신했다.

인텔은 매주 화·수·목요일에 비즈니스 검토회의, 그룹 검토회의, 전략 검토회의를 열었다. 그로브는 이 회의에서 늘 어렵고 날카로운 질문들을 던졌다. 그는 질문에 대한 대답 자체보다는 대답을 도출한 사고 과정이 어떠했는가를 더 중요하게 생각했다. 만약 누군가가 허점을 보이면 회의실은 그야말로 '아비규환'으로 변했다. 구성원들이 문제를 처리하는 방식에 그로브가 만족해야만 무사히 넘어갈 수 있었다. 그로브를 멘토로 두었던 팻 겔싱어는 그가 일하는 방식에 대해 다음과 같이 설명했다. "그로브는 사람들의 사고 방식에 이의를 제기하곤 했습니다. 따지고 캐묻고 몰아붙였지요. …… 그는 어떤 전략에 대해 줄곧 따지면서 사람들에게 그 전략이 왜 타당한지 입증하라고 요구했어요. 그가 바닥까지 샅샅이 캐고 들어가도 여전히 논리가 정연하고 탄탄하다면, 그 전략은 아마도 괜찮은 것이겠죠."[34]

그로브는 또한 회의 말미에 'AR(행동이 요구됨Action Required)'을 발행하는 것으로(AR에는 '매출채권Account Receivable'이라는 의미도 있어 이를 빗대어 '발행한다issue'고 표현했다—옮긴이) 유명했다. 그는 지적한 사항에 대한 후속 조치가 제대로 실행되는지 확인하고 싶어 했고, 보좌진은 그 실행 상황을 계속 체크했다. 심지어 그로브가 자신의 상사인 인텔 공동 창업자 밥 노이스Bob Noyce와 고든 무어에게 '발행'

한 AR에 대해서도 마찬가지였다. 아무도 준비 없이 회의에 참석하려 하지 않았고, 아무도 AR 과제를 완수하지 않고 회의에 참석하려 하지 않았다. 최고의 실행이란 바로 이를 두고 하는 말이다.

○

절대 큰 그림을
놓치지 말라

○

고위 경영진이 관여해 매우 힘겨운 조치를 취해야 한다. ……
나는 위에서 아래로 매우 명확하게 전략적 방향을 지시했다.[35]
앤디 그로브(1996)

게이츠, 그로브, 잡스는 모두 제품과 회사 경영을 디테일까지 깊이
들여다보았다. 그런데 주목할 점은 그들이 이런 성향을 보이는 와
중에도 늘 큰 그림을 염두에 두고 있었다는 것이다. 이들이 설정한
높은 수준의 목표(독보적인 소프트웨어 및 반도체 회사를 만든다는 목
표, 또는 단순하면서 우아한 제품 디자인으로 고객들을 감동시킨다는 목
표)는 어떤 디테일이 그들에게 중요한지, 아니면 중요하지 않은지
판단하는 기준이 되었다. 그러나 가장 작은 부분에까지 주목하면서
도 큰 그림에서 눈을 떼지 않는 균형 감각은 저절로 생겼거나 쉽게
얻은 것이 아니다. 이는 그들이 각고의 노력 끝에 습득한 기술이다.

위에서부터 방향을 제시하라

———

그로브는 디테일과 전체 구도 사이에서 적절한 균형을 찾기 위해 노력했다. 또한 위에서 아래로 방향을 제시하는 방법과 더 낮은 직급의 직원들에게 자율성을 부여하는 일 사이에서 균형을 찾기 위해 씨름했다. 그로브는 1960년대 말부터 1980년대 중반까지 전략 기획 프로세스를 주재하며 논의 자체를 상향식으로 이끌어내고자 했다. 그는 (자신과 같은 고위 임원이 아닌) 중간관리자들이 자원 할당과 관련한 결정을 하기에 가장 좋은 위치에 있다고 굳게 믿었다. 이에 따라 초기 인텔의 기획 프로세스는 우선 중간관리자들이 전략계획을 준비한 뒤 이를 그로브와 고위 임원들에게 보여주어야 했다. 그로브와 고위 임원들은 이 계획안을 보고 목표, 자원, 경쟁과 관련해 어려운 질문들을 던졌지만, 관리자들에게 어떤 방향을 따르라고 지시하지는 않았다.

이런 접근 방식은 중간관리자들이 1980년대 중반에 인텔의 역사적인 변화를 이끌어 내면서 그 가치가 명확히 입증되었다. 그때까지 회사의 목표는 단순했다. 그로브의 말마따나, "경쟁사들보다 먼저 더 크고 좋은 반도체 메모리를 생산하는 것"이었다.[36] 그러나 1980년대 중반이 되자 업계에 변화가 일어나 메모리보다 마이크로프로세서의 가치가 훨씬 높아졌다. '일선에서 싸우는' 중간관리자들은 쉽게 말해 '돈을 따라가는' 사람들이었기 때문에 이러한 변화를 그로브 같은 임원들보다 먼저 알아차렸다. PC 제조사들은 이미 메모리보다 마이크로프로세서 구입에 훨씬 많은 비용을 지불하고 있었다. 인텔의 생산 기획자 및 재무 전문가들은 이에 대응해 손실이 나는 메모리 생산 역량을 점차 줄이고 이를 수익성이 좋은 마이크로프로세서에 투입했다. 훗날 그로브는 "이 중간관리자들은 자신들의 일상적인 업무를 통해 인텔의 전략적 태도를 바로잡고 있었다"고 말했다.[37] 그로브와 무어가 메모리 사업에서 철수하겠다고 공식적으로 결정했을 때는 인텔의 반도체 제조 공장 여덟 곳 가운데 단 한 곳만이 메모리 칩을 생산하고 있었다. 중간관리자들의 결정 덕분에 인텔은 훨씬 덜 고통스럽게 마이크로프로세서로의 전략적 변화를 이룰 수 있었다.

하지만 이 변화 사례를 통해 그로브는 상향식 기획만으로 인텔을 업계의 발전 속도만큼 빠르게 변화시키기란 어렵다는 사실도 알게 되었다. 회사를 바꾸려면 인텔의 고위 경영진("언덕 위에 서 있는 장군들")이 나서서 자신들의 유리한 지위를 이용하는 편이 나았다. 중간관리자들은 기존의 사업 분야 사이에서 자원을 이동시키는 등의 방안을 제시할 수 있지만 운영 중인 공장을 폐쇄하거나 새로운 공장을 설립하고, 연구개발 또는 마케팅 자원의 상당 부분을 새 사업에 맞게 전환하는 등의 권한은 오직 최고 경영진에게만 있었다. 그로브는 다음과 같이 회고했다.

고위 경영진이 관여해 매우 힘겨운 조치를 취해야 한다. ……
그때 우리는 전략을 구상하는 더 좋은 방법이 있을 거라 믿었다. 우리에게 필요했던 것은 좁은 분야에 대해 깊은 지식을 지닌 중간관리자들, 그리고 더 폭넓은 시야로 맥락을 파악할 수 있는 고위 경영진 사이의 균형 잡힌 소통이었다.[38]

1987년 CEO가 된 이후, 그로브의 해결책은 우리가 1장에서 살펴본 SLRP 회의의 프로세스를 완전히 변화시키는 것이었다. 이때부터 그는 1년에 한두 번 정도 기술보좌역과 함께 몇 주 정도의 시간을 투자해 새로운 내용들을 공부하고 프레젠테이션 자료를 준비했다. 당시 만들어진 프레젠테이션 자료 중에는 200페이지가 넘는 것도 있는데, 그로브와 기술보좌역은 경영진들에게 로드맵을 제시하기 위해 상당한 시간을 들여 논쟁하고 연구했다. 그로브는 현업 관리자들의 의견을 먼저 듣는 대신, 기존보다 많은 사람들이 참여한 확대 경영회의에서 경영 환경에 대한 자신의 견해를 이야기했다. 그런 다음 토론과 개선을 거쳐 회사의 전략, 그리고 고차원의 전략적 당면 과제를 네 개 정도 발표했다. 그러면 인텔 직원들은 전 세계 사업장의 거의 모든 벽을 이 당면 과제로 도배했다. 그로브는 다음과 같이 설명했다. "나는 위에서 아래로 매우 명확하게 전략적 방향을 지시했다. 이를 통해 모든 그룹이 전략을 분명히 이해하게 되었고, 여러 사업부에 속한 다양한 직급의 관리자들에게 전략적 프레임워크가 제시되었다."[39]

그러나 그로브는 중간관리자들이 직접 중요한 결정을 내릴 권한을 가져야 한다는 믿음을 버리지 않았다. 이 새로운 전사적 차원의

SLRP 회의는 그룹 단위로 추진되는 전략 기획의 토대가 되었다. 각 부서의 관리자들은 그로브의 전사적 목표에 맞춰 개별 부서 차원에서 추진해 나갈 전략과 전술을 만들어 냈다. 각 그룹은 전사적인 전략 목표에 기초해 제품 라인에 대한 상세 계획을 수립했고, 이를 그로브와 경영진에게 설명했다.

그로브는 이러한 과정을 모두 거치며 훌륭한 전략적 사고에는 서로 다른 관점이 필요하고, 관점의 차이를 명확히 파악하려면 경영진과 회사 안팎의 특정 분야 전문가들 사이에 치열한 논쟁이 필요하다는 확신을 갖게 되었고, 그에 따라 행동했다. 그로브가 불어넣은 이러한 분위기를 묘사하기 위해 인텔 내부에서 사용되는 말이 있다. 바로 '건설적 대립constructive confrontation'이다. 그로브는 자신의 역할을 이렇게 설명했다. "저는 제 입장을 방어하기도 하고, 상대방에게 이의를 제기하기도 했습니다. 또 열심히 공부했습니다. 절대 준비 없이 회의에 들어가지 않았습니다."[40] 그는 전략에 관한 논쟁이 마치 "사진사가 사진을 현상할 때 명암 대비를 선명하게 하는 과정"처럼 되기를 원했다. "이를 통해 나오는 더 또렷한 이미지는 경영진이 좀 더 정보에 근거한(그리고 아마도 더 정확한) 결정을 내리는 데 도움을 주었다."[41]

1990년대 초반의 인텔 내부 문서들을 보면, 당시 인텔의 기획 프로세스는 감독이 스포츠 팀을 관리하는 방식과 비슷했다. 전사 SLRP는 벤치에서 선수들에게 보내는 지시와도 같았다. 제품 그룹의 기획 문서는 선수들이 지시를 받아들이거나 또는 목표를 달성하기 위한 조금 다른 방법을 제안하면서 감독에게 다시 보내는 신호와 유사했다. 이처럼 지시와 신호를 주고받는 프로세스를 통해 선수들에게서 정보와 의견을 이끌어 낼 수 있었고, 인텔의 전사적 전략을 수립하고 실행하는 과정에서도 대화의 길이 열렸다. 또한 감독이 전략적 방향을 설정한다는 사실도 분명해졌다.

사고와 학습을 위한 시간을 할당하라

게이츠, 그로브, 잡스는 전략에 대한 치열한 논쟁을 장려하는 한편, 사고와 학습에 많은 시간을 투자하면서 이런 토론이 더욱 활성화되도록 했다. 그들은 단지 게임을 하는 선수로서뿐 아니라 게임을 배우는 학생으로서 기술, 고객, 경쟁자들의 변화를 이해하는 데 도움이 될 만한 정보를 적극적으로 찾아 나섰다. 그뿐 아니라 자신이 잘 모르는 부분을 열심히 메워 나갔다.

예를 들어 스티브 잡스는 마이크 마쿨라^{Mike Markkula}에게서 비즈니스에 관한 교육을 받았다. 애플의 초기 투자자인 마쿨라는 1981년부터 1983년까지 애플의 CEO를 지냈고, 1985년부터 1997년까지 이사회 의장을 맡은 인물이다. 마쿨라는 잡스에게 사업 계획과 마케팅을 가르쳤으며, 고객을 위해서는 한 가지 일이라도 집중해서 잘할 수 있어야 한다고 가르쳤다.[42] 잡스는 또한 영화와 그래픽 제작에 관해 픽사에서 아주 많은 것을 배웠다. 애플로 복귀한 뒤에는 음악 비즈니스에 대해 지미 아이오빈에게서 조언을 받았다. 애플 내부에서는 론 존슨이 잡스에게 소매 경영을 가르쳐 주었다. 조너선 아이브, 팀 쿡, 존 루빈스타인, 에이비 테버니언 등 다른 핵심 참모들도 산업 디자인, 공급 사슬 관리, 제조, 소프트웨어 설계 같은 중요한 주제를 그에게 가르쳤다.

앤디 그로브는 인텔에 있는 동안 학습을 최고 우선순위로 삼았다. 처음에 운영을 중시하는 관리자였던 그로브는 1987년에 CEO가 되면서부터 전략에 대한 공부에 전념했다. 그는 광범위한 분야의 책을 읽고 경영대학원 수업도 들었으며, 마침내 하버드 경영대학원과 스탠퍼드 경영대학원에서 강의를 하기도 했다. 이와 마찬가지로 1980년대 말 인텔이 다품종 반도체 기업의 이미지를 버리고 마이크로프로세서에 전념하기로 했을 때, 그로브는 레스 배다스, 데니스 카터 같은 인텔 관리자들, 그리고 외부 전문가들과 애플 이사회의 이사들에게 늘 자문을 구하면서 컴퓨터, 영업, 소비자 마케팅을 이해하는 데 몰두했다. 그로브는 데이비드 아커David Aaker에게 "브랜드는 하나의 약속"이라고 배우던 순간을 20년 이상이 지나도록 기억하고 있었다. 아커는 UC버클리 하스 경영대학원의 마케팅 교수였는데, 카터의 주선으로 인텔에서 강연을 했다.[43]

그러나 생각과 학습에 엄청난 시간을 투자하는 것으로 가장 유명한 사람은 빌 게이츠였다. 그는 일 년에 두 차례 '생각 주간'을 가졌다. 생각 주간은 격리된 환경에서 새로운 주제에 대해 공부하고 그 주제가 마이크로소프트에 미치는 영향을 깊이 생각해 보는 7일

간의 시간이었다. 예를 들어 게이츠는 자연언어의 진화라는 주제에 천착했던 어느 생각 주간에, 언어 이론과 최첨단 컴퓨터 과학에서부터 교육 추세에 이르기까지 다양한 주제에 관해 112편의 글과 기술 논문을 읽었다고 한다.[44]

게이츠는 또한 중요한 메모를 매년 4~5개씩 작성하곤 했는데, 역시 생각 주간에 메모를 남기는 경우가 많았다. 그중에는 고객 지원 개선 방향과 같은 전술적 문제를 분석하는 메모도 있었다. 고객 지원 문제는 윈도 고객의 수가 수만에서 수천만으로 급증했던 1990년대 초에 심각한 과제로 부상했다.[45] 메모의 내용은 주로 마이크로소프트가 직면한 중요 문제에 대한 고차원적인 전략적 논평이었다.

1995년 5월의 '인터넷 해일Internet Tidal Wave'이라는 글은 게이츠가 생각 주간에 쓴 글 가운데 가장 유명한 메모이다. 유비쿼터스 온라인 네트워크를 만들기 위한 최고의 전략에 대해 수년간 내부 토론을 거친 뒤, 게이츠는 자신의 생각을 구체화하기 위해 생각 주간 동안 깊이 공부하고 생각을 거듭했다. 그는 이 과정에서 혁신적인 전략을 생각해 냈고, 회사의 모든 직원에게 당장 행동할 준비를 하라는 지침을 전달하기 위해 메모를 작성했다. 1990년대 초에 MSN 그룹을 이끌었던 러스 지글먼은 당시 게이츠가 어떤 생각을 했는지에 대해 다음과 같은 이야기를 들려주었다.

그는 시장이 어떻게 움직이고, 사람들이 왜 물건을 구입하며, 우리가 경쟁에서 어떻게 이길 수 있을지에 대한 (자신의) 지식을 기술에 대한 독특한 통찰과 결합했습니다. 그가 작성한 메모를 주의 깊게 읽어 보면 기술에 대한 이야기가 아니라는 사실을 알 수 있습니다. "보라, 이 사람들은 오늘날 우리가 알고 있는 모든 것을 중간의 매개자 없이 주고받을 것이다. 모든 것이 세분화될 것이다. 우리 모두는 스스로를 위한 신문가판대가 될 수 있을 것이다." 게이츠는 누구보다 먼저 이를 내다보았어요. …… 그것이 그가 끊임없이 했던 일이고, 메모를 통해 전달한 핵심 메시지였습니다. "나는 미래를 볼 수 있다. 우리의 미래는 비즈니스 모델과 기술의 조합이다. 우리는 그 지점에 도달해야 한다."[46]

그가 생각 주간에 내렸던 다른 결론들과 마찬가지로, 게이츠의 메모는 마이크로소프트의 전략이 지닌 모든 측면을 자세히 담고 있지는 못했다. 마이크로소프트의 전략은 또한 회사 내 다른 고위 리더들의 수많은 연구와 분석을 거쳐 도출된 것이다. 그러나 게이츠가 쓴 이 메모, '인터넷 해일'은 향후 수년간 마이크로소프트가 가야 할 방향에 관한 핵심 내용을 담고 있었다. 이런 주제에 대해 결정을 내릴 수 있는 이는 오직 CEO 뿐이었다.

제품 계획이 곧 전략 계획이다

게이츠나 그로브와는 대조적으로, 스티브 잡스는 방향을 설정하기 위해 전통적 전략 기획, 상세한 메모, 경쟁사 분석 등에 의존하지 않았다. 대신 경영진을 비롯해 선별된 외부인들과 제품에 관한 대화와 토론을 나누는, 좀 더 비공식적인 프로세스를 만들었다. 그러나 이런 토론은 큰 그림의 맥락 안에서 이루어졌다. 존 루빈스타인은 다음과 같이 설명했다. "우리는 디지털 허브 전략, 클라우드 전략, 앱 전략 등 전반적인 전략에 대해 이야기를 했습니다. 큰 그림에 대해 대화를 나눈 것이죠." 그러나 그는 회사의 원대한 비전보다는 현재의 제품 계획에 항상 대화의 초점이 맞춰졌다고 말했다. 이런 접근 방식에는 루빈스타인이 '순차적' 성격이라고 표현한 잡스만의 성향이 반영되어 있었다. "스티브는 두 가지 일에 집중하지 못했습니다. 그래서 진행하고 있는 일을 끝내기 전에는 다음 일에 대해 생각하지 않았죠."[47] 잡스는 대체로 신형 매킨토시, 아이팟, 아이폰처럼 한 번에 한 가지 제품에만 집중했고, 그 제품에 대한 구상을 마친 뒤에야 '위대한 차기 제품'에 대한 생각으로 넘어갔다. 잡스는 일단 자신이 다음 제품으로 넘어가면, 뒤에 남은 팀이 현재의 제품을 마무리하고 그와 합류할 것이라는 신뢰가 있었다. 루빈스타인은 다음과 같이 요약해 말했다. "우리는 전략적 기획을 하지 않았습니다. 차기 제품이 무엇일지에 대해 계획했죠. 항상 '좋아, 이제 갈림길에 놓였군. 어느 길로 가야 할까?' 하는 식이었어요."[48]

다시 말해 기술 로드맵을 세운 인텔, 3개년 계획을 세운 마이크로소프트와 달리 애플의 기업 전략은 잡스 개인의 비전과 제품 계획에서 생겨나 한 번에 하나씩 실행되었다. 그리고 제품 계획 역시 고객들이 무엇을 원하는지를 간파한 잡스의 감각에서 나왔다. 잡스는 애플의 1997년 세계개발자회의Worldwide Developers Conference에서 다음과 같이 설명했다. "제가 늘 생각하는 것은 고객이 무엇을 경험해야 하는지 생각한 뒤에 기술 차원으로 돌아와 작업해야 한다는 사실입니다. 먼저 기술에서 시작해 그 기술을 어디에 팔아야 할지 생각해서는 안 된다는 말입니다. 그리고 저는 아마 이곳에 모인 누구보다도 이런 실수를 많이 한 사람일 겁니다."[49]

잡스는 이처럼 한 번에 하나의 제품에 집중하는 방식을 강화하기 위해 지나치게 복잡하다고 여겨지던 애플의 제품-사업부 구조를 단순한 기능부서별 구조로 바꾸었다. 역설적이게도, 사업부 구조는 잡스가 몇 년 전 리사와 매킨토시 사업부를 애플 II 사업부와 분리하려고 도입한 조직 체계였다.[50] 하지만 이제 그는 행동을 전환하기 위해 조직 구조를 활용하고자 했다. 각 사업부별로 작성하던 손익계산서는 회사 전체에 대한 단일 손익계산서로 바뀌었다. 이처럼 조직을 단순화한 덕에 잡스는 사업부별 임원들을 거치지 않고도 새로운 제품에 대한 자신의 아이디어를 전사적인 핵심 경영 활동(제품 개발, 공급 사슬 관리, 제조, 마케팅, 영업 등)으로 더 쉽게 전달할 수 있었다. 새 조직 체계에서 그는 중간 단계 없이 기능부서의 관리자들과 일을 하면 그만이었다. 또한 손익계산서가 하나로 통합되었기 때문에 모든 고위 경영진은 특정 제품의 성과보다 회사 전체가 어떻게 수익을 올릴지에 더 많은 주의를 기울이게 되었다.[51]

잡스는 또한 매주 경영진 회의를 주재했다. 비록 사람들의 의견을 하나로 모으기 위해서는 잡스의 능력이 절대적으로 필요했지만, 이 회의는 조직이 순조롭게 돌아가고 밀접하게 통합되도록 하는 데 기여했다. 잡스 밑에서 소매 부문을 이끌었던 론 존슨은 이렇게 회고했다. "임원들은 매주 만나서 순조롭게 협력했습니다. 그러나 이 회의가 아니면 경영진 사이에는 별다른 소통 통로가 없었습니다. 스티브는 이들을 하나로 묶는 역할을 했습니다. …… (제품 라인업이) 여러 면에서 그토록 완벽해 보였던 것도 이 때문이지요. 애플이 하나의 브랜드로서 모든 면에서 거의 완벽에 가까워 보였던 이유 말입니다."[52]

기업 가치가 어마어마한 회사에서 CEO가 제품사업부를 없애고 고객과 관련한 거의 모든 것을 직접 관리하는 경우는 매우 이례적이다. 그 결과 애플의 경영 시스템은 잡스의 개인적인 관여에 크게 의존했다. 한편으로 그는 기능부서 간의 경쟁이나 개인 간의 경쟁을 조장했다. 그러나 다른 한편으로는 그의 리더십 스타일 덕분에 아이팟, 아이폰, 아이튠즈, 아이패드 같은 탁월하고도 혁신적인 제품이 나올 수 있었다.

2011년, 잡스가 건강상의 문제로 CEO 자리에서 물러나자 누구도 스티브 잡스를 대신할 수 없다는 사실이 분명해졌다. 디자인은 여전히 조니 아이브가 담당했지만, 제품 개발과 관련해 서로 다른 부서의 관리자들을 조정하는 역할은 여러 사람이 돌아 가며 맡았다. 또한 CEO 팀 쿡이 부서별 장벽을 허물고, 프로세스와 조직의 변화를 통해 더욱 공식적인 조정 방식을 도입하려 한다는 이야기가 있었다. 우리가 이 책을 쓰는 시점에서 이런 새로운 조치들이 어떤 결과를 가져올지를 논하기는 너무 이르다. 쿡, 아이브, 그 밖의 애플 고위 경영진은 잡스가 회사에 심어 놓은 최고의 유산(우아한 디자인에 대한 열정과 디테일에 대한 주목, 그리고 새로운 유형의 혁신을 지지하는 능력)을 유지하면서도 애플을 어느 한 개인에게 의존하지 않는 회사로 만들기 위해 애쓰고 있으며, 이 과정에서 애플은 여전히 전환의 시기를 지나고 있다. 만약 이 엄청나게 힘든 작업을 성공적으로 이루어 낸다면, 애플은 미래에도 계속 번영할 것이다.

지식이 있는 사람들에게
권한을 부여하라

○

인텔을 처음 시작할 때부터 우리는 줄곧 지식의 힘을 가진 사람들과
조직의 힘을 가진 사람들 사이의 벽을 허물기 위해 노력했다.[53]
앤디 그로브(1996)

이제까지 우리는 게이츠, 그로브, 잡스를 유능한 리더로 만들어 준
주요 특성들(자기 인식, 디테일에 대한 주목, 큰 그림의 장악)에 초점을
맞췄다. 그러나 아무리 유능한 CEO라 해도 타인의 도움 없이는 인
텔, 마이크로소프트, 애플 같은 회사를 이끌 수 없다. 모든 리더는
부족한 점이 있으며, 이는 다른 임원들과 직원들을 통해 메워야 한
다. 게이츠, 그로브, 잡스는 두 가지 방식을 통해 이 문제를 성공적
으로 해결했다. 첫째, 그들은 최고위급 임원들을 모아 매우 유능한
'전문위원회'를 구성하고, 이들에게 자율적으로 행동할 수 있는 권
한을 부여했다. 둘째, 그들은 조직 내부를 샅샅이 뒤져 기술과 시장
이 어떻게 변화하고 있는지 가장 잘 이해하는 특정 분야의 전문가

들을 나이와 직급에 상관없이 찾아냈으며, 이들에게 권한과 자원을
부여했다.

파트너를 찾아라

게이츠, 그로브, 잡스는 모두 자신의 단점을 보완해 줄 핵심 임원들
과 밀접한 협력 관계를 맺었다. 예컨대 에너지가 넘치는 영업사원
이자 회사의 '치어리더'로 통했던 스티브 발머는, 사색을 좋아하고
빈정대는 태도를 취하기 일쑤인 소프트웨어 '괴짜' 빌 게이츠를 완
벽하게 보완해 주었다.[54] 폴 마리츠의 말을 빌리면, 빌 게이츠는 전
략과 '플랫폼'이 강점이었고, 스티브 발머는 상대방을 무찌르는 데
강했다. "스티브의 강점은 누군가와 싸울 때 드러납니다. 그는 세계
에서 가장 뛰어난 싸움꾼입니다. 그의 전술은 누군가의 발목을 꽉
물고 계속 끌고 가는 것입니다."[55] 비록 발머는 기술에 관한 선견지
명이 부족했지만, 게이츠와 발머가 마이크로소프트를 20년간 함께
이끌지 않았다면 이 회사가 오늘날과 같은 성공을 거두기는 거의
불가능했을 것이다.

앤디 그로브도 컴퓨터 아키텍처, 반도체 설계, 제조에 대한 깊은
기술적 지식이 필요한 영역에서 전문위원회에 도움을 구했다. 인텔
이 설립되고 10년도 되지 않아 첨단 반도체 분야의 과학 발전은 그
로브의 지식을 훌쩍 뛰어넘었다. 그는 인텔이 무어의 법칙에 따른

추세를 유지할 수 있도록 인텔 내의 전기공학자, 컴퓨터 과학자뿐 아니라 물리학, 화학, 재료과학 분야의 박사들에게도 조언을 구했다. 그뿐 아니라 1987년 CEO가 된 뒤 그는 다른 임원들을 지명해 자신이 별로 하고 싶지 않은 일을 맡겼다.[56] 예를 들어 2013년에 그로브는, COO가 되었다가 훗날 CEO직을 물려받은 크레이그 배럿이 제조 분야를 담당할 때 낯선 곳으로 출장을 다니며 "내가 싫어하는 많은 일들을 했다"고 회고했다.[57]

그러나 세 사람 가운데 경영진과 그 밖의 회사 전문가들에게 가장 많이 의존한 사람은 아마도 스티브 잡스일 것이다. 잡스는 놀라운 능력을 지녔지만, 그가 능력을 발휘하는 범위는 매우 제한적이었다. 그는 전기작가에게 이렇게 말했다. "내가 제일 잘하는 일은 일단의 유능한 사람들을 찾아내서 그들과 함께 물건을 만드는 것입니다."[58] 잡스 밑에서 애플의 CFO를 지낸 프레드 앤더슨은 이렇게 말했다. "스티브는 고객과 관련된 일이라면 뭐든지 직접 관리하려고 했습니다. 운영체제의 GUI이건, 애플이 만든 애플리케이션의 마무리이건, 제품의 포장이건, 광고이건 상관이 없었죠. …… 잡스는 열정적으로 그런 부분에 자신의 시간을 쏟았습니다." 잡스는 재무 분야 같은 회사 경영상 중요한 다른 활동에는 별로 관심이 없었다. 앤더슨은 이렇게 회고했다. "잡스가 월스트리트나 금융권 사람들, 심지어 대주주들과 이야기하도록 만들 수가 없었습니다. …… 기껏해야 일 년에 한 차례 정도 모임을 갖겠다는 약속을 받아내기는 했지만 …… 그건 잡스의 관심사가 아니었어요. 그는 그런 데 시간을 들이고 싶어 하지 않았죠."[59]

잡스의 최대 약점으로 운영operations 분야를 꼽을 수 있다. 그는 운영과 관련한 문제에 전혀 관심이 없었고, 이를 효과적으로 관리하는 능력도 부족했다. 그러나 시간이 지나면서 그는 운영과 관련한 문제들이 애플의 성과에 중요한 영향을 미치며, 뛰어난 임원에게 그 책임을 맡겨야 한다는 사실을 알게 되었다. 1980년대에 잡스 밑에서 일했던 도나 두빈스키는 애플에 처음 재직했던 때에 우리에게 이렇게 말했다. "그는 운영 분야를 완전히 무시했습니다. 이와 관련한 문제들은 무엇이든지 간에 그의 관심사가 아니었고, 중요하게 여기지도 않았어요. 그러나 애플을 떠났다가 다시 복귀했을 때 잡스는 운영을 잘 아는 세계 최고 인재의 영입이 절실하게 필요하다는 걸 깨달았죠. …… 그는 예전과는 달리 운영을 중시하는 한편 더 많은 자원을 여기에 쏟아부었습니다."[60]

실제로 잡스가 애플로 돌아와 처음으로 영입한 사람은 팀 쿡이었다. IBM과 컴팩에서 근무한 쿡은 1998년 애플에 입사했다. 쿡이 맡은 임무는 회사의 제조, 유통, 공급 체계를 바로잡는 일이었다. 훗날 잡스는 이렇게 말했다. "저는 팀이 사물을 보는 방식이 저와 정확하게 일치한다는 사실을 깨달았습니다. …… (팀에게는) 저와 똑같은 전략적 비전이 있었고, 우리는 높은 전략적 차원에서 서로 소통할 수 있었습니다. 만약 그가 애플에 와서 많은 것을 알려주지 않았다면 저는 그것들을 그냥 놓쳤을 겁니다."[61] 쿡은 2000년에 영업과 고객 지원 분야를 담당했고, 2004년에는 매킨토시 하드웨어 부문을 담당했다. 2005년에 잡스가 그를 COO로 임명했을 때, 쿡은 애플 비즈니스의 여러 측면에 그 어떤 임원보다도 많이 관여하고 있었다. 잡스가 췌장암과 승산 없는 싸움을 치르던 2011년, 쿡은 잡스의 뒤를 이어 애플의 CEO가 되었다.

이외에도 애플이 영입한 중요 인물로 존 루빈스타인을 들 수 있다. 그는 넥스트NeXT에서 엔지니어링을 담당했고, 애플로 옮겨와서도 엔지니어링을 총괄했다. 루빈스타인은 한때 휼렛패커드에서 일한 경험을 살려 엄밀함을 갖춘 유연한 엔지니어링 프로세스를 넥스트와 애플 모두에 도입했다(그는 2006년에 애플을 떠나 팜의 CEO가 되었고, 그 후에는 아마존과 퀄컴Qualcomm의 이사가 되었다). 에이비 테버니언은 카네기멜론대학에서 컴퓨터과학 박사 학위를 취득한 인물로, 1997년에 애플에 입사하기 전에는 역시 넥스트에서 잡스와 함께 일했다. 그는 소프트웨어 아키텍처와 설계에 대한 깊이 있는 기술적 지식을 애플에 도입했다.[62] 또한 마케팅 측면에서 잡스는 애플의 새로운 소매 사업 진출을 위해 2000년에 론 존슨을 영입했다. 존슨은 하버드 MBA 출신으로 이전에는 타깃Target에서 근무했다. 잡스는 존슨에게 이렇게 말했다. "앞으로 당신은 내게 소매 분야에 대해 가르치고 나는 당신에게 소비자 가전에 대해 가르치게 될 겁니다. 가서 쇼핑몰을 돌아다녀 보죠." 맥월드 2000이 열린 다음 날, 그들은 네 시간 동안 스탠퍼드 쇼핑센터를 거닐었다.[63]

쿡과 더불어 잡스에게 가장 중요했던 파트너는 디자인을 총괄했던 조너선 아이브였다. 1992년 애플에 입사한 아이브는 여러 해 동안 루빈스타인 밑에서 일했다. 그러나 아이브가 제시한 디자인이 제조 기술과 충돌하는 일이 잦았기에 루빈스타인과는 다소 불편한 관계였다.[64] 아이브와 잡스는 서로에게 특별한 동류의식을 느꼈다. 잡스는 이렇게 말했다. "만약 애플 안에 내 영적 파트너가 있다면 그것은 조니일 겁니다. 조니와 나는 대부분의 제품을 함께 생각해 낸 뒤, 다른 사람들을 불러서 '이거 어때요?' 하고 말했죠."[65] 2005년에 잡스는 아이브를 산업 디자인 부문 수석부사장으로 승진시켰다. 이는 CEO에게 직접 보고하는 자리였으며, 루빈스타인과는 같은 직급이었다. 잡스는 다음과 같이 말했다. "아이브는 (이때부터 줄곧) 나를 제외하고는 애플의 어느 누구보다 큰 운영 권한을 가졌습니다. 그에게 이래라 저래라 참견할 수 있는 사람은 아무도 없었어요. 제가 그렇게 하도록 지시한 것이죠."[66]

유능한 임원들을 그렇게 많이 영입하고 유지할 수 있었던 이유는 잡스가 경영진에게 유무형의 혜택을 주었기 때문이기도 하다. 그는 부하 직원들을 냉혹하게 대하기로 악명 높았다. 그러나 그의 까다로운 기준을 맞추는 직원들에게는 대단히 매력적이고 카리스마 넘치는 리더이기도 했다. 론 존슨은 이렇게 말했다. "스티브는 내가 본 사람 중 업무를 가장 잘 위임하는 사람이었습니다. 물론 그가 신뢰한다면 말이죠."[67] 게다가 잡스는 핵심 직원들에게 어마어마한 돈을 벌 기회를 주었다. 존 루빈스타인은 단지 회사에 남아 있는 조건으로 100만 주의 스톡옵션을 받았다.[68] 존슨은 60만 주를 받았는데, 이는 그의 이전 직장인 타깃에서 영업 실적이 좋은 해에

받았을 금액의 약 100배에 해당했다.[69] 잡스가 영입한 임원들 대부분은 애플에 입사해 얼마 동안 그와 함께 일한다는 것이 그다지 어렵지 않은 결정이었다. 특히 아이팟과 아이튠즈에 이어 아이폰과 아이패드가 출시되고, 애플이 세계에서 기업 가치가 가장 큰 회사로 자리매김한 고성장의 시기에는 더욱 그랬다.

지식의 힘을 조직의 힘에 연결시켜라

게이츠, 그로브, 잡스는 최고의 임원들을 영입했을 뿐 아니라 모든 자리에 가장 똑똑한 인재들만 고용하려 했다. 20년도 전에 우리에게 말했듯이, 게이츠는 IQ가 높은 직원들을 영입하려고 애썼다. 그는 만약 똑똑한 사람들을 영입할 수 있다면 소프트웨어에 대해서는 회사에서 가르치면 된다고 생각했다. 핵심은 똑똑한 사람들을 얻는 것이었고, 그러면 그들이 새로운 아이디어를 낼 것이라는 발상이었다. 이와 마찬가지로 스티브 잡스는 A급 직원은 A급 직원을 고용하지만, B급 직원은 C급 직원을 고용하며, 이런 식이 반복되면 결국 "집단 바보화Bozo explosion"가 일어난다고 말하곤 했다.[70] 이런 문제를 해결하려면 오직 A급 직원들만 고용하는 수밖에 없다. 그러나 마이크로소프트와 애플이 성장하면서 이는 갈수록 어려운 일이 되었다.

애니 그로브도 게이츠와 잡스만큼이나 인재를 영입하는 데 전념했다. 그러나 그로브가 두 사람과 다른 점은, 조직을 깊숙이 뒤져 성과가 탁월한 직원들을 찾아내고, 그들의 전문 지식을 최대한 활용할 수 있는 자리에 앉히는 데 중점을 두었다는 점이다. 그는 때때로 자신이 중요하다고 생각하는 주제에 대해 사내에서 가장 잘 알고 있는 직원을 찾기 위해 격식을 파괴하는 것으로 유명했다. 이를 위해 그로브는 공평한 경쟁의 장을 만들어야 했다. 누가 그에게 영향을 주게 되는지는 그 사람이 누구냐가 아니라 무엇을 알고 있느냐에 달려 있었다.

직급에 상관없이 직원들에게 동등한 힘을 부여하기로 한 그로브의 결심은 한편으로 인텔이 비교적 폐쇄적인 문화를 지녔다는 그의 인식에서 비롯했다. 대부분의 임원은 회사 내에서 발탁된 사람들이었고, 이들의 전공도 과학이나 공학으로 유사했다. 그로브와 함께 일하는 사람 중 공식적인 경영 수업을 받거나 폭넓은 외부 경험을 한 고위 관리자는 겨우 몇몇에 불과했다. 1980년대와 90년대에 인텔에 영향을 끼친 급격한 변화를 감지한 그로브는 갈수록 정보와 아이디어, 때로는 새로운 리더를 구하기 위해 기존 경영진의 틀을 벗어나야 할 필요성을 느꼈다.

예를 들어, 1986년에 그로브는 스물일곱 살의 엔지니어 팻 겔싱어에게 486 마이크로프로세서의 핵심 업무를 맡겼다. 5년 뒤 겔싱어는 회사 역사상 최연소 그룹 부사장이 되었고, 2012년에는 VM웨어VMWare의 CEO가 되었다. 업계 전반에서 소프트웨어의 중요성이 대두되자, 그로브는 당시 이십 대 후반이었던 르네 제임스를 자신의 기술보좌역으로 임명했다. 그 후 그녀는 소프트웨어 및 서비스 그룹을 총괄했고, 2013년에는 인텔의 사장이 되었다.[71] 이처럼 직원들을 임명하는 방식을 보면, 그로브는 자신이 막강한 '조직의 힘'을 지니고 있지만 '지식의 힘' 만큼은 다른 사람들이 더 뛰어나다는 것을 인식했음을 알 수 있다. 1996년에 그는 《편집광만이 살아남는다》에서 이 딜레마를 다음과 같이 설명했다.

> 인텔을 처음 시작할 때부터 우리는 지식의 힘을 가진 사람들과 조직의 힘을 가진 사람들 사이의 벽을 허물기 위해 줄곧 노력했다. 고객들을 잘 아는 영업사원, 그리고 최신 기술에 능숙한 컴퓨터 설계자와 엔지니어는 지식의 힘을 보유하고 있다. 또 자원을 모으거나 배치하고, 예산을 편성하고, 프로젝트에 직원을 배정하고 빼내는 사람들은 조직의 힘을 지니고 있다. 양측 모두 뛰어난 전략적 성과를 거둘 수 있도록 최선을 다해 회사를 이끌어야 한다. 가장 이상적인 상태는 양측이 서로에게 기여하는 부분을 존중하고, 상대의 지식이나 지위에 겁먹지 않는 것이다.[72]

고위 임원들이 아무리 유능하다고 해도 CEO가 그들의 말만 들으면 외부 시장과 회사 내부에서 실제로 어떤 일이 일어나고 있는지 모를 위험성이 있다. 그로브는 자신이 이런 위험에 빠지지 않도록 항상 주의를 기울였고, 1994년의 펜티엄 위기 때 자신의 대응이 느렸던 것도 이처럼 정보로부터 격리되었기 때문이라고 보았다.[73]

이에 대한 대책으로 그로브는 더 젊고 새로운 사람들을 자신의 곁으로 끌어들였다(여기에는 그로브가 인텔 이사회의 이사로 영입한 당시 서른네 살의 데이비드 요피도 있었다). 아울러 그는 비즈니스에서 멀리 떨어진, "주변부"에 있는 직원들에게 자주 조언을 구했다. 그로브는 이런 직원들을 "유익한 카산드라helpful Cassandras(카산드라는 그리스 신화에 나오는 프리아모스 왕의 딸로, 트로이의 멸망을 예언했다—옮긴이)"라고 불렀으며, 이들이 새로운 관점을 제시하고 자신의 일상적인 틀 밖에서 새로운 소식(특히 안 좋은 소식)을 가져다주기를 기대했다.[74]

정보를 구하기 위해 그물을 넓게 쳐라

빌 게이츠 역시 다양한 곳에서 정보를 얻으려 애썼다. 부정적인 보고도 예외는 아니었다. 언젠가 그는 다음과 같이 적었다. "CEO로서 내가 해야 할 가장 중요한 일은 때로 나쁜 소식에 귀 기울이는 것이라는 생각이 든다."[75] 그러나 그는 자신의 능력과 경험의 공백을 메워 줄 기술 전문가들을 찾아 종종 마이크로소프트 외부로 나가 그로브보다 더 큰 그물을 던졌다. 1980년대와 90년대에 이렇게 영입된 사람들 중 일부를 소개한다. 찰스 시모니Charles Simonyi는 스탠퍼드 출신 컴퓨터과학 박사로, 프로그래밍 방법과 애플리케이션 설계를 연구했으며 제록스 PARC에서 근무했다. 네이선 미어볼드는 프린스턴 출신 물리학 박사로, 스티븐 호킹Stephen Hawking과 함께 연구를 진행했다. 브래드 실버버그Brad Silverberg는 애플과 볼랜드에서 근무했던 소프트웨어 엔지니어로, 마이크로소프트에서 윈도 95 프로젝트를 이끌었고 이후 인터넷 플랫폼 및 도구 사업부를 새로 설립했다. 폴 마리츠는 인텔에서 근무했던 소프트웨어 엔지니어로, 마이크로소프트에서 윈도 사업부를 이끌었다. 게이츠는 심지어 1992년에 파산한 슈퍼컴퓨터 회사(얼라이언트 컴퓨터 시스템스Alliant Computer Systems)의 공동 창업자인 크레이그 먼디Craig Mundie 같은 임원을 찾아내기도 했다. 게이츠는 자신이 결코 중요한 일에 실패한 적이 없다고 생각했고, 실패할 조짐이 닥치기 전에 미리 감지할 수 있는 사람들을 주위에 두고자 했다.[76]

또한 게이츠는 주로 이메일에 기초한 개방적인 문화를 만들어, 마이크로소프트 직원들 사이에서 정보가 자유롭게 흘러갈 수 있도록 장려했다(그의 이메일 주소인 billg@microsoft.com은 사내는 물론 업계에 널리 알려져 있었다). 1990년대에 윈도 사업부를 이끌었던 폴 마리츠에게 확인한 바로는, 누구라도 게이츠에게 연락할 수 있었고 심지어 그의 마음을 바꾸는 데 성공한 사람도 있었다. "누구라도 그와 연락을 취할 수 있었습니다. …… 만약 그에게 사려 깊은 이메일을 보내면, 그에게서 역시 사려 깊은 이메일을 받게 될 겁니다."[77]

게이츠가 인터넷에 눈뜨게 된 계기를 보면 마이크로소프트의 문화가 어떠했는가를 잘 알 수 있다. 1994년 초, 제이 앨러드J Allard라는 마이크로소프트의 젊은 엔지니어가 게이츠에게 이메일을 보내월드와이드웹이라는 새로운 존재에 대해 알리기 시작했다.[78] 당시 게이츠와 경영진은 윈도 NT와 윈도 95의 출시 작업, AOL과 경쟁하기 위해 독점적인 온라인 네트워크(MSN)를 출시하는 데 한창 정신이 팔려 있었고, 웹의 성장은 거의 주목하지 않고 있었다. 다행히 스티브 발머는 고객들을 통해 인터넷이 중요해질 수 있다는 사실을 알게 되었고, 1994년 후반에는 윈도 95에 TCP/IP 연결 기능(인터넷의 표준 프로토콜)을 추가하라고 앨러드에게 요청했다. 1993년에서 1995년 사이 마이크로소프트 직원들과 빈번하게 소통했던 마이클 쿠수마노에 따르면, 발머의 경우를 제외하고 회사 임원들이 인터넷에 관해 논의하는 모습은 거의 볼 수 없었다고 한다.[79] 그러나 점차 아래로부터의 압력이 커지기 시작했다. 다른 젊은 관리자 둘이 웹에 대한 대응을 촉구하는 이메일을 게이츠에게 보내기 시작했다. 그중 한 사람은 도스 개발 프로젝트를 마지막으로 총괄했던(그리고 훗날 인터넷 익스플로러 프로젝트 세 개를 이끌었던) 벤 슬리브카 Ben Slivka였고, 다른 한 사람은 게이츠의 기술보좌역으로 있다가 오피스 그룹으로 옮긴(그리고 훗날 윈도 사업부의 사장이 된) 스티븐 시놉스키Steven Sinofsky였다.

시간을 쏟아야 할 다른 요구 사항이 많았지만, 게이츠는 인터넷에 주목했다. 1994년 여름, 그는 토머스 리어든Thomas Reardon이라는 젊은 엔지니어에게 스파이글래스Spyglass로부터 구입한 라이선스를 이용해 윈도 95용 웹 브라우저를 만들라고 지시했다. 또한 1995년 초, 게이츠는 시놉스키에게 고위 경영진을 위한 외부 워크숍을 기획해 보라고 했다. 시놉스키는 이전에 인재 채용을 위해 코넬대학교에 갔다가 인터넷을 사용하는 학생들을 목격한 적이 있었다. 게이츠는 다음 생각 주간 동안 인터넷에 몰두했다. 현재의 상황이 어떠한지 좀 더 확실히 이해하게 된 게이츠는, 1995년 5월에 '인터넷 해일'이라는 메모를 발표했다. 러스 지글먼은 이 지점까지 오게 된 과정을 다음과 같이 요약했다.

> 빌은 흥미로운 얘기를 들려줄 똑똑한 사람들을 보통 이메일과 메모를 통해 찾아냈습니다. 가장 좋은 사례는 이 친구(제이 앨러드)였죠. 앨러드는 초급 개발자였지만 MSN 그룹에서 특별한 업무를 담당했어요. 나중에는 회사에서 수많은 인터넷 관련 소프트웨어를 개발하고 관리하는 역할을 했습니다. …… 빌은 이 친구가 정말 똑똑하다고 생각했어요. 그가 다른 사람들보다 먼저 인터넷을 접했다는 걸 알고는 이렇게 말했죠. "자, 우리는 이 친구 말을 들을 거야. 그는 세상이 어떻게 돌아가고 있는지 알거든."[80]

1999년 출간된 《빌 게이츠 @ 생각의 속도 Business @ the Speed of Thought》에서 게이츠는 이처럼 낮은 직급의 직원들에게서 정보를 얻는 것이 중요하다는 사실을 인정했다. "마이크로소프트가 인터넷에 대응하도록 한 것은 나 자신이나 다른 고위 임원들이 아니었다. 그 주인공은 인터넷 현상이 펼쳐지는 모습을 본 소수의 헌신적인 직원들이었다. 그들은 우리의 전자 (메일) 시스템을 통해 모두가 자신들의 의견에 주목하도록 했다." 그리고 지식의 힘을 지닌 사람들에게 조직의 힘을 부여하라는 그로브의 주장과 유사한 말로 끝맺었다. "그들의 이야기는 우리가 창립 초기부터 지켜 온 방침, 즉 회사의 어디에 있건 똑똑한 사람들에게 주도권을 부여해야 한다는 방침을 잘 보여준다."[81]

대가들에게 배우는 교훈

전략을 수립하는 것과 전략을 효과적으로 실행하는 것은 서로 별개의 문제일 수 있다. 비록 밖에서 볼 때는 CEO의 본보기로 비치지 않았지만 게이츠, 그로브, 잡스는 대체로 이 두 가지 일에 모두 성공했다.

그들은 자신의 개인적 닻에 의존하면서 독특한 전략적 위치, 조직적 역량, 기업 문화를 만들어 냈고, 이를 통해 수십 년간 마이크로소프트, 인텔, 애플을 성공적으로 이끌었다. 심지어 인터넷조차 이 기업들의 비즈니스 기반을 무너뜨릴 수 없었다.

마이크로소프트와 인텔은 1990년대에 누렸던 영향력을 완전히 회복하기에는 아직 멀었지만, PC 시대에서 새로운 웹 시대로 전환하는 데 성공했다. 한편 애플은 참신한 제품과 서비스를 판매해 폭발적인 성장을 경험했으며, 새로운 환경에서도 살아남아 번영을 구가했다.

게이츠, 그로브, 잡스는 회사의 전략을 설정하고 모든 직원들에게 높은 수준의 실행력을 요구함으로써 회사의 성공에 직접적으로 기여했다. 마이크로소프트, 인텔, 애플에서는 어느 누구도 CEO가 관심을 기울이는 분야에서 별것 아닌 성과나 설익은 아이디어를 가지고 '빠져나갈' 수 있다고 믿지 않았다.

하지만 셋 중 누구도 사소한 일로 주의를 흩뜨리지 않았다. 세 CEO 모두 고객 및 비즈니스와 관련한 가장 중요한 사안에 끊임없이 주목했고, 회사의 상부에서 결정한 고차원의 전략을 자신 있게 내려보냈다.

세 CEO는 자신의 역할을 수행하는 데 도움을 받기 위해 더 큰 전문위원회의 지원을 받는 소수의 핵심 파트너들을 찾아내는 데 힘썼다. 이 "팀 중의 팀(그로브는 이렇게 불렀다)"[82]은 세 CEO들의 지식이나 관심사에 대한 약점을 보완해 주었다.

게이츠의 핵심 파트너는 스티브 발머였지만, 발머 외에도 다른 여러 관리자와 엔지니어 들과 밀접하게 일했다. 그로브는 크레이그 배럿과 그 밖의 핵심 임원들에게 크게 의존했다. 그리고 잡스에게는 애플의 현 CEO인 팀 쿡, 디자인팀의 수장인 조니 아이브를 포함해 꽤 많은 파트너가 있었다. 이 파트너들은 CEO의 약점을 보완해 주는 매우 중요한 존재였다. 이들의 도움이 없었다면 게이츠, 그로브, 잡스는 그렇게 많은 일을 지속적으로 성취해 내지 못했을 것이다.

그러나 게이츠, 그로브, 잡스는 전문위원회의 통찰과 정보에만 의지하지 않았다. 세 리더 모두 참신한 관점과 새로운 아이디어를 얻고, 책임을 부여하고, 기술이나 고객 또는 경쟁에서의 변화 양상에 대한 정보를 모으기 위해 전통적인 위계질서를 기꺼이 무시했다. 몇몇 젊은 엔지니어들의 통찰이 없었다면 게이츠와 그로브는 인터넷의 도전에서 살아남지 못했을 것이다. 대부분의 애플 제품은 직급이 낮은 직원들의 아이디어에서 비롯되었고, 잡스는 위대한 아이디어를 종합하는 능력을 발휘하며, 큐레이터이자 '오케스트라 지휘자' 역할을 했다.

요컨대 게이츠, 그로브, 잡스는 서로 다른 사람이며 또한 다른 리더였지만, 유사한 방식으로 실행의 핵심 측면에 접근했고 모두 놀랍도록 뛰어난 결과를 낳았다. 그들 각각의 열정과 독특한 개인적 닻은 각자의 회사 안에 깊이 배어들었으며, 그들이 CEO로 재직하던 시기는 물론이고 은퇴한 이후에도 수년 동안 힘의 원천으로 작용했다. 그들이 물러날 때, 각각의 회사는 매우 소중한 리더를 잃게 되었다.

이와 동시에 우리는 게이츠, 그로브, 잡스가 내린 결정과 그들이 확립한 문화와 비즈니스 모델에서 최근 마이크로소프트, 인텔, 애플이 보여준 여러 한계를 찾아볼 수 있다.

오늘날 마이크로소프트는 여전히 주로 소프트웨어 제품을 만들고 판매하는 기업이며, 매출과 이익의 대부분을 윈도와 오피스 플랫폼에 크게 의존하고 있다. 인텔은 여전히 공격적으로 무어의 법칙을 따라가고 있으며, 개인용 컴퓨터와 서버용 마이크로프로세서에서 이익의 대부분을 얻고 있다. 그리고 애플은 여전히 잡스가 CEO로 있을 때 만든 소수의 획기적인 제품에서 대부분의 매출을 올리고 있다.

게이츠, 그로브, 잡스가 각자의 회사에 미친 엄청난 영향은 강력한 자산이었지만, 또한 상당한 한계로 작용하기도 했다. 이에 대해서는 에필로그에서 살펴보자.

STRATEGY
RULES

| 에필로그 |

FIVE TIMELESS LESSONS FROM
BILL GATES
ANDY GROVE
and STEVE JOBS

다음 세대를 위하여

빌 게이츠, 앤디 그로브, 스티브 잡스가 CEO 자리에서 물러난 뒤에도 마이크로소프트, 인텔, 애플은 오랜 기간 엄청난 이익을 누렸다. 그러나 시대는 변하는 법이다. 어느 시점이 되면 후계자들은 자기 나름대로 통찰을 갖춘 전략가가 되어야 한다. 마이크로소프트, 인텔, 애플의 새로운 리더들은 자신이 나아갈 길을 스스로 찾아야 한다.

RULES

위대한 전략가를 만드는 요인은 무엇일까? 어떤 CEO와 기업가들을 동시대의 다른 사람들보다 뛰어나게 만드는 요인은 무엇일까? 이 책의 목적은 이런 질문에 대한 답을 찾고 독자들에게 최고의 경영 사례를 보여주는 것이었다. 우리는 빌 게이츠, 앤디 그로브, 스티브 잡스, 그리고 이들의 회사를 수십 년간 연구한 끝에 그들이 조직을 이끄는 데 사용한 핵심 원칙들을 찾아냈다. 또한 이들이 사용했던 여러 방법 가운데 기대에 미치지 못했거나 실패한 경우들을 찾아냈다. 긍정적이든 부정적이든 이러한 교훈들은 관리자들, 특히 급변하는 플랫폼 중심의 산업에 종사하는 관리자들에게 큰 가치를 지닌다. 그러나 이 교훈들이 첨단기술 업계에만 적용할 수 있는 것은 아니다. 누구든 더 유능한 전략가이자 조직 리더가 되고자 하는 사람이라면 게이츠, 그로브, 잡스의 사례를 살펴볼 필요가 있다.

만약 이 세 CEO처럼 되기가 쉽지 않다고 생각한다면, 이들도 항상 '업계의 거인'이기만 했던 것은 아니라는 사실을 기억하라. 물론 이들은 모두 남다른 지능과 집중력, 열정을 타고났다. 그러나 기업을 이끄는 리더십 기술은 이들이 후천적으로 익힌 것이다. 이들은 지속적인 노력과 인내와 시행착오를 거쳐 스스로를 전략의 대가

로 만들었다. 그리고 그들이 몸담은 회사를 더욱 뛰어나고 영리한
실행력을 지닌 조직으로 만들었다. 우리의 목표는 당신에게도 이와
같은 방향을 제시하는 것이다.

게이츠, 그로브, 잡스가 공유한 다섯 가지 원칙

다음 페이지의 표에는 게이츠, 그로브, 잡스의 업적에서 공통으로 뽑아낸 다섯 가지 원칙이 정리되어 있다. 이 책은 각각의 원칙을 하나의 장으로 풀어냈고, 각 장마다 해당 원칙을 네 가지 원리로 나누어 설명했다.

첫 번째 원칙은 CEO와 기업가들이 현재 당면한 문제를 넘어 앞을 내다봐야 한다는 것이다. 우리는 고위 임원들에게 전략을 가르치면서 이런 질문을 건넨다. "내일은 무엇을 다르게 하겠습니까?" 이 책을 다 읽은 뒤 자신에게 같은 질문을 해보기 바란다. 3~5년 후에 당신의 회사가 어떤 모습이기를 바라는가? 이 세계가 어떤 모습이기를 바라는가? 시장을 지배할 제품은 어떤 모습일까? 좀 더 정

전략의 원칙				
앞을 내다보고 현재 무엇을 해야 하는지 되짚어 보라(1장)	크게 베팅하되 회사 전체를 걸지는 말라 (2장)	제품만 만들지 말고 플랫폼과 생태계를 만들어라 (3장)	유도와 스모처럼 지렛대 원리와 힘을 활용하라 (4장)	개인적 닻을 바탕으로 조직을 만들어라 (5장)
비전을 만들거나 조정하고, 우선순위를 정하라	크게 베팅해 게임의 판도를 바꿔라	제품만 생각하지 말고 플랫폼을 생각하라	세상의 주목을 피하라	자기 자신을 있는 그대로 파악하라
고객의 니즈를 예측하고, 자사의 역량에 맞춰라	회사 전체를 걸지는 말라	플랫폼만 생각하지 말고 생태계를 생각하라	경쟁자를 가까이 두어라	디테일을 극도로, 단 선별적으로 주목하라
경쟁자의 움직임을 예측하고, 진입 장벽을 만들어라	자사의 비즈니스를 잠식하라	자사의 보완 제품을 직접 만들어라	경쟁자의 강점을 포용하고 확장하라	절대 큰 그림을 놓치지 말라
전략적 변곡점을 예측하고 변화에 대처하라	추가 손실을 줄여라	노후화를 극복하기 위해 향상된 플랫폼을 새로 만들어라	두려워하지 말고 권력을 휘둘러라	지식이 있는 사람들에게 권한을 부여하라

확히 말하면, 고객들이 미래에 무엇을 원할 거라고 생각하는가? 경쟁사들은 어떤 행보를 취할까? 그리고 당신의 회사뿐 아니라 업계 또는 경제 전반에서 어떤 변화가 나타날 것인가? 모든 사람이 선견지명을 갖출 수는 없다(우리는 보통 게이츠, 그로브, 잡스 같은 사람들이 선견지명을 갖추고 있다고 생각한다). 그러나 모든 CEO와 전략가들은 더 나은 질문을 하는 법과 여러 아이디어를 엄밀하게 조정하는, 큐레이터가 되는 법을 배울 수 있다. 그리고 이를 통해 회사 내부 및 외부에서 미래에 대한 통찰을 발휘할 수 있다.

앞을 내다보는 일은 반드시 필요하지만 단지 시작에 불과한 일이다. 게이츠, 그로브, 잡스는 앞을 내다본 뒤 현재를 되짚어 보는 매우 중요한 단계를 거치면서 자신의 장기적 관점을 즉각적인 행동으로 연결시켰다. 세 사람은 향후 5년간의 비전을 현실로 만들려면 오늘, 다음 6개월, 그다음 6개월에 무엇을 해야 할지 계획을 세워야 한다는 것을 깨달았다. 이는 목표로 가는 경로에서 벗어나지 않도록 업무에 우선순위를 정해야 한다는 뜻이다. 즉 고객의 니즈를 충족시킬 역량을 계발해야 하고, 경쟁자들의 움직임을 막기 위해 진입 장벽을 만드는 등의 조치를 취해야 한다. 무엇보다 중요한 일은, 머지않아 10배의 변화가 찾아올 때 경쟁 우위에 설 수 있도록 신속하고 단호하게 움직이는 것이다.

게이츠, 그로브, 잡스가 받아들인 두 번째 원칙은 대담하게 베팅하되 회사 자체의 존립을 위협하지는 말라는 것이었다. 이들은 작은 베팅으로는 큰 성과를 거둘 수 없다는 사실을 잘 알고 있었다. 이들은 쉬운 길보다는 대박을 노리는 길을 택했다. 그것은 업계의 선도 기업과 직접 경쟁하는 방식일 수도 있고, 업계의 규범을 뒤집거나 새로운 유형의 제품을 만들어 내는 방식일 수도 있다. 그러나 이들은 자신의 회사를 지나친 위험에 빠뜨리는 일은 피했다. '모 아니면 도' 식의 베팅은 무모한 행동이다. 어떤 전략의 대가도 '주사위 굴리기'에 모든 것을 걸지는 않는다. '모 아니면 도' 식의 베팅을 즐기는 기업가들도 있지만 게이츠, 그로브, 잡스(적어도 그가 애플에 두 번째로 재직한 동안에는)는 절대 그런 모험을 하지 않았다. 이들은 더 많은 성공을 원했지만 더 많은 돈을 원한 것은 아니었다. 게이츠, 그로브, 잡스는 고객들뿐 아니라 이 세상 전체에 지속적인 영향을 줄 제품과 회사를 만들고자 했다. 그러려면 원대한 아이디어와 꿈, 과감한 조치가 필요했다. 그러나 이들은 또한 자신의 회사가 살아남도록 해야 했다.

셋째, 게이츠, 그로브, 잡스는 모두 자신이 몸담고 있는 회사의 경계 너머를 내다보았다. 그들은 제품 생산뿐 아니라 제3자 기업들의 보완 제품 생태계가 활발해질 수 있는 플랫폼을 만들고 관리하는 데 중점을 두었다. 그러나 이들이 플랫폼 개념을 수용하는 방식에는 저마다 중요한 차이점이 있었다. 생태계 파트너들을 관리하고 업계 전반에 걸쳐 혁신을 가능케 하는 이들의 다양한 접근 방식을 보면, 플랫폼에 대한 전략과 제품에 대한 집중 사이에서 균형을 잡기가 매우 어렵다는 사실을 알 수 있다.

네 번째 원칙은 세 사람의 공통적 전술에 초점이 맞춰져 있다. 게이츠, 그로브, 잡스는 모두 지렛대 원리와 힘을 능숙하게 활용했다. 놀라운 일도 아니지만, 그들은 세계 최대의 기업들을 이끌며 법적 조치는 물론이고 유통업체에 압력을 가하고 딥포켓 방식을 사용하는 데 이르기까지 자신의 강점과 자원을 거리낌 없이 최대한 활용했다. 이처럼 힘에 의존하는 조치를 우리는 스모 전술이라고 부른다. 그러나 세 CEO는 유도 전술에도 능했다. 유도 전술에서는 공격할 시기가 무르익을 때까지 나서지 않고 경쟁자들과 협력하는 등 힘보다는 영리함과 속도를 중점적으로 활용한다. 이들은 두 가지 기술을 모두 자유자재로 사용할 수 있었기 때문에 경쟁자들에게는 아주 무시무시한 존재로 부각되었다.

마지막으로 게이츠, 그로브, 잡스는 유사한 방식으로 자신의 회사를(그리고 회사의 실행 능력을) 키워 나갔다. 각자의 독특한 열정과 강점은 회사의 전략적 방향, 특유의 역량, 조직 문화를 결정하는 데 기여했다. 셋 중 누구도 완벽한 리더나 모범적인 경영자가 되려고 하지 않았다. 대신 언제나 더 큰 그림을 염두에 두면서 자신이 중요하다고 생각하는 부분은 디테일한 곳까지 깊이 파고들었고, 보다 덜 중요하다고 생각하는 영역은 믿을 수 있는 관리자들에게 맡겼다. 그들은 무엇에 왜 집중해야 하는지를 조직의 다른 사람들에게 솔선수범하여 가르쳤다. 그뿐 아니라 자신이 부족하다고 생각하는 영역은 끊임없이 새로운 전문 지식을 배우려 노력했다. 나이와 직급에 상관없이 가장 뛰어난 지식을 가진 사람들을 찾기 위해 회사 전체를 뒤지는 경우도 많았다.

새로운 세대의
경영자들

게이츠, 그로브, 잡스는 현대 첨단 기술 업계의 1세대 '록스타'였다. 업계 안팎의 다른 유명 CEO들도 이 책에서 정리한 원칙 가운데 많은 부분을 받아들여 훌륭한 기업을 세웠다. 특히 구글의 래리 페이지, 페이스북의 마크 저커버그, 아마존의 제프 베조스, 텐센트의 마화텅 같은 21세기의 신세대 '록스타'들은 그런 경향이 더욱 뚜렷하다. 이 신세대 리더들이 지금까지 성취한 업적을 살펴보면, 전략과 리더십에 대한 그들의 접근법과 게이츠, 그로브, 잡스의 방식이 대부분 비슷했음을 알 수 있다. 우리는 이러한 유사성을 확인하며 이 다섯 가지 원칙이 오늘날의 세계에서 전략, 실행, 기업가정신에 관해 가장 모범적인 답이라고 확신하게 되었다.

앞을 내다보고, 크게 베팅하고, 플랫폼을 만든 래리 페이지

구글의 CEO 래리 페이지는 앤디 그로브와 마찬가지로 과학 분야에서 박사학위를 준비하던 학생이었다. 닷컴 열풍에 휩쓸린 페이지는 스탠퍼드 대학교의 컴퓨터공학 박사 과정을 그만두고 1998년에 세르게이 브린과 함께 구글을 창업했다. 창업 초기, 페이지와 브린은 더 나은 검색 엔진을 만들어 세상의 정보를 체계화하겠다는 원대한 목표를 세웠다. 그리고 오늘날 우리가 '클라우드'라고 부르는 방식이 등장하자, 이 목표는 인터넷 기반 제품과 서비스를 보편적으로 제공하는 기업이라는 구글의 비전으로 변모했다. 이에 필요한 자금은 광고로 충당되었다.

구글은 이 비전을 실현하기 위해 검색을 비롯한 인터넷 서비스를 위해 대규모 플랫폼을 만드는 일에 사활을 걸었다. 기업공개를 앞두고 작성된 2004년 구글의 창업자 편지에는 다음과 같이 적혀 있었다. "우리는 주저하지 않고 새로운 기회를 약속하는 일에 큰 베팅을 할 겁니다. 단기 수익에 대한 압박 때문에 고위험·고수익 프로젝트를 피하지는 않을 겁니다."[1] 약속대로 구글은 고객의 니즈를 충족하는 데 필요한 역량을 확보하기 위해 대담한 행보를 취해 나갔다. 2000년대 초반에 구글은 광케이블 네트워크를 사들이고 자체 서버를 구축하기 시작했다. 아울러 미래의 성장과 인프라 수요에 대한 예상을 바탕으로 거대한 데이터센터를 구축하기 위해 많은 자본을 투자하기 시작했다. 이와 마찬가지로 인터넷에서 동영상의 영향력이 증가하자, 구글은 2006년 16억 달러에 유튜브를 사들였고 수년간 손실을 보면서도 계속 서비스를 전개해 나갔다.

그러나 이 기간에 구글이 투자한 사업 중 향후 엄청난 수익을 가져온 서비스를 꼽자면 유튜브는 높은 순위에 들기 어려울 것이다. 2005년, 구글은 5000만 달러를 들여 안드로이드라는 모바일 운영체제를 보유한 작은 기업을 인수했다. 그리고 2001년 구글에 합류한 당시 CEO 에릭 슈밋Eric Schmidt과, 페이지, 브린은 안드로이드를 무료로 배포했다. 그들의 목표는 독보적인 모바일 플랫폼을 만들어 스마트폰과 태블릿상의 광고로 매출을 창출하는 것이었다.[2] 이 전략은 곧 성공을 거뒀다. 2014년에 안드로이드의 시장점유율은 80퍼센트(애플의 iOS보다 5배 많은 숫자다)를 기록했고, 구글의 시장가치는 약 4000억 달러로 치솟았다.[3]

플랫폼 위주의 사고를 계승한 마크 저커버그

마크 저커버그는 빌 게이츠와 놀랍도록 유사한 길을 걸어왔다. 심지어 게이츠도 이렇게 말했다. "우리는 둘 다 하버드를 중퇴했습니다. 또한 둘 다 소프트웨어가 무엇을 할 수 있는지에 대해 강력하고 완고한 견해를 지니고 있었죠. …… 그래도 저커버그보다는 제가 좀 더 프로그래머에 가깝겠지만 …… 그게 그렇게 대단한 차이는 아니죠."[4] 아마도 게이츠가 말을 더 이었다면, 둘 다 폭발적인 성장을 이룬 산업 플랫폼을 만들어 각각 이십 대와 삼십 대 초반에 억만장자가 되었다는 사실을 덧붙였을 것이다. 저커버그는 2004년에 하버드대학교 학생들을 위한 소셜 네트워킹 사이트인 페이스북을 출시했다. 그 후 그는 페이스북을 더 많은 대학교로 확대했고, 그다음에는 고등학교로, 결국에는 더욱 광범위한 대중으로 확장했다. 저커버그가 2007년 5월 발표한 '페이스북 플랫폼'은 그에게 엄청난 전환점을 만들어 주었다. 페이스북 플랫폼은 외부 개발자들이 페이스북 데이터를 이용해 애플리케이션(예컨대 사용자들이 사진을 공유하고 게임을 하는 앱 같은 것)을 만들 수 있도록 해주는 일련의 소프트웨어 도구였다. 저커버그는 처음부터 플랫폼에 대해 대담한 야망을 품고 있었다. 당시 그는 인터뷰에서 이렇게 말했다. "우리는 모든 애플리케이션을 돌릴 수 있도록 페이스북을 일종의 운영체제 같은 것으로 만들고자 합니다."[5]

이런 행보는 일부 계층만이 사용하던 페이스북을 단숨에 전 세계적인 서비스로 변모시켰다. 사용자 수는 급격하게 늘어났고, 파트너·광고주·애플리케이션 개발자들의 생태계 역시 빠르게 확장되었다. 페이스북은 플랫폼 전략 덕분에 마이스페이스MySpace와 프렌드스터Friendster 같은 좀 더 오래된 경쟁자들과 차별화할 수 있었다. 2007년 페이스북 플랫폼이 출시되었을 당시 마이스페이스 사용자 수는 페이스북에 견주어 4대 1, 즉 1억 명 대 2500만 명으로 네 배 더 많았다. 그러나 채 몇 해가 지나지도 않아 페이스북은 의심할 여지 없는 승리를 거뒀다. 2014년에 마이스페이스 사용자는

5000만 명에 불과했지만 페이스북 사용자는 13억 명 이상으로 성
장했다. 700만 개의 애플리케이션과 웹사이트가 이 플랫폼과 연결
되었고, 하루에 설치되는 애플리케이션 수가 최소 2000만 개에 달
할 정도였다.[6] 저커버그는 페이스북 플랫폼을 더 확대하기 위해 대
담한 행보를 취했다(이와 관련해 너무 과도한 비용을 치렀다는 논란도
있었다). 2012년, 그는 당시 가입자 3000만 명에 매출은 전혀 없었
던 사진 공유 플랫폼인 인스타그램[Instagram]을 인수하는 데 10억 달
러를 지불했다(가입자 1인당 33달러). 2014년 10월에는 6억 명의 회
원을 대상으로 별로 시원치 않은 매출(대략 2000만 달러)을 올리던
스마트폰 메시징 기업 왓츠앱[WatsApp]을 인수하기 위해 약 220억 달
러라는 어마어마한 금액을 현금과 주식으로 지불했다(가입자 1인당
37달러). 또 그해에 저커버그는 20억 달러어치의 주식과 현금을 들
여 가상현실 기술을 개발한 소기업 오큘러스[Oculus]를 매수했다. 이처
럼 기업 인수에 매우 큰 금액을 지불했지만, 2014년 말에 페이스북
은 약 2000억 달러의 기업 가치를 기록하며 여전히 세계에서 가장
가치 있는 기업 명단에 이름을 올렸다.

디테일, 사용자, 플랫폼에 주목한 제프 베조스

저커버그가 게이츠의 뒤를 따르는 것처럼 보인다면, 제프 베조스
는 여러 면에서 스티브 잡스를 닮은 것 같다. 예컨대 베조스는 뛰어

난 사용자 경험을 제공하는 일에 놀라울 정도로 집중했고, 킨들과 아마존 웹서비스를 비롯한 새로운 혁신적 서비스를 잇달아 출시하는 능력을 보여주었다. 또 그는 경쟁사가 문을 닫게 만드는 일을 즐기기도 한다. 베조스는 동시대의 사람들보다 먼저 인터넷의 잠재력을 파악하고 1994년에 아마존을 창업하는 등 탁월한 선지자적 면모를 보여주었다. 그는 또 대담함과 무모함 사이의 경계를 넘나들었다. 1980년대에 애플을 이끌던 잡스처럼, 베조스는 아마존 설립 초기에 엄청난 손실을 입으면서 회사 자체를 위험에 빠뜨리기도 했다. 심지어 2014년에도 베조스가 기존 사업과 신규 사업에 공격적인 투자를 단행하면서 아마존은 계속 영업 손실을 입었다.

베조스는 플랫폼 위주의 사고를 중시한다는 점에서 잡스와는 달랐다. 아마존을 단순한 상점이 아닌 플랫폼으로 만든다는 것이 그의 핵심 전략이었다. 아마존은 경쟁사들이 아마존 웹사이트를 통해 온라인 판매 행위를 할 수 있도록 허용했을 뿐 아니라, 이들을 위해 주문 과정과 배송까지 처리해 주었다. 아울러 아마존 웹서비스는 웹 기반 애플리케이션을 호스팅하는 플랫폼으로 진화했다. 이처럼 다면적 플랫폼으로서 아마존의 힘이 커지자, 베조스는 자사의 규모와 영향력을 이용해 공급업체들을 좌지우지했다. 아마존의 저가 정책을 속수무책으로 지켜봐야 했던 출판사들이 대표적인 예다. 또한 베조스는 손실을 감수하면서까지 무자비한 가격경쟁을 펼쳐 신발 소매 기업인 자포스(Zappos.com) 같은 경쟁사들을 공격하기도 했다. 줄어드는 마진에 힘겨워하던 일부 경쟁사들은 아마존의 인수

제안을 수용하는 것 말고는 달리 선택의 길이 없었다.[7]

베조스는 전략을 실행하면서 디테일에 선별적으로 주목하는 것을 중요한 경영 방침으로 삼았다. 놀라운 일은 아니지만, 그는 가격을 책정하는 것이 경영의 핵심이라고 보았다. 2007년에 그는 다음과 같이 설명했다. "나는 우리가 실제로 경쟁력을 갖추고, 고객들에게 가능한 최저 가격으로 상품을 제공하는 일에 중점을 두고 있다고 믿고 싶습니다. 이는 내가 최고경영진부터 실무자에 이르기까지 모든 단계에 직접 관여하고 있기 때문에 누릴 수 있는 큰 이점이라고 생각합니다."[8] 좀 더 광범위한 측면에서, 그는 고객 경험에 직접 영향을 미치는 모든 것에 주의를 집중했다.[9]

이런 성향은 스티브 잡스와도 매우 유사하다. 한때 아마존에 근무했던 누군가는 다음과 같이 회고했다. "제프의 장점이자 단점은 그가 웹과 관련한 모든 변화에 간섭하고 싶어 했다는 겁니다. 겨우 탭의 색깔을 바꾸는 일까지도 말이죠."[10] 아마존의 엔지니어는 "어지간한 완벽주의자조차 그와 함께 있으면 마약에 취한 히피처럼 보인다"는 말로 이를 더욱 생생하게 묘사했다.[11] 베조스의 방식은 성공한 듯하다. 초기 몇 년 동안 많은 사람들은 아마존이 계속 유지될 수 있을지 반신반의했지만, 2014년 말에 아마존은 약 1500억 달러의 시장 가치를 지닌, 세계에서 가장 무서운 소매기업이 되었다.

다중 플랫폼과 네트워크 효과에 주목한 마화텅

이제까지 살펴본 CEO는 모두 미국인이었고, 이들의 회사 역시 미국에 기반을 두었다. 그러나 위대한 전략에 국경은 없다. 전 세계 기업가들은 동일한 원칙을 따라 성공적인 비즈니스를 만들어 낸다. 마화텅(영어 이름 포니 마$^{Pony\ Ma}$)이 대표적인 사례다. 마화텅은 선전 대학교에서 컴퓨터공학 학위를 받고 통신회사에서 인터넷 페이징 시스템$^{paging\ system}$ 업무를 담당했다. 그리고 1998년에 중국 최대 인터넷 기업인 텐센트를 창업했다.[12] 그를 포함해 다섯 명의 공동 창업자는 다른 나라의 선진 인터넷 서비스를 연구하며 '앞을 내다보았고' 1999년 무료 인스턴트 메신저 QQ를 출시하기 위해 '현재를 되짚어 보았다.' QQ는 이스라엘 회사가 개발해서 1998년 AOL에 매각한 ICQ에 바탕을 둔 서비스로, 곧 중국에서 엄청난 인기를 끌었다.

QQ의 성공을 기반으로, 마화텅은 AOL과 야후 같은 기업들이 시행한 혁신 방안을 도입해 이를 중국 시장에 맞도록 확장하면서 관련 시장으로 영역을 확대해 나갔다. 해외 벤처캐피털의 지원으로 2004년 홍콩 주식시장에 상장하며 자금을 마련한 텐센트는 공통의 인터페이스와 '프리미엄^{freemium}(free와 premium의 합성어—옮긴이)' 비즈니스 모델(기본 서비스는 무료로 주고 고급 기능에 대해 선택적으로 비용을 청구하는 모델)을 바탕으로 상호 연결된 다수의 웹 플랫폼을 구축했다. 이 회사가 제공하는 서비스에는 마이크로블로그,

멀티 플레이어 게임, 소셜 미디어, 아바타, 전자결제, 전자상거래 등이 있다. 텐센트는 최근 위챗WeChat을 론칭했다. 위챗은 QQ의 확장판으로 중국 안팎에서 사용할 수 있는 모바일 메시지 플랫폼이다. 인텔이 제품 라인업을 전 영역으로 확장했듯이, 텐센트도 모든 영역의 서비스를 갖췄기 때문에 경쟁사들이 파고들 틈을 찾기가 극도로 어려웠다. 그뿐 아니라 마화텅의 전략은 기술과 플랫폼 위주의 사고에 대한 깊은 이해를 보여주었다. 텐센트는 사용자에게 다양한 보완 서비스를 제공함으로써 강력한 크로스 플랫폼cross-platform 네트워크 효과를 창출하고 있으며, 중국 안팎의 광범위한 생태계를 바탕으로 게임, 디지털 콘텐츠, 전자상거래 배송까지 모든 서비스를 제공한다. 또한 텐센트는 자사의 제품과 서비스를 모바일 기기에서 사용할 수 있도록 발빠르게 움직였다. 모바일 기기는 중국 밖으로 연결망을 넓히는 데 훨씬 큰 역할을 하기 때문이다.

텐센트는 이런 다양화 전략으로 매우 광범위한 매출 기반을 확보하게 되었다. 야후와 구글은 매출의 80~90퍼센트를 광고에 의존하는 반면, 텐센트의 광고 매출 의존도는 10퍼센트에도 미치지 못한다. 대신 게임과 제3자 개발자들이 개발한 콘텐츠, 애플리케이션을 포함해 PC와 모바일 기기에서 제공되는 부가가치 서비스에서 대부분의 매출을 올리고 있다. 텐센트의 사용자는 2014년에 8억 명을 넘어섰고, 가장 높았을 때의 시장가치는 1500억 달러에 달했다.[13] 10.5퍼센트의 지분을 보유한 최대 주주 마화텅은 회사의 성공으로 중국에서 가장 부유한 기업가가 되었다.

다섯 가지 원칙을
넘어서

우리는 현세대 CEO와 기업가 가운데 뛰어난 인물 몇 명을 간략히 살펴본 결과 이들이 게이츠, 그로브, 잡스와 공통점이 많다는 것을 알 수 있었다. 이들은 마이크로소프트, 인텔, 애플에서 게이츠, 그로브, 잡스의 행보를 의식적으로 연구했을지도 모르고, 이 회사들이 보여준 교훈을 무의식적으로 받아들였을지도 모르며, 어쩌면 각자가 각각 다른 계기로 이와 유사한 접근 방식을 취하게 되었는지도 모른다. 하지만 어느 경우라도 이들은 우리가 이 책에서 제시한 다섯 가지 원칙에 적극 부합한 것으로 보인다. 만약 우리의 분석이 정확하다면, 이는 이들 회사의 미래에 좋은 징조다.

하지만 이들이(그리고 어떤 관리자라도) 게이츠, 그로브, 잡스가 먼저 걸었던 길에 너무 지나치게 매달린다면 잘못된 방향으로 나아가고 있는 것이다. 이 책 전체를 통해 살펴보았듯이, 셋 모두 개인으로서나 조직의 리더로서나 불완전한 사람들이었다. 앞에서 우리는 세 CEO가 자신의 약점을 간파하고 보완하는 능력이 있음을 강조했다. 그들이 공통적으로 보여준 강점은 자신에게 부족한 기술을 지닌 임원들을 고용하고 전문가들로부터 새로운 분야를 배우려 하는 의지였다. 그러나 이처럼 자기 자신을 잘 알고 있었는데도 게이츠, 그로브, 잡스는 각자의 회사가 미래(그들이 더 이상 회사를 맡지 않게 될 미래)에 어떤 리더를 필요로 할지 예측하는 데서는 기대에 미치지 못했다. 따라서 우리는 이 전략의 대가들에게서 마지막으로 다음 두 가지 주의 사항을 배울 수 있다. 첫째, '개인적 닻'은 당신을 안착시킬 수 있지만 동시에 당신의 행보를 방해할 수도 있다. 둘째, 당신을 '보완하는' 임원들은 당신의 성공에 필수적일지 모르지만, 당신의 리더십을 '대체하는' 사람은 아닐 수도 있다.

때로는 닻이 행보를 방해할 수 있다

게이츠, 그로브, 잡스에게는 저마다 독특한 관심사와 강점이 있었다. 우리는 게이츠에게 소프트웨어에 대한 열정이, 그로브에게 엄밀함에 대한 열정이, 잡스에게 디자인에 대한 열정이 있었다고 요약했다. 이런 열정은 마이크로소프트, 인텔, 애플에 대한 그들의 공헌뿐 아니라 그들 회사의 문화, 역량, 전략적 방향에 대한 공헌의 기반이 되기도 했다. 경제와 비즈니스가 불확실한 시대에 그들의 개인적 닻은 집중해야 할 영역이 어디인지를 알려주는 역할을 함으로써 조직이 이리저리 떠다니지 않도록 막아 주었다. 그러나 닻은 때로 부정적인 역할을 하기도 한다. 우리가 이를 왜 '닻'이라고 비유했는지 생각해 보자. 닻은 배가 새로운 방향으로 움직이는 것을 막는다. 만약 밀물이 몰려오면 닻을 내리고 있는 배는 물에 잠겨 버릴지도 모른다. 정박 중인 함대는 공격에 더욱 취약하다.

이와 유사한 일이 세 회사 모두에 일어났다. 물론 그리 놀랄 일은 아니다. 과거에 성공을 가져다준 방법이 미래에도 언제나 효과적인 것은 아니다. 기술과 시장은 변한다. 새로운 경쟁자들도 나타난다. 핵심 역량은 맹점 또는 (우리 동료 도로시 레너드Dorothy Leonard의 표현을 빌리면) '핵심 경직성core rigidity'으로 바뀌기도 쉽다.¹⁴ 예를 들어 2014년의 마이크로소프트는 성장의 원동력이었던 비즈니스 모델, 즉 도스 및 윈도와 순방향·역방향 호환성을 갖는 소프트웨어 제품 판매에 여전히 너무 치중하고 있는 것으로 보인다. 1990년대에도 게이츠는 새로운 기기, 그리고 컴퓨팅에 대한 인터넷 기반 접근 방식에 투자하는 것이 얼마나 중요한지 알고 있었다. 그러나 게이츠와 마이크로소프트의 경영진은 전통적으로 엄청난 수익을 안겨 준 PC 소프트웨어 기반의 수익 구조를 개선하는 데 느린 행보를 보였다. 마찬가지로 그로브와 그의 인텔 후계자들은 오랫동안 '1순위'로 꼽히던 PC와 서버용 x86 마이크로프로세서의 판매 이외에 다른 수익원을 창출하기가 극도로 어렵다는 사실을 깨달았다. 그리고 애플은 잡스와 그의 후계자들이 강력하게 통제하는 소수의 '히트' 제품들에 대한 의존에서 크게 벗어나지 못하는 것으로 드러났다. 그 결과 애플은 플랫폼 전략의 약점을 노출시키며 구글과 안드로이드 파트너 같은 경쟁사들에게 갈수록 스마트폰과 태블릿 시장의 점유율을 잠식당하고 있다.

어떤 면에서 보면 각 회사가 새로운 방향으로 이동하기 어려웠던 것은 각각의 주력 비즈니스 모델이 너무 막강하기 때문이기도 했다. 마이크로소프트는 윈도와 오피스보다 이윤이 많이 남는 소프트웨어를 개발할 가능성이 있을까? 전혀 없다! 그러나 대부분의 기업을 상대로 패키지 소프트웨어를 판매하며 엄청난 이윤을 내던 시절은 지난 듯하고, 이는 마이크로소프트에게도 그대로 적용될 것이다. 마이크로소프트는 점차 수익원을 다변화하고 있지만, 새로운 경영진은 새로운 가격 체계나 서비스 모델(예컨대 서비스형 소프트웨어와 클라우드 컴퓨팅)뿐 아니라 더 싼(또는 무료) 소프트웨어로 이익을 내는 방법을 찾아야 할 것이다.

인텔 x86 마이크로프로세서보다 더 높은 이윤을 가져올 반도체 제품이 있을까? 전혀 없다! 인텔이 주력하던 PC 비즈니스의 향후 성장 또한 제한적이다. 그러나 사물인터넷이 부상하고 스마트폰과 태블릿이 폭발적으로 확산되면서 상상할 수 있는 거의 모든 기기에 CPU가 내장되었고, 이와 관련해 더욱 커다란 시장이 생겨났다. 결국에는 수백억 개의 제품에 마이크로프로세서가 들어갈 것이다. 인텔의 신임 경영진은 이 새로운 영역을 적극적으로 공략하고 있지만, 영국의 ARM 홀딩스ARM Holdings(스마트폰을 비롯해 프로그래밍 가능한 기기들에 사용되는 저가의 저전력 마이크로프로세서 대부분을 설계하는 회사다) 같은 새로운 경쟁자들 사이에서 수익을 내는 법을 찾아야 할 것이다.

그리고 다른 휴대폰이나 태블릿이 아이폰과 아이패드보다 더 높은 마진을 가져올 가능성이 있을까? 전혀 없다! 그러나 애플은 비교적 사소한 부분만을 개선한 새 버전을 계속 높은 가격으로 출시하기 때문에 시장점유율은 계속 낮은 수준에 머물러 있다. 그사이에 한국의 삼성전자나 중국의 샤오미 같은 안드로이드폰 제조사들이 발 빠르게 움직이고, 구글의 모바일 광고 매출도 증가하고 있다. 어쩌면 아이워치 같은 제품들이 애플의 새로운 성장 동력이 될 수도 있지만, 애플은 아직도 구글 소프트웨어에 의존하는 대다수 스마트폰 사용자들에게 자사의 새로운 플랫폼을 개방하지 않고 있다.

마이크로소프트, 인텔, 애플이 새로운 시장과 비즈니스 모델로 신속하게 옮겨 가지 못한 이유는 단지 매출이 낮을 것으로 예상했기 때문만은 아니다. 자신들이 닦아 온 비즈니스의 정체성 자체가 혁신의 걸림돌로 작용한 것이다. 폴 마리츠는 우리에게 다음과 같이 털어놓았다. "마이크로소프트가 그 (새로운 모바일) 기기들을 몰랐던 게 아닙니다. 다만 우리의 역할은 PC의 위대한 영광에 기여하는 제품이나 서비스를 만드는 것이라고 믿고 있었을 뿐이죠."15 이런 태도 탓에 마이크로소프트는 하나의 운영체제(혹평을 받기는 했지만 기술적으로는 참신한 윈도 8)를 PC뿐 아니라 스마트폰과 태블릿에도 사용하도록 한 것이다. 마리츠는 다음과 같이 설명했다.

> 우리는 누구도 소비자 중심의 성향을 지니고 있지 않았습니다. 결국 정말로 우리에게 동기를 부여하는 건 그게 아니었어요. 우리는 시스템 소프트웨어 쪽 사람들이었죠. …… 우리는 내부 아키텍처와 작동 방식에 열광했습니다. 말로는 그렇지 않다고 항변했지만 실제로는 사용자 인터페이스에 별로 신경을 쓰지 않았어요. 어쨌든 그건 우리의 진짜 모습이 아니었으니까요. 그리고 분명 이런 기술적 취향 때문에 너무 독주해 버린 거예요. 우리는 당시 현실적으로 제공할 수 없는 무언가에 너무 많은 것을 집어넣으려 했습니다. 그러다 보니 그다지 매력적이지 않은 것들을 만들어 내거나, 너무 비싼 것들을 만들어 내거나, 아니면 둘 다 하게 되었던 것이죠.[16]

인텔 역시 윈도 컴퓨터를 위한 핵심 마이크로프로세서 비즈니스에 집중했기 때문에 새로운 성장 영역으로 옮겨 가기가 어려웠다. 레스 배다스는 다음과 같이 지적했다. "그로브는 회사의 초점을 PC 비즈니스라는 매우 좁은 영역에 맞췄어요. 이 때문에 회사는 인접 기술 분야에 대한 이해도가 늘 부족했죠. 그 필요성은 갈수록 커지는데 말이에요."[17] 그로브는 회사 내부의 전략회의에서는 물론 외부에서도 x86 아키텍처를 넘어 다변화를 추구하겠다고 말했지만,

새로운 비즈니스를 성공시키는 데 개인 시간, 집중, 관심, 그리고 가장 결정적으로는 회사의 자원을 결코 투입하지 않았다.

그로브가 CEO로 재직하던 마지막 몇 년 동안, 데이비드 요피는 위험을 지나치게 회피하려는 경향에 대해 그와 몇 차례 대화를 나눈 적이 있다. 몇몇 전략회의에 참석한 데이비드는 통신 관련 비즈니스에서 좀 더 공격적인 행보를 취해야 한다는 참석자들의 제안을 그로브가 조목조목 반박하는 장면을 목격했다. 이 분야의 비즈니스를 담당했던 프랭크 길은 시스코가 인터넷 강자로 부상하기 전에 인텔이 네트워킹 영역에 진출해야 한다고 강력하게 주장했다. 길은 다음과 같이 회고했다. "나는 네트워킹이 인텔에 매우 중요한 보완 영역이 될 거라고 믿었습니다. …… 언젠가는 모든 PC가 서로 연결될 거라고 생각했으니까요." 그러나 그로브는 기존의 영역에만 역량을 집중하려고 했다. 길은 또 이렇게 말을 이었다. "당시 우리의 시스템 비즈니스는 쇠퇴해 가고 있었습니다. 나는 인텔을 네트워킹 제품 기업으로 탈바꿈시키기 위해 비즈니스의 방향을 전환하려 했죠. 그렇게 하려면 시장에서의 위치, 인지도, 그리고 필요한 역량을 확립하기 위해 다른 기업을 인수하고 기술을 사들여야 했습니다." 길이 보기에 인텔은 엄청난 기회를 놓치고 있었다. "하지만 그로브는 인텔을 본격적인 네트워킹 기업으로 변모시킬 수도 있는 중요한 인수 건들에 대해 사사건건 반대했어요. 그는 자연스러운 성장의 과정에서 몇 개의 작은 기업을 인수하는 정도로 우리의 행보를 제한했습니다. 그리고 마이크로프로세서 비즈니스와 인텔 인사이드 브랜드 구축에만 집중했지요." 길의 뒤를 이어 인텔 영업 부문을 이끌었던 칼 에버렛Carl Everett 역시 그로브를 설득해 새로운 방향으로 나아가도록 하기가 매우 어려웠다고 말했다. "그가 아주 요지부동인 사람은 아니었지만 새로운 방향으로 나아가야 한다고 설득하기란 너무 어려웠어요. 그로브를 설득하지 못해 그냥 포기한 사람들도 많았죠. …… 회사 밖에서 바라본다면, 2013년의 인텔은 1990년대와 똑같은 수익 모델을 갖고 있을 겁니다. 그처럼 융통성 없는 모습은 바로 그로브의 작품이죠."[18]

이에 반해 잡스는 애플이 새로운 제품들을 만들어 내고 새로운 시장으로 이동하도록 훨씬 효과적으로 밀어붙였다. 그의 재능은(그리고 아마도 그의 재앙은) 결코 뒤를 돌아보지 않는다는 것이었다. 잡스는 지나간 성공에 금방 싫증을 냈고, 그래서 모든 에너지와 관심을 다음의 훌륭한 기회에 집중시켰다. 역설적이게도 위대한 제품을 구상하는 이런 재능 때문에 그는 플랫폼 경쟁과 생태계 파트너십의 힘을 제대로 인식하지 못했다. 잡스가 애플을 이끌던 시절 매킨토시의 디자인은 매우 뛰어났지만, 마이크로소프트 및 인텔과의 경쟁으로 시장에서 밀려났다. 그러나 애플이 그 후 좀 더 개방된 플랫폼을 개발했다면 구글과 안드로이드는 아이폰과 아이패드를 밀어내기가 더 어려웠을 것이다. 그러나 잡스는 그렇게 하지 않았다.

물론 아직 최종 판단을 내리기에는 이르다. 애플의 뛰어난 브랜드, 충성스러운 고객들, 애플리케이션 개발자들과 서비스 제공자들의 대규모 생태계 덕분에 이 회사는 여전히 강력한 위치를 점하고 있다. 애플은 또한 이제까지 펼쳐 온 전략을 바탕으로 지난 10년간 어마어마한 이익을 거둬들였다. 그러나 잡스의 후계자들이 플랫폼 전략과 제품 전략 사이에서 균형을 잡지 못한다면 안드로이드와의 경쟁은 애플의 미래에 심각한 장기적 위협이 될 수 있다. 예컨대 애플이 아이워치나 애플 페이Apple Pay를 아이폰뿐 아니라 모든 스마트폰과 호환되도록 만든다면 미래가 얼마나 달라질지 상상해 보라.

보완하는 사람과 대체하는 사람은 다르다

이제 마지막 과제를 살펴보자. 바로 조직의 승계를 준비하는 일이다. 게이츠, 그로브, 잡스는 서로 다른 성격과 기술을 지닌 파트너들을 영입해 자신에게 부족한 점을 보완하고 회사 경영을 돕게 했다. 그 후 이들은 자신들의 뒤를 이을 핵심 파트너를 한 사람 선택했다. 당시 이들은 깨닫지 못했겠지만, 돌이켜 보면 매우 명백한 사실이 하나 있다. 바로 보완하는 사람과 대체하는 사람은 다르다는 것이다. 게이츠, 그로브, 잡스는 후계자를 선택할 때 다른 자질보다 충성심을 우선시했다. 그들은 경쟁 전략과 비즈니스 파트너를 선택할 때 보여주었던 치열한 논리와 객관성을 후계자 선택에는 적용하지 않은 듯했다.

이 마지막 사항은 강력한 리더들이(그리고 그들의 이사회가) 후계자를 지명할 때 고려해야 할 매우 중요한 점이다. 스티브 발머는 빌 게이츠를 완벽하게 보완했다. 게이츠가 기술과 전략에 집중했던 반면, 발머는 사람과 고객에게 집중했다. 크레이그 배럿은 앤디 그로브를 완벽하게 보완했다. 그로브가 전략과 마케팅, 영업을 이끌었던 반면, 배럿은 제조와 운영 부문을 관리했다. 팀 쿡 역시 스티브 잡스를 완벽하게 보완했다. 잡스가 제품과 마케팅을 총괄했고, 쿡은 공급 사슬과 운영, 영업을 담당했다.

발머, 배럿, 쿡은 게이츠, 그로브, 잡스가 이룩한 성공에 절대적으로 필요한 사람이었다. 물론 발머, 배럿, 쿡은 우리의 세 CEO를 대신하기 위해 무던히 애를 썼다. 게이츠, 그로브, 잡스는 성과를 내기 위해 조직 자체의 성장과 혁신에 중점을 두었던 반면, 발머와 배럿은 물려받은 회사에 자신의 뚜렷한 흔적을 남기기 위해 필사적으로 노력했다. 이를 위해 많은 비용을 들여 기업들을 인수하기도 했으나 별로 효과를 보지는 못했다. 예를 들어 크레이그 배럿은 닷컴 호황기에 인텔의 CEO로 재직하며 120억 달러를 들여 기업들을 마구 사들였으나 결국 모두 손실로 처리되었다. 스티브 발머는 윈도 스마트폰 사업을 회생시키기 위한 최후의 승부수로 노키아 인수에 70억 달러를 투자하는 등 200억 달러 이상을 기업 인수에 쏟아부었다. 심지어 팀 쿡도 2014년에 헤드셋 제조업체인 비츠Beats를 30억 달러에 인수하면서 새로운 길을 개척하려고 했다. 이는 애플 역사상 가장 많은 비용을 들인 기업 인수였다.

어쩌면 그 누구도 세 CEO의 위상을 대신하지는 못할 것이다. 그러나 게이츠, 그로브, 잡스가 자신들의 뒤를 이을 사람을 굳이 충성스러운 참모진 가운데서 고를 필요는 없었다. 그들은 새로운 기술, 고객, 경쟁사에 더 적합한 새로운 리더를 찾거나, 좀 더 경쟁적인 승계 프로세스를 마련할 수도 있었다. 어떠한 경우이건, 후계자를 선택할 때 조직 또는 전통적 경영 방식에 대한 충성을 고려해서는 안 된다. 오히려 새로운 것을 배우고, 필요하다면 과거와 결별하고, 아직 상상조차 하지 못한 제품이나 서비스, 플랫폼을 지원하는 능력을 갖춘 사람을 선택하거나 후계자로 준비시켜야 한다.

예를 들어 1970년대와 80년대에 제너럴 일렉트릭과 시티은행의 전설적인 CEO였던 레지널드 존스Reginald Jones와 월터 리스턴Walter Wriston은 이런 함정을 피해 갔다. 후계 문제에 관한 그들의 해결책은 여러 고위 관리자들에게 본인이 훌륭한 차기 리더가 될 수 있다는 것을 증명할 기회를 주어 가시적인 '경합'을 시키는 것이었다.[19] 최종 결정 기준에서 충성심이 제외되자, 잭 웰치Jack Welch와 존 리드John Reed라는 두 인물이 경쟁을 뚫고 혜성처럼 등장했다. 때로는 이보다 한 단계 더 나아간 방법을 사용할 수도 있다. 2013년에 마이크로소프트와 인텔의 이사회는 CEO의 적극적인 개입을 배제한 채 회사 내외부를 가리지 않고 인재를 탐색했다. 그리고 두 경우 모두 현직 CEO가 아닌 이사회가 최종 선택을 했다.

그러나 현실적으로 볼 때, 전설적인 CEO의 후계 프로세스를 이사회가 주관하기는 극도로 어렵다. 우리의 세 CEO처럼 전 세계적으로 찬사를 받고 역사적인 업적을 이루어 낸 리더들은 대개 본인 생각대로 결정을 내린다.

빌 게이츠, 앤디 그로브, 스티브 잡스는 첨단기술 분야의 1세대 슈퍼스타 CEO로서 훌륭하게 길을 닦아 놓았다. 우리는 그들에게서 많은 것을 배울 수 있다. 그들은 전략적 방향을 설정하고 강력한 조직적 역량을 구축했으며, 그 결과 앞에서 살펴본 것처럼 이들이 CEO 자리에서 물러난 뒤에도 마이크로소프트, 인텔, 애플은 오랜 기간 엄청난 이익을 누릴 수 있었다. 그러나 시대는 변하는 법이다. 어느 시점이 되면 후계자들은 자기 나름대로 통찰을 갖춘 전략가가 되어야 한다. 마이크로소프트, 인텔, 애플의 새로운 리더들은 자신이 나아갈 길을 스스로 찾아야 한다. 그들은 자신의 개인적 닻을 바탕으로 이 강력한 조직을 개편해야 하고, 새로운 세대의 기술, 고객, 비즈니스 모델을 통해 자신의 회사를 또 다른 불확실한 미래로 이끌어야 한다. 새로운 원칙들을 만들어 내고 이 전략의 대가들을 능가하는 일은 아마도 게이츠, 그로브, 잡스가 다음 세대에 남긴 가장 어려운 과제일 것이다.

서문

1 Bill Gates quote at http://www.strategicbusinessteam.com/famous-small-business-quotes/famous-bill-gates-quotes-some-famous-business-quotes-from-one-of-the-worlds-richest-billionaires-part-1/, 2014년 7월 27일에 확인.

프롤로그 | 최고의 전략가들

1 Robert A. Burgelman and Andrew S. Grove, *Strategic Dynamics: Concepts and Cases* (Boston: McGraw-Hill, 2006), 58 참조.

2 Tom Mainelli, "Worldwide and U.S. Media Tablet 2012-2016 Forecast," IDC Research, 2012년 4월, 1-2, 2013년 11월 10일에 확인, http://www.idc.com.

3 David B. Yoffie and Penelope Rossano, "Apple Inc. in 2012," Harvard Business School Case No. 712-490, 2012년 5월, 8, 23. (2012년 8월에 개정.) 원래의 출처는 Gabriel Madway, "Windows 7 Release May Test Apple's Winning Streak," Reuters, 2009년 10월 14일, via Factiva.

4 Charles H. Fine, *Clockspeed: Winning Industry Control in the Age of Temporary Advantage* (Reading, MA: Perseus, 1998) 참조.

5 렉시스-넥시스(Lexis-Nexis) 검색에서 'Intel'에 대한 검색 결과 수는 1986년 161개였던 것이 1998년에는 3923개로 증가했다. 이는 인텔의 브랜드 인지도가 성장했음을 보여주는 지표다.

6 Stephen Manes and Paul Andrews, *Gates: How Microsoft's Mogul Reinvented an Industry—and Made Himself the Richest Man in America* (New York: Doubleday, 1993), 174.

7 위의 책, 306-7; James Wallace and Jim Erickson, *Hard Drive: Bill Gates and the Making of the Microsoft Empire* (New York: John Wiley & Sons, 1992), 330.

8   Manes and Andrews, *Gates*, 347.

9   Michael A. Cusumano, "The Legacy of Bill Gates," *Communications of the ACM* 52, no. 1 (2009년 1월): 25-26.

10 Walter Isaacson, *Steve Jobs* (New York: Simon & Schuster, 2011), 6, 16-17.

11 위의 책, 474.

12 위의 책, 498.

13 Richard S. Tedlow, *Andy Grove: The Life and Times of an American* (New York: Portfolio/Penguin, 2006), 136-37.

14 Isaacson, Steve Jobs, 373-74.

15 스티브 잡스는 마이크로소프트 제품들의 품질을 자주 비판하고 '맛'이 부족하다고 평가했다. 예를 들어 1996년 6월 PBS에서 방영된 다큐멘터리 *The Triumph of the Nerds: The Rise of Accidental Empires*에 나온 그의 언급을 참조하라.

16 Paul Allen, *Idea Man: A Memoir by the Cofounder of Microsoft* (New York: Portfolio/Penguin, 2012), 114.

17 Michael A. Cusumano and Richard W. Selby, *Microsoft Secrets: How the World's Most Powerful Software Company Creates Technology, Shapes Markets, and Manages People* (New York: Free Press/Simon & Schuster, 1995), 10.

18 Claudine Beaumont, "Bill Gates's Dream: A Computer in Every Home," *Telegraph* (online), 2008년 6월 27일에서 인용, 2013년 1월 2일에 확인, http://www.telegraph.co.uk/technology/3357701/Bill-Gatess-dream-A-computer-in-every-home.html.

19 Isaacson, *Steve Jobs*, 94.

20 "Intel Corporation History," FundingUniverse, 2014년 3월 9일에 확인, http://www.fundinguniverse.com/company-histories/intel-corporation-history.

21 Jeff Goodell, "Bill Gates: The Rolling Stone Interview," *Rolling Stone*, 2014년 3월 13일, 76.

22 Andrew S. Grove, *Only the Paranoid Survive: How to Exploit the Crisis Points That Challenge Every Company and Career* (New York: Currency Doubleday, 1996), 162.

23 Joanna Hoffman, Isaacson, *Steve Jobs*, 121에서 인용.

24 Renée James, 저자들과의 인터뷰, 2013년 10월 9일.

25 Steve Jobs, "The Lost Interview," Amazon, 2013년 11월 2일에 확인, http://www.amazon.com/Steve-Jobs-The-Lost-Interview/dp/B008GJVAW4.

26 Bill Gates, *Business @ the Speed of Thought: Using a Digital Nervous System* (New York: Warner Books, 1999), 182.

1   Intel documents, Intel Strategic Long Range Plan, June 1991 (허가를 받음).

2   Steve Jobs, "Apple's One-Dollar-a-Year Man," *Fortune*, 2000년 1월 24일, 2014년 5월 27일에 확인, http://money.cnn.com/magazines/fortune/fortune_archive/2000/01/24/272277/index.htm.

3   "Playboy Interview: Bill Gates," *Playboy*, 1994년 7월, 63.

4   Edgar H. Schein, *DEC Is Dead, Long Live DEC: The Lasting Legacy of Digital Equipment Corporation* (San Francisco: Berrett-Koehler, 2003), 38 참조.

5   Paul Maritz, 저자들과의 인터뷰, 2013년 10월 7일.

6   Russell Siegelman, 저자들과의 인터뷰, 2013년 10월 9일.

7   "Steve Jobs Introduces the 'Digital Hub Strategy' at Macworld 2001," 2001년 1월 9일, 2013년 8월 8일에 확인, https://www.youtube.com/watch?v=9046oXrm7f8.

8   Jon Rubinstein, 저자들과의 인터뷰, 2013년 10월 11일.

9   Ron Johnson, 저자들과의 인터뷰, 2013년 10월 10일.

10   Andy Grove, SLRP presentation, 1990년 3월 30일.

11   위의 프레젠테이션.

12   "In Focus: Lou Gerstner," CNN.com, 2004년 7월 2일, 2013년 9월 20일에 확인, http://edition.cnn.com/2004/BUSINESS/07/02/gerstner.interview.

13   Andy Grove, SLRP presentation, 1990년 3월 30일.

14   Andy Grove, SLRP presentation, 1991년.

15   Jay Greene, "Microsoft's Big Bet," *BusinessWeek*, 2000년 10월 30일, 152에서 인용.

16   Adam Lashinsky, "How Apple Works: Inside the World's Biggest Startup," *CNNMoney*, 2011년 8월 25일에서 인용, 2013년 1월 24일에 확인, http://tech.fortune.cnn.com/2011/08/25/how-apple-works-inside-the-worlds-biggest-startup.

17   Peter Burrows and Ronald Grover, "Steve Jobs' Magic Kingdom," *Bloomberg Businessweek*, 2006년 2월 5일, 2013년 1월 22일에 확인, http://www.businessweek.com/stories/2006-02-05/steve-jobs-magic-kingdom.

18   Fred Anderson, 저자들과의 인터뷰, 2013년 10월 9일, 그리고 Avie Tevanian, 저자들과의 인터뷰, 2013년 10월 9일; Jon Rubinstein, 저자들과의 인터뷰, 2013년 10월 11일.

19   Fred Anderson, 저자들과의 인터뷰, 2013년 10월 9일.

20   Burrows and Grover, "Steve Jobs' Magic Kingdom."에서 인용.

21 Leander Kahney, *Inside Steve's Brain* (New York: Portfolio, 2008), 31.

22 Burrows and Grover, "Steve Jobs' Magic Kingdom."에서 인용.

23 Bo Burlingham and George Gendron, "The Entrepreneur of the Decade: An Interview with Steve Jobs," *Inc.*, 1989년 4월 1일, 2013년 10월 9일에 확인, http://www.inc.com/magazine/19890401/5602.html/5.

24 Michael A. Cusumano and Richard W. Selby, *Microsoft Secrets: How the World's Most Powerful Software Company Creates Technology, Shapes Markets, and Manages People* (New York: Free Press/Simon & Schuster, 1995), 130-45.

25 Walter Isaacson, *Steve Jobs* (New York: Simon & Shuster, 2011), 567.

26 Fred Anderson, 저자들과의 인터뷰, 2013년 10월 9일.

27 Isaacson, *Steve Jobs*, 97ff.

28 Kahney, *Inside Steve's Brain*, 64에서 인용.

29 위의 책, 65.

30 Fred Anderson, 저자들과의 인터뷰, 2013년 10월 9일.

31 Dennis Carter, 저자들과의 인터뷰, 2013년 11월 11일.

32 윈도 버전의 역사에 대해서는 Microsoft, "A History of Windows" 참조, 2014년 5월 20일에 확인, http://windows.microsoft.com/en-us/windows/history#T1=era0.

33 Ron Johnson, 저자들과의 인터뷰, 2013년 10월 10일.

34 Ron Johnson, 저자들과의 이메일 교환, 2014년 3월 3일.

35 프로세서에 대해서는 Richard S. Tedlow, *Andy Grove: The Life and Times of an American* (New York: Portfolio, 2006), 357-64 참조.

36 Pat Gelsinger, 저자들과의 인터뷰, 2013년 10월 7일.

37 Avie Tevanian, 저자들과의 인터뷰, 2013년 10월 8일.

38 위의 인터뷰.

39 Jon Rubinstein, 저자들과의 인터뷰, 2013년 10월 11일.

40 Les Vadasz, 저자들과의 인터뷰, 2013년 10월 7일.

41 Bill Gates, Computer History Museum에서 인용, 2004년 10월 1일, 2014년 5월 27일에 확인, http://www.infoworld.com/t/platforms/gates-undaunted-linux-769.

42 Andrew S. Grove, *Only the Paranoid Survive: How to Exploit the Crisis Points That Challenge Every Company and Career* (New York: Currency Doubleday, 1996), 3.

43 Andrew S. Grove, *High Output Management* (New York: Random House, 1983), 109.

44 Andy Grove, SLRP presentation, 1991.

45 Kahney, *Inside Steve's Brain*, 55.

46 Tarun Khanna, David B. Yoffie and Israel Yellen Ganot, "Microsoft, 1995," Harvard Business School Case No. 795-147, 1995년 4월, 14.

47 Bill Gates, "Netscape," Microsoft internal memo, 1996년 5월 19일, *United States v. Microsoft Corporatio*n (Civil Action No. 98-1232), Government Exhibit 41, 2013년 4월 9일에 확인, http://www.justice.gov/atr/cases/exhibits/41.pdf.

48 Bill Gates, "As Promised: OEM Pricing Thoughts," Microsoft internal memo, 1997년 12월 17일, *United States v. Microsoft Corporation* (Civil Action No. 98-1232), Government Exhibit 61, 2013년 3월 20일에 확인, http://www.justice.gov/atr/cases/exhibits/61.pdf.

49 Bruce D. Henderson, *Henderson on Corporate Strategy* (Cambridge, MA: Abt Books, 1979), 10-11.

50 Andy Grove's SLRP presentation, 1993.

51 "Playboy Interview: Bill Gates," *Playboy*, July 1994, 64.

52 Cusumano and Selby, *Microsoft Secrets*, 164-65.

53 이 사례에 대해서는 스탠퍼드 경영대학원의 제러미 벌로(Jeremy Bulow)에게 감사를 전한다.

54 Isaacson, *Steve Jobs*, 409.

55 Grove, *Only the Paranoid Survive*, 30.

56 위의 책, 35.

57 Andy Grove, SLRP presentation, 1997.

58 Bill Gates, "Internet Tidal Wave," Microsoft internal memo, 1995년 5월 26일, *United States v. Microsoft Corporation* (Civil Action No. 98-1232), Government Exhibit 20, 2013년 4월 4일에 확인, http://www.justice.gov/atr/cases/exhibits/20.pdf.

59 Grove, *Only the Paranoid Survive*, 113-14.

60 Russell Siegelman, 저자들과의 인터뷰, 2013년 10월 9일.

61 브라우저 경쟁에 대해서는 Michael A. Cusumano and David B. Yoffie, *Competing on Internet Time: Lessons from Netscape and Its Battle with Microsoft* (New York: Free Press/Simon & Schuster, 1998) 참조.

62 Jon Shirley, 데이비드 요피와의 인터뷰, 1991년 1월 29일.

63 Walter Mossberg, "Apple's Mobile Me Is Far Too Flawed to Be Reliable," *Wall Street Journal*, 2008년 7월 24일.

1   Merriam-Webster dictionary online, 2013년 3월 25일에 확인, http://www.merriam-webster.com/dictionary/bold.

2   Robert A. Burgelman, *Strategy Is Destiny: How Strategy-Making Shapes a Company's Future* (New York: Free Press/Simon & Schuster, 2002), 137에서 인용.

3   Alan Deutschman, *The Second Coming of Steve Jobs* (New York: Broadway Books, 2000), 298에서 인용.

4   Owen W. Linzmayer, *Apple Confidential 2.0: The Definitive History of the World's Most Colorful Company* (San Francisco: No Start Press, 2004), 75.

5   Walter Isaacson, *Steve Jobs* (New York: Simon & Schuster, 2011), 97.

6   Jeffrey S. Young and William L. Simon, *iCon: Steve Jobs, the Greatest Second Act in the History of Business* (Hoboken, NJ: John Wiley & Sons), 62.

7   David B. Yoffie, "Apple Computer 1997," Harvard Business School Case No. 9-797-098 (Boston: Harvard Business School Publishing, 1997), 4.

8   윈텔(Wintel)은 윈도 운영체제와 인텔 칩이 들어간 컴퓨터를 공통으로 지칭하는 약어였다.

9   David B. Yoffie and Michael Slind, "Apple Computer, 2006," HBS Case No. 706-496 (Boston: Harvard Business School Publishing, 2007), 16.

10 Phillip Michaels, "Survey: Intel Transition May Cool Mac Sales," *Macworld*, 2005년 6월 21일, 2014년 4월 3일에 확인, http://www.macworld.com/article/1045413/readersurvey.html.

11 Peter Burrows, "Apple Hits the Intel Switch," *Bloomberg Businessweek*, 2005년 6월 6일, 2013년 2월 4일에 확인, http://www.businessweek.com/stories/2005-06-06/apple-hits-the-intel-switch.

12 Stephen Shankland, "Apple to Ditch IBM, Switch to Intel Chips," *CNET News*, 2005년 6월 3일, 2014년 4월 3일에 확인, http://news.cnet.com/Apple-to-ditch-IBM,-switch-to-Intel-chips/2100-1006_3-5731398.html.

13 Fred Anderson, 저자들과의 인터뷰, 2013년 10월 8일.

14 "Macbook," *Wikipedia*, 2014년 4월 12일에 확인, http://en.wikipedia.org/wiki/MacBook.

15 David B. Yoffie and Penelope Rosanno, "Apple Inc, 2012," HBS Case No. 712-490 (Boston: Harvard Business School Publishing, 2012), 19.

16 Ron Johnson, 저자들과의 인터뷰, 2013년 10월 9일.

17 Jon Rubinstein, 저자들과의 인터뷰, 2013년 10월 11일.

18 Paul Maritz, 저자들과의 인터뷰, 2013년 10월 7일.

19 빌 게이츠와의 인터뷰, "Gates & Grove: Mr. Software and Mr. Hardware Brainstorm Computing's Future," *Fortune*, 1996년 7월 8일.

20 위의 인터뷰.

21 Paul Maritz, 저자들과의 인터뷰, 2013년 10월 7일.

22 Russ Siegelman, 저자들과의 이메일 교환, 2014년 3월 25일.

23 위의 이메일.

24 Stephen Manes and Paul Andrews, *Gates: How Microsoft's Mogul Reinvented an Industry—and Made Himself the Richest Man in America* (New York: Doubleday, 1993), 406, 418.

25 Paul Maritz, 저자들과의 인터뷰, 2013년 10월 7일.

26 Ramon Casadesus-Masanell, David Yoffie, and Sasha Mattu, "Intel Corporation: 1968-2003," HBS Case No. 703-427 (Boston: Harvard Business School Publishing, 2002), 5.

27 위의 글, 6.

28 Tom Dunlap, 저자들과의 이메일 교환, 2013년 12월 19일.

29 위의 이메일.

30 Andrew S. Grove, *Only the Paranoid Survive: How to Exploit the Crisis Points That Challenge Every Company and Career* (New York: Currency Doubleday, 1996), 70.

31 Casadesus-Masanell, Yoffie, and Mattu, "Intel Corporation: 1968-2003," 6.

32 Kathleen Wiegner, "The Empire Strikes Back," *Upside*, 1992년 6월, 34에서 인용.

33 Senior IBM executive, 데이비드 요피와의 인터뷰, 1990년.

34 Andy Grove, 저자들과의 전화 인터뷰, 2014년 3월 25일.

35 Frank Gill, 저자들과의 인터뷰, 2013년 10월 15일.

36 "The Intel 80386 Case," video, the Computer Museum, 2013년 10월 18일에 확인, https://www.youtube.com/watch?v=XFgFWdxHILc.

37 "Andy Grove Quotes," Thinkexist.com, 2013년 3월 27일에 확인, http://think exist.com/quotes/andy_grove/.

38 CNNMoney/Fortune, 1998년 11월 9일, "The Top 20 Most Inspiring Steve Jobs Quotes," TNW에서 인용, 2014년 7월 2일에 확인, http://thenextweb.com/apple/2011/09/20/the-top-20-most-inspiring-steve-jobs-quotes/.

39 Jon Rubinstein, 저자들과의 인터뷰, 2013년 10월 11일.

40 Andy Hertzfeld, *Revolution in the Valley: The Insanely Great Story of How the Mac Was Made* (Sebastopol, CA: O'Reilly Media, 2005), 19-20. 또한 Isaacson, *Steve Jobs*, 114에도 나타남.

41 Michael S. Malone, *Infinite Loop: How the World's Most Insanely Great Computer Company Went Insane* (New York: Doubleday, 1999), 250.

42 Owen W. Linzmayer, *Apple Confidential 2.0: The Definitive History of the World's Most Colorful Company* (San Francisco: No Starch Press, 2004), 17, 23.

43 Jim Carlton, *Apple: The Inside Story of Intrigue, Egomania, and Business Blunders* (New York: Random House, 1997), 13-14.

44 Linzmayer, Apple Confidential, 98.

45 위의 책, 31.

46 Jon Rubinstein, 저자들과의 인터뷰, 2013년 10월 11일.

47 Steven Levy, *The Perfect Thing* (New York: Simon & Schuster, 2006), 220-21.

48 Owen Thomas, "Why Apple Chose Intel," CNNMoney.com, 2005년 7월 22일, 2013년 2월 4일에 확인, http://money.cnn.com/2005/07/22/technology/tech investor/tech_biz/.

49 Laurie J. Flynn and Vikas Bajaj, "Apple Moves Quickly to Use Intel Chips," *New York Times*, 2006년 1월 10일.

50 David B. Yoffie and Michael Slind, "Apple Inc., 2008," HBS Case No. 708-480 (Boston: Harvard Business School Publishing, 2008), 17.

51 Jon Shirley, former president of Microsoft, 데이비드 요피와의 인터뷰, 1991년 1월 29일.

52 빌 게이츠가 보스턴컴퓨터협회(Boston Computer Society)에서 한 언급, 1993년 10월 18일, Michael Cusumano and Richard W. Selby, *Microsoft Secrets: How the World's Most Powerful Software Company Creates Technology, Shapes Markets, and Manages People* (New York: Free Press/ Simon & Schuster, 1995), 142에서 인용.

53 Jon Shirley, 데이비드 요피와의 인터뷰, 1991년 1월 29일.

54 인텔 CPU 판매에 관한 데이터는 Dan Steere and Robert Burgelman, "Intel Corporation (D): Microprocessors at the Crossroads," Graduate School of Business, Stanford University, BP-256D, 30-31에서 찾을 수 있음.

55 Stephen Elop, "Burning Platform," memo, 2014년 6월 5일에 확인, http://blogs.wsj.com/tech-europe/2011/02/09/full-text-nokia-ceo-stephen-elops-burning-platform-memo/.

56 Isaacson, *Steve Jobs*, 408.

57 Cusumano and Selby, *Microsoft Secrets*, 146.

58 Donna Dubinsky, 저자들과의 개인적인 대화, 2013년 10월 21일. Dubinsky는 1980년대 초 유통 분야를 총괄하는 등 애플에서 다양한 역할을 맡았고, 훗날 팜의 CEO을 역임했으며 핸드스프링(Handspring)를 공동 창립하기도 했다.

59 Jon Rubinstein, 저자들과의 인터뷰, 2013년 10월 11일.

60 위의 인터뷰.

61 See Isaacson, *Steve Jobs*, 465 참조.

62 Adam Lashinsky, *Inside Apple: How America's Most Admired—and Secretive—Company Really Works* (New York: Business Plus, 2012), 3-4.

63 Steve Jobs "Keynote Address," *Macworld*, 2007년 1월 9일, 2013년 3월 15일에 확인, http://www.youtube.com/watch?v=s72uTrA5EDY.

64 Owen Thomas, "Why Apple Cannibalized the iPod," *Business Insider*, 2012년 10월 27일, 2013년 3월 8일에 확인, http://www.businessinsider.com/apple-ipod-cannibalization-2012-10.

65 Isaacson, *Steve Jobs*, 498.

66 Erick Schonfeld, "Apple's Tim Cook: The iPad Is Cannibalizing Some Mac Sales, There Are 'A Lot More Windows PCs to Cannibalize than Macs,'" *TechCrunch*, 2011년 7월 19일, 2013년 3월 5일에 확인, http://techcrunch.com/2011/07/19/ipad-cannibalizing-pc.

67 위의 글.

68 Paul Otellini, 데이비드 요피와의 인터뷰, 2000년 1월 13일.

69 Grove, *Only the Paranoid Survive*, 18-19.

70 Andy Grove, 2013년 11월 6일의 논의.

71 인텔 CFO인 해럴드 휴스(Harold Hughes)와 데이비드 요피의 대화.

72 "Compaq to Drop Intel Inside Logo from Its PC Range," *PC User*, 1994년 9월 21일.

73 Grove, *Only the Paranoid Survive*, 93.

74 이는 저자들과의 2013년 10월 9일 인터뷰에서 러셀 지글먼이 빌 게이츠를 묘사하며 사용한 표현이다. 1990년대 중반 앤디 그로브의 기술보좌역이었던 르네 제임스는 저자들과의 2013년 10월 9일 인터뷰에서 동일한 표현을 사용했다.

75 Grove, *Only the Paranoid Survive*, 14.

76 예컨대 *New York Times*, 1994년 12월 21일, B8 참조.

77 David B. Yoffie, "Microsoft Goes Online: MSN 1996," HBS Case No. 9-798-019 (Boston: Harvard Business School Publishing, 1997), 1.

78 위의 글, 10.

79 위의 글, 1.

80 Russell Siegelman, 저자들과의 인터뷰, 2013년 10월 9일.

81 "Usage Share of Browsers," *Wikipedia*, 2014년 2월 10일에 확인, http://en.wikipedia.org/wiki/Usage_share_of_web_browsers#WebSideStory_.28USA.2C_1999-02_to_2006.E2.80.9306.29.

82 Steven Levy, "Apple Computer Is Dead; Long Live Apple," *Newsweek*, 2007
    년 1월 9일, 2013년 6월 21일에 확인, http://www.newsweek.com/steven-levy-
    apple-computer-dead-long-live-apple-98429.

83 Michael Arrington, "iPhone App Store Has Launched," *Tech-Crunch*, 2008
    년 7월 10일, 2013년 11월 8일에 확인, http://techcrunch.com/2008/07/10/app-
    store-launches-upgrade-itunes-now/; "App Store (iOS)," *Wikipedia*, 2013년
    11월 8일에 확인, http://en.wikipedia.org/wiki/App_Store_(iOS).

84 Renée James, 저자들과의 인터뷰, 2013년 10월 9일.

85 Avie Tevanian, 저자들과의 인터뷰, 2013년 10월 8일.

3장 | 제품만 만들지 말고 플랫폼과 생태계를 구축하라

1   Annabelle Gawer and Michael A. Cusumano, *Platform Leadership: How
    Intel, Microsoft, and Cisco Drive Industry Innovation* (Boston: Harvard
    Business School Press, 2002); and Michael A. Cusumano and Annabelle Gawer,
    "The Elements of Platform Leadership," *MIT Sloan Management Review* 43,
    no. 3 (Spring 2002): 51-58 참조.

2   Thomas Eisenmann, Geoffrey Parker, and Marshall W. Van Alstyne, "Strategies
    for Two-Sided Markets," *Harvard Business Review* 84, no. 10 (2006): 92-
    101; and Michael A. Cusumano, *Staying Power: Six Enduring Principles for
    Managing Strategy and Innovation in a Changing World* (Oxford: Oxford
    University Press, 2010), 54-55.

3   John Donne, "Meditation XVII," 2013년 9월 3일에 확인, http://www.poemhunter.
    com/poem/no-man-is-an-island/.

4   빌 게이츠와의 인터뷰, 1994년, Tarun Khanna and David Yoffie, "Microsoft,
    1995," Harvard Business School Case No. 795-147 (Boston: Harvard Business
    School Publishing, 1995), 1에 인용.

5   Michael J. Miller, "The Rise of DOS: How Microsoft Got the IBM PC OS
    Contract," PCMag.com, 2011년 8월 10일, 2013년 9월 10일에 확인, http://for
    wardthinking.pcmag.com/software/286148-the-rise-of-dos-how-microsoft-
    got-the-ibm-pc-os-contract.

6   Stephen Manes and Paul Andrews, *Gates: How Microsoft's Mogul Reinvented
    an Industry—and Made Himself the Richest Man in America* (New York:
    Doubleday, 1993), 162-63.

7   Manes and Andrews, *Gates*, pp. 203-4.

8 Moore quoted in Robert A. Burgelman, *Strategy Is Destiny: How Strategy-Making Shapes a Company's Future* (New York: Free Press, 2002), 108.

9 Richard S. Tedlow, *Andy Grove: The Life and Times of an American* (New York: Portfolio, 2006), 269에서 인용.

10 위의 책.

11 Pat Gelsinger, 저자들과의 인터뷰, 2013년 10월 7일.

12 Frank Gill, 저자들과의 인터뷰, 2013년 10월 15일.

13 Andrew S. Grove, *Only the Paranoid Survive: How to Exploit the Crisis Points That Challenge Every Company and Career* (New York: Currency Doubleday, 1996), 106.

14 Walter Isaacson, *Steve Jobs* (New York: Simon & Schuster, 2011), 381.

15 위의 책, 568.

16 인튜이트 설립자 스콧 쿡(Scott Cook)은 잡스가 초기에 플랫폼에 의존했다는 점을 지적해 주었다. 이와 관련해 쿡에게 감사를 전한다.

17 Isaacson, *Steve Jobs*, 404.

18 "iPod Sales Chart," *Wikipedia*, 2014년 3월 30일에 확인, http://en.wikipedia.org/wiki/File:Ipod_sales_per_quarter.svg; 데이터는 애플의 보도 자료에 근거.

19 Fred Anderson, 저자들과의 인터뷰, 2013년 10월 8일.

20 Isaacson, *Steve Jobs*, 405.

21 Jon Rubinstein, 저자들과의 인터뷰, 2013년 10월 11일.

22 Isaacson, *Steve Jobs*, 406에서 인용.

23 Leander Kahney, *Inside Steve's Brain* (New York: Portfolio, 2008), 200.

24 아이팟 판매에 대해서는 David Carr, "Steve Jobs: iCame, iSaw, iCaved," *New York Times*, 2007년 9월 10일, C1을 참조하라. 2007년 3월, 뱅크 오브 아메리카 증권(Bank of America Securities)은 맥이 설치된 컴퓨터를 2200만 대로 추정했다; Slash Lane, "Mac Install Base Estimated at 22 Million pre-Leopard," *Apple Insider*, 2007년 3월 2일, 2013년 3월 1일에 확인, http://appleinsider.com/article/?id=2541 참조.

25 Annabelle Gawer and Michael A. Cusumano, "How Companies Become Platform Leaders," *MIT Sloan Management Review* 49, no. 2 (2008): 28-35; and also Cusumano, *Staying Power*, 22-68 참조.

26 Isaacson, *Steve Jobs*, 502.

27 Bill Gates presentation in Burden Hall, Harvard Business School, 1991년 11월 19일, video, 2014년 7월 25일에 확인, http://video.hbs.edu/videotools/play?clip=billgate.

28 David Johnson, Cusumano and Gawer, "The Elements of Platform Leadership,"

51에서 인용.

29 Jobs Keynote Address, Macworld Boston, 1997년 8월, 2013년 6월 12일에 확인, http://www.youtube.com/watch?v=WxOp5mBY9IY.

30 Andy Grove, 데이비드 요피와의 인터뷰, 2003년 봄.

31 Gawer and Cusumano, *Platform Leadership*, 22.

32 위의 책, 23.

33 Grove, 위의 책, 32에서 인용.

34 위의 책, 33.

35 위의 책, 41-42.

36 Renée James, 저자들과의 인터뷰, 2013년 10월 9일.

37 Gawer and Cusumano, *Platform Leadership*, 149-51.

38 Jim Manzi, 데이비드 요피와의 인터뷰, 1990년.

39 D. Clark, "Microsoft Will Keep Making Products for Apple's Macintosh, Gates Pledges," *Wall Street Journal*, 1995년 3월 22일, B6.

40 이 해결안에 대해서는 *United States v. Microsoft* (Civil Action No. 98-1232), Modified Final Judgment, 2006년 9월 7일 참조, 2013년 8월 4일에 확인, http://www.justice.gov/atr/cases/f218300/218339.htm. 마이크로소프트 애플리케이션 개발의 불공정한 우위와 관련한 좀 더 초기의 항의 사례에 대해서는 Michael A. Cusumano and Richard W. Selby, *Microsoft Secrets: How the World's Most Powerful Software Company Creates Technology, Shapes Markets, and Manages People* (New York: Free Press/Simon & Schuster, 1995), 168-69, and Manes and Andrews, *Gates*, 349-50 참조.

41 Grove, 저자들과의 인터뷰, Gawer and Cusumano, *Platform Leadership*, 120에서 인용.

42 Frank Gill, 저자들과의 인터뷰, 2013년 10월 15일.

43 위의 인터뷰.

44 Manes and Andrews, *Gates*, 433.

45 Daniel Ichbiah and Susan L. Knepper, *The Making of Microsoft* (Rocklin, CA: Prima, 1991), 101-3, 108-18.

46 Microsoft 10K report, 2013에서 산출.

47 Bill Gates, "Internet Tidal Wave," Microsoft internal memo, 1995년 5월 26일, *United States v. Microsoft Corporation* (Civil Action No. 98-1232), Government Exhibit 20, 2013년 4월 4일에 확인, http://www.justice.gov/atr/cases/exhibits/20.pdf.

48 Michael A. Cusumano, "The Platform Leader's Dilemma," *Communications of the ACM* 54, no. 10 (2011): 21-24 참조. 이 딜레마는 Clayton Christensen, *The*

Innovator's Dilemma: When New Technologies Cause Great Firms to Fail (Boston: Harvard Business School Press, 1996)에서 제품 전략에 대해 묘사한 딜레마와 유사하다.

49 Isaacson, *Steve Jobs*, 349에서 인용한 잡스의 말.

50 David B. Yoffie, "Wintel (B): From NSP to MMX," HBS Case No. 704-420 (Boston: Harvard Business School Publishing, 2003), 1-2.

51 Pat Gelsinger, 저자들과의 인터뷰, 2013년 10월 7일.

52 John C. Dvorak, "How the Itanium Killed the Computer Industry," *PC*, 2009년 1월 26일, 2014년 6월 23일에 확인, http://www.pcmag.com/article.aspx/curl/2339629.

53 Tedlow, *Andy Grove*, 315에서 인용.

54 Robert A. Burgelman, *Strategy Is Destiny* (New York: Free Press/ Simon & Schuster, 2002), 236.

55 Bill Gates, *Business @ the Speed of Thought: Using a Digital Nervous System* (New York: Warner Books, 1999), 174.

56 Bill Gates, "As Promised: OEM Pricing Thoughts," Microsoft internal memo, 1997년 12월 17일, *United States v. Microsoft Corporation* (Civil Action No. 98-1232), Government Exhibit 61, 2013년 4월 10일에 확인, http://www.justice.gov/atr/cases/exhibits/61.pdf.

57 Paul Maritz, 저자들과의 인터뷰, 2013년 10월 7일.

58 Avie Tevanian, 저자들과의 인터뷰, 2013년 10월 8일.

59 Scott Mace, "Emulator Lets Apple II Programs Run on a Mac," *InfoWorld*, 1986년 7월 14일, 13, 2013년 7월 12일에 확인, http://www.landsnail.com/ii-in-a-mac.htm.

60 Jon Rubinstein, 저자들과의 인터뷰, 2013년 10월 11일 and Avie Tevanian, 저자들과의 인터뷰, 2013년 10월 8일.

61 Jon Rubinstein, 저자들과의 인터뷰, 2013년 10월 11일.

4장 l 유도와 스모처럼 지렛대 원리와 힘을 활용하라

1 Arthur Rock, "Strategy vs. Tactics from a Venture Capitalist," *Harvard Business Review*, 1987년 11-12월, 2.

2 Michael Hogan, "Jack Welch Gives 'Em Hell at VF/ Bloomberg Panel," *Vanity Fair Online*, 2009년 5월 29일에서 인용, 2013년 9월 10일에 확인, http://www.vanityfair.com/online/daily/2009/05/jack-welch-gives-em-hell-atvfbloomberg-panel.

3   David B. Yoffie and Michael A. Cusumano, "Judo Strategy: The Competitive Dynamics of Internet Time," *Harvard Business Review*, 1999년 1-2월, 71-81; and David B. Yoffie and Mary Kwak, *Judo Strategy: How to Turn Your Competitors' Strengths to Your Advantage* (Boston: Harvard Business School Press, 2001).

4   Jimmy Iovine, 저자들과의 인터뷰, 2013년 10월 23일.

5   Drew Fudenberg and Jean Tirole, "The Fat-Cat Effect, the Puppy-Dog Ploy and the Lean and Hungry Look," *American Economic Review* 74, no. 2 (1984년 5월): 361-66.

6   Jon Rubinstein, 저자들과의 인터뷰, 2013년 10월 11일.

7   위의 인터뷰.

8   Jimmy Iovine, 저자들과의 인터뷰, 2013년 10월 23일.

9   Paul Freiberger and John Markoff, "Macintosh May Be for the Masses," *Infoworld* 5, no. 29 (1983년 7월 18일): 35; John Markoff, "To Cut Online Chatter, Apple Goes to Court," *New York Times*, 2005년 3월 21일, C1.

10   Adam Lashinsky, *Inside Apple: How America's Most Admired—and Secretive—Company Really Works* (New York: Business Plus, 2012), 39에서 인용.

11   Leander Kahney, *Inside Steve's Brain* (New York: Portfolio, 2008), 229.

12   Lashinsky, *Inside Apple*, 42.

13   Adam Satariano and Peter Burrows, "Apple's Supply-Chain Secret? Hoard Lasers," *Bloomberg Businessweek*, 2011년 11월 3일, 2012년 11월 9일에 확인, http://www.businessweek.com/magazine/apples-suppplychain-secret-hoard-lasers-11032011.html.

14   Sun Tzu, *The Art of War*, translated by Samuel B. Griffith (Oxford: Oxford University Press, 1963), 66.

15   Brad Stone and Ashlee Vance, "Apple Obsessed with Secrecy on Products and Top Executives," *New York Times*, 2009년 6월 23일.

16   Walter Isaacson, *Steve Jobs* (New York: Simon & Schuster, 2011), 491 참조.

17   Avie Tevanian, 저자들과의 인터뷰, 2013년 10월 8일.

18   Jon Rubinstein, 저자들과의 인터뷰, 2013년 10월 11일.

19   2004년 3월 17일자의 이 특허는 http://www.google.com/patents?id=6BsW AAAAEBAJ&printsec=abstract&zoom=4&dq=steve+jobs+tablet&source=g bs_summary_r&cad=0_0#v=onepage&q=stevepercent20jobspercent20ta blet&f=false에서 찾을 수 있다. 또한 Brian X. Chen, "Steve Jobs' 6 Sneakiest Statements," Wired.com, 2010년 2월 16일 참조, 2013년 4월 30일에 확인, http://

www.wired.com/gadgetlab/2010/02/steve-jobs/.

20 Kim Yoo-chul, "Samsung-Apple Tablet War to Define Industry Standard," *Korea Times*, 2010년 10월 21일에서 인용.

21 Tim Bradshaw, "Jobs Emails Show Apple Eyed Seven-Inch Tablet," *Financial Times*, 2012년 8월 4일.

22 "CEO Forum: Microsoft's Ballmer Having a 'Great Time,'" *USA Today*, 2007년 4월 30일, 2014년 6월 27일에 확인, http://usatoday30.usatoday.com/money/companies/management/2007-04-29-ballmer-ceo-forum-usat_N.htm.

23 스티브 발머와의 인터뷰, 2007년 9월 18일, 2014년 6월 27일에 확인, https://www.youtube.com/watch?v=eywi0h_Y5_U.

24 Steve Jobs, "Keynote Address," Macworld Boston, 1997년 8월 6일, 2013년 3월 8일에 확인, http://www.youtube.com/watch?v=4pAhay9tYaE.

25 Adam M. Brandenberger and Barry J. Nalebuff, *Co-opetition* (New York: Doubleday, 1996) 참조.

26 Stephen Manes and Paul Andrews, *Gates: How Microsoft's Mogul Reinvented an Industry—and Made Himself the Richest Man in America* (New York: Doubleday, 1993), 282.

27 위의 책, 266.

28 위의 책, 323.

29 애플은 또한 맥 OS에 들어가는 자바의 버전이 마이크로소프트 제품에서 운영되는 자바와 호환되도록 하기 위해 마이크로소프트와 협력하기로 합의했다. 이 발표에 대한 당시의 기사에 대해서는 John Markoff, "Computing's New Alliance: The Partnership," *New York Times*, 1997년 8월 7일, A1; Eric Evarts, "Bitten by Reality, Apple Saves Its Skin," *Christian Science Monitor*, 1997년 8월 8일, 1; Steven Levy, "A Big Brother?" *Newsweek*, 1997년 8월 18일, 22ff 참조. 또한 Walter Isaacson, *Steve Jobs* (New York: Simon & Schuster, 2011), 321-26를 참조하라.

30 Steve Jobs, "Keynote Address," Macworld Boston, 1997년 8월 6일, 2014년 7월 9일에 확인, http://www.youtube.com/watch?v=4pAhay9tYaE.

31 2007년 All Things Digital Conference에서 스티브 잡스와 한 인터뷰, 2013년 6월 21일에 확인, http://www.youtube.com/watch?v=_5Z7eal4uXI&list=PL024C995E1DDCAFB0.

32 Evarts, "Bitten by Reality."

33 Jon Rubinstein, 저자들과의 인터뷰, 2013년 10월 11일.

34 Dan Farber, "Mix '06: Gates Ready to Embrace and Extend," ZDNet, 2006년 3월 20일, 2014년 6월 27일에 확인, http://www.zdnet.com/blog/btl/mix-06-

gates-ready-to-embrace-and-extend/2740.

35 스티브 잡스의 이메일, 2010년 10월 25일, 2014년 5월 8일에 확인, http://cdn2.
vox-cdn.com/assets/4244355/DX489_Rev_03-07-14.pdf.

36 위의 이메일.

37 Gareth Powell, "Dazzling Power of New Version of MS-DOS," *Age* (Melbourne),
1993년 2월 16일; 또한 Peter Jackson, "Computer (Workspace): What a DOS,"
Guardian, 1991년 2월 7일; Peter H. Lewis, "Personal Computers: DOS Goes
on a Streamlined Diet," *New York Times*, 1991년 6월 11일; Cairn MacGregor,
"Help Is Too Little, Too Late in the Latest Version of MS-DOS Operating
Program," *Gazette* (Montreal), 1991년 7월 17일; Richard Morochove, "Here
Comes Microsoft's Software Winner for '93," *Toronto Star*, 1993년 2월 15일
참조.

38 마이크로소프트의 1995년 12월 7일 인터넷 전략 브리핑(Internet strategy briefing)
에서 빌 게이츠가 언급한 내용을 기록한 것이다.

39 David Banks, *Breaking Windows: How Bill Gates Fumbled the Future of
Microsoft* (New York: Free Press/Simon & Schuster, 2001), 105.

40 "How to Get to 30% Share in 12 Months," Microsoft internal memo, *United
States v. Microsoft Corporation* (Civil Action No. 98-1232), Government Exhibit
684, 2013년 5월 21일에 확인, http://www.justice.gov/atr/cases/exhibits/684.
pdf.

41 Sun Tse [Sun Tzu], *The Art of War: Complete Texts and Commentaries*,
trans. Thomas Cleary (Boston: Shambhala, 2000), 68.

42 James Wallace and Jim Erickson, *Hard Drive: Bill Gates and the Making of
the Microsoft Empire* (New York: John Wiley & Sons, 1992), 251.

43 Manes and Andrews, *Gates*, 221.

44 Louise Kehoe, "Brave Faces After the Software 'Quake," *Financial Times*,
1984년 10월 9일, I8.

45 Kathleen Wiegner, "The Empire Strikes Back," *Upside*, 1992년 6월, 32.

46 위의 글, 38.

47 Slide 108, Andy Grove SLRP 1993.

48 Leander Kahney, *Jony Ive: The Genius Behind Apple's Greatest Products* (New
York: Portfolio/Penguin, 2013), 139-41.

49 George Stalk and Rob Lachenauer, *Hardball: Are You Playing to Play or
Playing to Win?* (Boston: Harvard Business School Press, 2004), 1.

50 Owen W. Linzmayer, *Apple Confidential: The Definitive History of the
World's Most Colorful Company* (San Francisco: No Starch Press, 2004), 170;

Manes and Andrews, *Gates*, 278-80; Brenton R. Schlender, "Software Hardball: Microsoft's Gates Uses Products and Pressure to Gain Power in PCs," *Wall Street Journal*, 1987년 9월 25일 참조.

51 John Sculley, *Odyssey: Pepsi to Apple . . . A Journey of Adventure, Ideas, and the Future* (New York: Harper & Row, 1987), 344.

52 Linzmayer, *Apple Confidential*, 171-72; Manes and Andrews, *Gates*, 288-93; Jim Carlton, *Apple: The Inside Story of Intrigue, Egomania, and Business Blunders* (New York: Times Books, 1997), 53-56.

53 Banks, *Breaking Windows*, 157 참조.

54 위의 책, 105. 이 회의에 참석했던 러스 지글먼은 2013년 10월 9일 저자들과 한 인터뷰에서 이 대화를 확인해 주었다.

55 Navisoft, "GatesWorld," AOL internal memo, January 21, 1996, *United States v. Microsoft Corporation* (Civil Action No. 98-1232), Government Exhibit 38, 2013년 1월 22일에 확인, http://www.usdoj.gov/atr/cases/exhibits/38.pdf.

56 Lashinsky, *Inside Apple*, 149.

57 Jon Rubinstein, 저자들과의 인터뷰, 2013년 10월 11일.

58 조너선 밀러(Jonathan Miller) 등에게 보낸 찰리 레드메인의 이메일, 2010년 1월 22일; Plaintiff's Exhibit PX-0308; *US v. Apple*, (12-cv-02826), 2013년 6월 13일에 확인, http://www.justice.gov/atr/cases/apple/exhibits/px-0308.pdf.

59 2010년 1월 22일과 1월 24일 사이에 교환한 잡스와 머독의 이메일은 https://www.documentcloud.org/documents/702951-email-exchange-between-steve-jobs-and-james.html에서 찾아볼 수 있다. 2013년 3월 5일에 확인.

60 *United States v. Apple, Inc.* (12-cv-02826), Plaintiff's Proposed Finding of Fact, 60, 2013년 6월 13일에 확인, http://www.justice.gov/atr/cases/f296700/296796.pdf.

61 Brian Murray, "Apple Cheet [*sic*] Sheet," HarperCollins internal memo, 2010년 1월 27일, *United States v. Apple*, Inc. (12-CV-02826), Plaintiff's Exhibit PX-0637, 2013년 6월 11일에 확인, http://www.justice.gov/atr/cases/apple/exhibits/px-0637.pdf.

62 Laurence Zukerman, "Intel and Digital Settle Lawsuit and Make Deal," *New York Times*, 1997년 10월 28일, D1.

63 Federal Trade Commission, In the Matter of Intel Corporation, Docket No. 9288, Decision and Order II.A, 1999년 8월 6일, 2013년 6월 4일, http://www.ftc.gov/os/1999/08/intel.do.htm.

64 David B. Yoffie and Mary Kwak, "Playing by the Rules: How Intel Avoids Antitrust Litigation," *Harvard Business Review* 79, no. 6 (2001년 6월): 119-22.

65 "Microsoft's 1994 Consent Decree: Boon or Bust?," interview with Brad Smith, Microsoft General Counsel, *CNET News*, *2004*년 7월 9일, *2013*년 7월 9일에 확인, *http://news.cnet.com/Microsofts-1994*-consent-decree-Boon-or-bust/2100-1016_3-5262600.html.

66 Steve Ballmer, 데이비드 요피 및 마이클 쿠수마노와의 인터뷰, 1998년 3월 23일.

67 Yoni Heisler, "Emails Revealed That Steve Jobs Angrily Called Sergey Brin over Google's Recruitment of Apple's Safari Team," TUAW.com, 2014년 5월 4일에 확인, http://www.tuam.com/2014/03/24/emails-reveal-that-steve-jobs-angrily-called-sergey-brin-over-go/.

68 Andy Grove, SLRP presentation, 1990, 45.

5장 | 개인적 닻을 바탕으로 조직을 만들어라

1 최근 사례에 대해서는 Deborah Ancona al, "In Praise of the Incomplete Leader," *Harvard Business Review*, 2007년 2월 참조.

2 Bill Gates, "Bill Gates' Favorite Business Book," *Wall Street Journal Online*, 2014년 7월 11일, 2014년 7월 12일에 확인, http://online.wsj.com/articles/bill-gatess-favorite-business-book-1405088228?mod=WSJ_hp_EditorsPicks.

3 "'You've Got to Find What You Love,' Jobs Says," *Stanford News*, 2014년 6월 27일에 확인, http://news.stanford.edu/news/2005/june15/jobs-061505.html.

4 이 장에서 리더십과 관련한 우리의 견해(자신의 강점과 약점을 인식하는 것뿐 아니라 열정을 전달하는 능력)가 고 워런 베니스(Warren Bennis)의 아이디어와 매우 유사하다는 것을 지적해 준 데 대해 멜 호르위치(Mel Horwitch)에게 감사를 전한다. 특히 Warren Bennis, *On Becoming a Leader*, 4th ed. (New York: Basic Books, 2009) 참조.

5 Michael A. Cusumano, "The Legacy of Bill Gates," *Communications of the ACM* 52, no. 1 (2009년 1월): 25-26 참조.

6 소프트웨어 제품 비즈니스의 역사에 대해서는 Michael A. Cusumano, *The Business of Software* (New York: Free Press, 2004), 86-127 참조.

7 빌 게이츠와의 인터뷰, 1993년 8월, Michael A. Cusumano and Richard W. Selby, *Microsoft Secrets: How the World's Most Powerful Software Company Creates Technology, Shapes Markets, and Manages People* (New York: Free Press/Simon & Schuster, 1995), 290에서 인용.

8 Les Vadasz, 저자들과의 인터뷰, 2013년 10월 7일.

9 Andy Grove, 저자들과의 인터뷰, 2013년 10월 9일.

10 Richard S. Tedlow, *Andy Grove: The Life and Times of an American* (New York: Portfolio, 2006), 129.

11 Les Vadasz, 저자들과의 인터뷰, 2013년 10월 7일.

12 Andrew S. Grove, *High Output Management* (New York: Random House, 1983), 172.

13 위의 책, 111.

14 Michael A. Cusumano, "The Legacy of Steve Jobs," *Communications of the ACM* 54, no. 12 (2011년 12월): 26-28 참조.

15 Walter Isaacson, *Steve Jobs* (New York: Simon & Schuster, 2011), 5-12.

16 Ron Johnson, 저자들과의 인터뷰, 2013년 10월 9일.

17 Andy Grove, presentation in the 1996 Intel SLRP document.

18 Andy Grove, 저자들과의 인터뷰, 2013년 10월 9일.

19 위의 인터뷰.

20 게이츠와의 인터뷰, 1993년 8월, Cusumano and Selby, *Microsoft Secrets*, 33에서 인용.

21 위의 책, 25.

22 위의 책, 27.

23 위의 책, 28.

24 위의 책, 33.

25 위의 책, 28-29.

26 Michael A. Cusumano, "What Road Ahead for Microsoft and Windows," *Communications of the ACM* 49, no. 7 (2006년 7월): 23-26 참조.

27 Shira Ovide, Joann Lublin, and Monica Langley, "Microsoft Prescription: More Bill Gates," *Wall Street Journal*, 2014년 2월 5일.

28. Isaacson, *Steve Jobs*, 126.

29 Leander Kahney, *Inside Steve's Brain* (New York: Portfolio, 2008), 51-54; Ratzlaff의 인용은 51쪽에 있다.

30 Isaacson, *Steve Jobs*, 345-46; and Adam Lashinsky, *Inside Apple: How America's Most Admired—and Secretive—Company Really Works* (New York: Business Plus, 2012), 54-55. 또한 애플의 제품 개발 프로세스에 대한 좀 더 상세한 논의, 그리고 아이브와 잡스 사이의 소통에 대해서는 Leander Kahney, *Jony Ive: The Genius Behind Apple's Greatest Products* (New York: Penguin, 2013) 참조.

31 Michael Hailey의 말, Lashinsky, *Inside Apple*, 22에서 인용.

32 Christopher Stringer testimony in *Apple Inc. v. Samsung Electronic Co.*, transcripts of the proceedings, 2012년 7월 31일, 530, 2013년 5월 20일에 확인, http://www.groklaw.net/pdf4/ApplevSamsung-1547.pdf.

33 Isaacson, *Steve Jobs*, 391-92; 499-500 참조.

34 Pat Gelsinger, 저자들과의 인터뷰, 2013년 10월 7일.

35 Andrew S. Grove, *Only the Paranoid Survive: How to Exploit the Crisis Points That Challenge Every Company and Career* (New York: Currency Doubleday, 1996), 161-62; Robert A. Burgelman, Dennis L. Carter, and Raymond S. Bamford, "Intel Corporation: The Evolution of an Adaptive Organization," Stanford Graduate School of Business Case SM-65 (Stanford: Trustees of Leland Stanford University, 1999), 12-13.

36 Grove, *Only the Paranoid Survive*, 161-62.

37 위의 책, 96-97.

38 위의 책, 161-62.

39 Burgelman, Carter, and Bamford, "Intel Corporation: The Evolution of an Adaptive Organization," 12-13 참조.

40 Andy Grove, 저자들과의 인터뷰, 2013년 9월 23일.

41 Grove, *Only the Paranoid Survive*, 114.

42 Isaacson, *Steve Jobs*, 75-78.

43 Andy Grove, 저자들과의 인터뷰, 2013년 10월 9일.

44 "In Secret Hideaway, Bill Gates Ponders Microsoft's Future," *Wall Street Journal*, 2005년 3월 28일, 2013년 10월 3일에 확인, http://online.wsj.com/article/ 0,,SB111196625830690477,00.html.

45 Cusumano and Selby, *Microsoft Secrets*, 362-65 참조.

46 Russ Siegelman, 저자들과의 인터뷰, 2013년 10월 9일.

47 Jon Rubinstein, 저자들과의 인터뷰, 2013년 10월 11일.

48 위의 인터뷰.

49 Steve Jobs, 1997 Apple Worldwide Developer Conference, video에서 인용, 2014년 2월 26일에 확인, http://www.youtube.com/watch?v=GnO7D5UaDig. 이 비디오를 알려준 데 대해 하버드 경영대학원의 카림 라카니(Karim Lakhani)에게 감사를 전한다.

50 도나 두빈스키가 이 책의 원고를 읽고 저자들에게 보내온 이메일 논평, 2014년 5월 7일.

51 조직 구조를 어떻게 바꿨는지에 대한 잡스의 설명은 1997년 애플 세계개발자컨퍼런스(Worldwide Developer Conference)에서 한 그의 언급에서 찾을 수 있다. 2014년 2월 26일에 확인, http://www.youtube.com/watch?v=GnO7D5UaDig.

52 Ron Johnson, 저자들과의 인터뷰, 2013년 10월 9일.

53 Grove, *Only the Paranoid Survive*, 120.

54 Michael A. Cusumano, "The Legacy of Steve Ballmer," *Communications of*

the ACM 57, no. 1 (2014년 1월): 30-32 참조.

55 Paul Maritz,저자들과의 인터뷰, 2013년 10월 7일.

56 Andy Grove, 저자들과의 인터뷰, 2013년 9월 6일.

57 위의 인터뷰

58 Jobs, Isaacson, *Steve Jobs*, 218에서 인용.

59 Fred Anderson, 저자들과의 인터뷰, 2013년 10월 8일.

60 Donna Dubinsky, 이 책의 원고에 대한 서면 논평, 2014년 5월 7일.

61 Isaacson, *Steve Jobs*, 360.

62 Avie Tevanian, 저자들과의 인터뷰, 2013년 10월 8일.

63 Ron Johnson, 저자들과의 인터뷰, 2013년 10월 10일.

64 아이브와 루빈스타인의 관계에 대해 더 알려면 Kahney, *Jony Ive*, 199 등을 참조.

65 Isaacson, *Steve Jobs*, 342.

66 위의 책, 342.

67 Ron Johnson, 저자들과의 인터뷰, 2013년 10월 10일.

68 Apple Computer, Inc., 1999 Form DEF 14A (1999년 2월 9일에 보관), from Securities and Exchange Commission website, 2014년 1월 20일에 확인, http://www.sec.gov/Archives/edgar/data/320193/0001047469-99-003858. txt.

69 Ron Johnson, 저자들과의 인터뷰, 2013년 11월 18일.

70 http://blog.brightmesh.com/2011/10/24/jobs-a-players-work-with-a-players/.

71 Grove, 저자들과의 인터뷰, 2013년 10월 9일.

72 Grove, *Only the Paranoid Survive*, 120.

73 Tedlow, *Andy Grove*, 226.

74 Grove, *Only the Paranoid Survive*, 110.

75 Bill Gates, *Business @ the Speed of Thought: Using a Digital Nervous System* (New York: Warner Books, 1999), 182

76 Cusumano and Selby, *Microsoft Secrets*, 59-61, 144-45.

77 Paul Maritz, 저자들과의 인터뷰, 2013년 10월 7일.

78 Russ Siegelman, 저자들과의 인터뷰, 2013년 10월 9일; 또한 Kathy Rebello, "Inside Microsoft: The Untold Story of How the Internet Forced Bill Gates to Reverse Course," *BusinessWeek*, 1996년 7월 15일, 56-70 참조.

79 쿠수마노와 셸비는 *Microsoft Secrets*를 위한 연구를 하면서 십수 명의 마이크로소프트 임원과 엔지니어들을 인터뷰했다. 이들은 부상하는 "정보 고속도로(Information Highway)에 대해 이야기했지만, 1995년 전까지는 인터넷에 거의 아무런 관심도 보이지 않았다. Cusumano and Selby, *Microsoft Secrets*, 180-85 참조.

80 Russ Siegelman, 저자들과의 인터뷰, 2013년 10월 9일.

81 Gates, *Business @ the Speed of Thought*, 166.

82 Grove, *High Output Management*, 120.

에필로그 | 다음 세대를 위하여

1 "An Owner's Manual for Google Shareholders," 2013년 10월 31일에 확인, http://investor.google.com/corporate/2004/ipo-founders-letter.html.

2 Steven Levy, *In the Plex: How Google Thinks, Works, and Shapes Our Lives* (New York: Simon & Schuster, 2011), 215-17.

3 Jim Edwards, "Proof That Android Is Really for the Poor," *Business Insider*, 2014년 6월 27일, 2014년 6월 28일에 확인, http://www.businessinsider.com/android-v-apple-ios-market-share-revenue-income-2014-6.

4 Jeff Goodell, "Bill Gates: The Rolling Stone Interview," *Rolling Stone*, 2014년 3월 13일, 50.

5 David Kirkpatrick, *The Facebook Effect: The Inside Story of the Company That Is Connecting the World* (New York: Simon & Schuster, 2010), 217.

6 "Number of Monthly Active Facebook Users Worldwide from 3rd Quarter 2008 to 2nd Quarter 2014 (in Millions)," Statista, 2014년 5월 22일에 확인, http://www.statista.com/statistics/264810/number-of-monthly-active-facebook-users-worldwide/ and "Facebook Statistics," Statistic Brain, 2014년 5월 22일에 확인, http://www.statisticbrain.com/facebook-statistics/ 참조.

7 Brad Stone, *The Everything Store: Jeff Bezos and the Age of Amazon* (New York: Little, Brown, 2013), 269-273, 295-99 참조.

8 "The Institutional Yes: An Interview with Jeff Bezos." *Harvard Business Review*, 2007년 10월.

9 David Streitfeld and Christine Haughney, "Expecting the Unexpected from Jeff Bezos," *New York Times*, 2013년 10월 21일.

10 Gary Rivlin, "A Retail Revolution Turns 10," *New York Times*, 2005년 7월 10일.

11 Matt Rosoff, "Jeff Bezos 'Makes Ordinary Control Freaks Look Like Stoned Hippies,' Says Former Engineer," *Business Insider*, 2011년 10월 12일, 2013년 10월 30일에 확인, http://www.businessinsider.com/jeff-bezos-makes-ordinary-control-freaks-look-like-stoned-hippies-says-former-engineer-2011-10#ixzz2kM7zwabS.

12 A. Farhoomand, "Tencent's Business Model," Asia Case Research Center,

University of Hong Kong, Case #1003 (HBS Publishing), 2013; Iian Alon and Wenxian Zhang, *Biographical Dictionary of New Chinese Entrepreneurs and Business Leaders* (Cheltenham, England, and Northampton, MA: Edward Elgar, 2009), 111; company annual reports and website, http://www.tencent.com/en-us/index.shtml 참조.

13 Paul Mozur, "Tencent's Market Cap Rises Above $150 Billion," *Wall Street Journal Blogs*, 2014년 3월 11일, 2014년 7월 5일에 확인, http://blogs.wsj.com/digits/2014/03/11/tencents-market-cap-rises-above-150-billion/.

14 Dorothy Leonard-Barton, "Core Capabilities and Core Rigidities: A Paradox in Managing New Product Development," *Strategic Management Journal* 13 (1992): 111-25.

15 Paul Maritz, 저자들과의 인터뷰, 2013년 10월 7일.

16 위의 인터뷰.

17 Les Vadasz, 저자들과의 인터뷰, 2013년 10월 7일.

18 Carl Everett, 저자들과의 인터뷰, 2013년 10월 10일.

19 John Reed, 저자들과의 인터뷰, 2014년 5월 14일.

STRATEGY
RULES